明代总漕研究

大士勇 ◎ 著

本书是国家社科基金项目『水利公共工程与江淮海地区社会经济变迁研究』（14BZS040）和江苏省社科基金项目『繁荣与凋敝：明清时期江北社会经济变迁研究』（14LSD001）的阶段性成果

科学出版社
北京

内 容 简 介

总漕是总督漕运兼提督军务巡抚凤阳等处兼管河道的简称，是明代总管漕运的最高文官。本书重点关注明代总漕的形成、总漕群体特征、总漕与其他机构的关系及其体制演变、总漕学术思想等问题，并结合个案探讨，对明代总漕进行了全面而系统的研究。对于推进明代历史研究具有一定的学术价值。

本书可供历史学等相关专业的师生阅读和参考。

图书在版编目（CIP）数据

明代总漕研究／吴士勇著. —北京：科学出版社，2017.11
ISBN 978-7-03-054999-0

Ⅰ. ①明⋯ Ⅱ. ①吴⋯ Ⅲ. ①漕运–交通运输史–研究–中国–明代 Ⅳ. ①F552.9

中国版本图书馆 CIP 数据核字（2017）第 262372 号

责任编辑：任晓刚／责任校对：韩　杨
责任印制：师艳茹／封面设计：楠竹文化

科 学 出 版 社 出版
北京东黄城根北街 16 号
邮政编码：100717
http://www.sciencep.com

三河市骏杰印刷有限公司印刷
科学出版社发行　各地新华书店经销

*

2017 年 11 月第　一　版　　开本：720×1000　1/16
2017 年 11 月第一次印刷　　印张：17 3/4
字数：300 000

定价：88.00 元
（如有印装质量问题，我社负责调换）

目录

绪　论 ……………………………………………………………………… 1

第一章　惯性与文治：明代总漕的形成 …………………………………… 34

第一节　明以前的漕运制度与漕运职官的演变 ……………………… 34

第二节　都漕运使：明初海运背景下的尴尬角色 …………………… 48

第三节　陈瑄与漕运总兵官 …………………………………………… 55

第四节　王竑与明代文官总漕体制 …………………………………… 68

本章小结 ………………………………………………………………… 85

第二章　人群与结构：明代总漕的群体分析 ……………………………… 87

第一节　明代总漕群体考述 …………………………………………… 87

第二节　明代总漕群体结构分析 …………………………………… 104

本章小结 ……………………………………………………………… 113

第三章　博弈与演变：明代总漕与其他政府衙门的关系及其发展 … 115

第一节　总漕与漕运总兵官、漕运参将的轩轾统摄 ……………… 116

i

第二节　总漕与总河的聚分离合 ………………………………… 131
　　第三节　总漕与都察院、六部、淮安府的若即若离 …………… 147
　　第四节　明代总漕体制的动态演变 ……………………………… 158
　　本章小结 …………………………………………………………… 171

第四章　著述与经世：明代总漕学术思想初探 ……………… 173

　　第一节　明代总漕著作考略 ……………………………………… 173
　　第二节　漕、河之争的另一个视角：陈瑄与宋礼在明代
　　　　　　漕运史上的地位升降 …………………………………… 188
　　第三节　明代总漕经世思想初探 ………………………………… 205
　　第四节　明代总漕的河神观——以《重修淮渎庙碑记》
　　　　　　与《清口灵运碑》为中心 ……………………………… 226
　　本章小结 …………………………………………………………… 239

第五章　考镜与辨源：明代总漕的个案研究 ………………… 241

　　第一节　王竑捶奸事迹考 ………………………………………… 241
　　第二节　支运法创设考 …………………………………………… 246
　　第三节　陈瑄家族事迹考 ………………………………………… 250

结语：明代总漕的历史地位 ……………………………………… 257

参考文献 …………………………………………………………… 268

后　　记 …………………………………………………………… 278

绪　　论

总漕，乃总督漕运兼提督军务巡抚凤阳等处兼管河道的简称，是明代总管漕运的最高官员。总漕之职，在明代经历了复杂的变化[①]，并直接影响了清代漕运总督衙门的设置。明清总漕（漕运总督）体制，集历代漕运管理体制之大成，在中国漕运史、制度史上占有独特的篇章。同样，明代总漕群体对于漕河整治与管理、漕粮运输、漕河周边府县治理、南北经济往来等国计民生思想，有独特的理解与认识，这些亦构成了明代思想史的重要内容。绪论主要讨论治水、运河与漕运的理论关系、学术史回顾、研究价值与研究思路等内容。

一、治水、运河与漕运的历史逻辑

1. 治水与水利社会

一部中国史贯穿了中国人民前赴后继治水的历程。农业社会的背景注定了历代统治者和劳动人民重视治水和水利建设的历史传统，从传统的大禹治水，到先秦时期的郑国渠、都江堰，秦汉时期的灵渠、秦渠、六辅渠、白渠、

[①] 关于此问题，可参见本书第一章第二、三、四节。

龙首渠、六门陂、鉴湖，三国两晋南北朝时期的芍陂、茹陂等许多渠堰堤塘。北魏孝文帝下令有水田之处，都要通渠灌溉。隋代开通了贯通南北的大运河，有利于农田灌溉。唐代设官管理水利，各地大量兴修水利工程，仅江南兴建和修复的水利工程，就大大超过了六朝时期的总和。五代十国的割据时期也兴修了不少水利工程，如安丰塘（南唐）、捍海塘（吴越）。元明清时期的水利工程主要围绕着大运河"做文章"。这些大型水利工程无不反映出古代劳动人民优良的工程技术，也是体现中华民族杰出智慧的优秀文化遗产。

与之相应，我国的治水及水利史研究浩如烟海、源远流长。老子讲"上善若水，水善利万物而不争"，是先民对水的顶礼膜拜；大禹治水与精卫填海、夸父追日、后羿射日、共工触山一起，构成了绚烂多姿的古代神话，反射出先民们在恶劣的自然环境面前不屈不挠的斗争精神。二十四史中，《河渠志》《沟洫志》《食货志》《五行志》都有专门记载治水及水利事业的文本。郦道元《水经注》专门记录了历代治水及水利工程。清代《行水金鉴》《续行水金鉴》整理了历代水利资料。历代一统志、地方志及各种地理专书中亦有不少治水与水利工程记载。近人对中国水利史的研究有两部书颇值一提：一是郑肇经的《中国水利史》[①]，该书分黄河、扬子江、淮河、永定河、运河、灌溉、海塘、水利职官八章，叙述自古以迄民国时代的水利事业，并附简图及统计表，是为第一本中国水利史论著；另一部是冀朝鼎的《中国历史上的基本经济区与水利事业的发展》[②]，该书运用隐藏于地方志、中文水利专著以及正史中大量未被接触过的原始资料，探索中国历史上灌溉与防洪的发展，并提出了中国历史上"基本经济区"这一重要概念。英国学者李约瑟教授认为，如果没有郑氏和冀氏的著作作为"指导"，要想写出"水利工程那一部分内容是不可能的"[③]。新中国成立以后，水利史的研究基本处于停滞状态，期间虽对清代

[①] 郑肇经：《中国水利史》，上海：商务印书馆，1939年。
[②] 冀朝鼎：《中国历史上的基本经济区与水利事业的发展》，朱诗鳌译，北京：中国社会科学出版社，1981年。
[③]（英）李约瑟：《中国的科学与文明》第四卷，柯林、罗南译，上海：上海人民出版社，2003年。

绪 论

故宫档案,包括水旱、防洪、航运、灌溉等资料进行过整理,但主要停留在整编阶段。姚汉源先生的《中国水利史纲要》提纲挈领地论述自三代以迄民国历代兴修水利的史实,并对水利史研究的意义、某些发展规律及分期提出看法,但"本书比较注意工程之兴废……稍及政治经济与水利之互相制约,互相影响,为社会发展的一部分,但远远不够,不能成为从经济发展看的水利史,仅能为关心这一问题的专家提供资料而已"[①]。中国水利史资料得到了进一步发掘整理。继康熙《行水金鉴》、道光《续行水金鉴》后,《再续行水金鉴》[②]又问世,水利专家周魁一认为,该书汇集了黄河、淮河、长江、永定河等流域及运河的水道变迁、水利工程与水政管理的情况,第一次将上古到嘉庆末年上述水系的源流、分合、沿革、水情、治理等情况系统地予以记录,并胪陈利害得失,轻重缓急,填补了治河档案和文献的空白。[③]不无遗憾的是,水利史的研究虽然取得了相当的成就,但主要成果或主流话语仍限于少数水利史专家。水利史研究依然没有脱离出以水利工程和技术为主的"治水"框架,姚汉源先生期望的一种将水利作为社会发展的一部分,从政治、经济、社会等多角度探讨水利及其互动关系的研究局面仍然没有显现。[④]

如果将我国古代的治水及水利工程研究,拓展到广袤无垠的"水利社会"学术视野,就有很多学术问题需要解决。行龙提出:"大江南北,朝野上下,古往今来,纵横千年,如何合理配置和利用水资源";如何"治水",如何抗旱;如何泄洪,如何节水;都是挥之不去难以解决的持续性问题。在努力解决这些问题的过程中,国家层面上朝廷和庙堂有过争论,封建时代与当今社会有所不同;社会层面上从地方官府、宗族、士绅、恶霸的仗势攫夺,到普通民众的所谓"滴水如油""洪水猛兽",甚而为争水防洪械斗惨死;技术层面上从手摇罐提到机械抽取,从堵堰截流到水库大坝;中国人为水可谓励精

---

① 姚汉源:《中国水利史纲要·作者自序》,北京:水利电力出版社,1987年。
② 中国水利水电科学研究院水利史研究室编校:《再续行水金鉴》,武汉:湖北人民出版社,2004年。
③ 《光明日报》2004年12月16日。
④ 此段文字主要参阅行龙的《从治水社会到水利社会》,《读书》2005年第8期。

图治、竭尽全力。如果我们把以水利为中心的区域性社会关系再扩展开来，它与区域社会政治、经济、军事、文化、法律、宗教、社会生活、社会习俗、社会习惯等等都有直接或间接的关联。[1]其实，以笔者看来，理解这些问题的关键在于厘清治水与政治的关系，尤其是如何看待政治权力在治水及水利工程的角色扮演，成为认识治水与政治关系的一把关键"钥匙"。

有关这个问题的探讨可追溯到马克思关于亚细亚生产方式的论述。1859年，马克思提出："大体说来，亚细亚的、古代的、封建的和现代资产阶级的生产方式可以看作是社会经济形态演进的几个时代。"[2]马克思的亚细亚生产方式理论是一个历史概念，在不同时期有不同的表述，在学术界引起巨大的争议，因非涉及本书主旨，不再赘述。我们所有关注的是，亚细亚生产方式作为原始社会最后发展阶段所有制的主要形式，从动态和静态两个角度考察了社会形态演进，其基本特征表现为：农村公社的土地公有制，自给自足的村社制度，中央集权政府承担农业灌溉、修建公共水利工程的任务。其中的"中央集权政府承担农业灌溉、修建公共水利工程的任务"一直被学界认为是理解欧洲以东的东方社会形态发展的关键理论。

没有证据表明，马克思在论证亚细亚生产方式时持有典型的欧洲中心论思想，"但是在话语系统中依然保持着西方与东方之间权力符号表现和权力运行机制的巨大张力，这种张力显现的矛盾历史地成为亚细亚生产方式理论体系的逻辑构造力量"[3]。事实上，在我们的学术话语系统还没有完全构造成形之时，自觉或不自觉的引用西方学术话语是不可避免的事。具体到中央集权政府承担治水及水利工程任务之一的理论时，在相当长的时间内，学界将之视为我国古代社会理论的圭臬之一。

在我国传统的农业社会，农业与水密不可分，治水和水利工程是小农的头等大事，也是政府的日常事务。就大规模的水利工程而言，远非个体小农

---

[1] 行龙：《从治水社会到水利社会》，《读书》2005年第8期。
[2]《马克思恩克斯选集》第二卷，北京：人民出版社，1995年，第33页。
[3] 杨竞业：《论形成亚细亚生产方式的三个矛盾关系》，《哈尔滨市委党校学报》2007年第5期。

所能承担，因而需要集体的力量，也就是要把小农组织起来共同参与。马克思认为，在东方社会这是中央集权政府的职能。事实上，在中国传统的基层社会，以宗族为主要纽带的乡村社会，在一定程度上是被政府关注较少的自治群体，这样，小范围的水利工程得以完成并持续。傅衣凌先生就曾指出："事实上，在中国传统社会，很大一部分水利工程的建设和管理是在乡族社会中进行的，不需要国家权力的干预。"①但对整个帝国来说，真正的问题可能不仅仅是那些无数的星星点点的小工程——虽然它们也非常重要，还有跨地域的水源调度和水患防治工程。这些工程光靠分割的村落自然是难以完成的，由此在逻辑上需要一个全国性的组织、动员、管理和监控网络。就中国历史的实际进程而论，帝国的产生与治水的需要是否存在因果关系可能还有争论。但我们无法否认的是，自华夏大地上出现农业国家以来，这个国家的维持却再也离不开对治水的密切关注，进而也就离不开复杂而完备的官僚系统。

治水及水利工程离不开政府组织，但统一而强盛的帝国却未必把心思放在对民生有重大助益的水利工程上。古代的鸿沟、邗沟、芍陂、都江堰、郑国渠、漳河渠等著名水利工程都完成于春秋战国时代，秦汉统一后并无更好的成绩。综观历史，我国华中、华南、四川的农业及水利在三国、南朝、晚唐、明末、清末均取得长足发展，而当时的中央朝廷不是已经崩溃，就是正在滑坡。更有甚者，人们发现所谓"强盛王朝"反而往往是水利衰败时期。以关中平原论，秦统一前建成的郑国渠灌溉约 400 万亩，但统一后 2000 多年里这个成就再未达到。汉代白渠灌区就不断萎缩，一直骤减至 4 万亩。而号称盛世的唐代，最高也才恢复到约 100 万亩，唐宋之际又衰减至 20 万亩。倒是北宋这个传统上认为并不"强大"的王朝修建了丰利渠系，灌区曾达 200 万亩，为郑国渠之后的最高。但不久又趋衰败，一般认为元帝国是我国历史上最强的时期，版图也最大，但关中灌区却缩减为 80 万—90 万亩，不及北宋盛时之半。而且很快又进一步衰败，明代是号称"治隆唐宋"的又一个强

---

① 傅衣凌：《中国传统社会——多元的结构》，《中国社会经济史研究》1988 年第 3 期。

大王朝，但关中的广惠渠灌区，最盛时仅恢复到80万亩，到晚明更衰减至7.5万亩。清代在水利方面即使最盛期也无所作为，关中的引泾灌溉一蹶不振，到所谓"康乾盛世"的1737年后完全中断，龙洞渠改引泾为引泉，灌溉仅3万亩。直到民国李仪祉修建泾惠渠，才重新恢复引泾，灌田66万亩。耐人寻味的是，这一进展却是在杨虎城主陕、南京政府无法控制的半割据状态下取得的。①

不管怎样，从历史发展来看，伟大的治水斗争和我国独特的水资源环境，对孕育创造出光辉灿烂的华夏文明起到了相当的积极作用。吴宗越认为，治水斗争第一次把我国四千多年前许多分布在各地以血缘关系为纽带的氏族部落联系在一起；联合各氏族治水过程中的治水组织，是氏族社会破天荒的第一个全国性组织；平治水土带来了先民思想的大解放；在平治水土中培育的骨干直接影响此后两千年的政坛风云；治水给大河流域带来的繁荣和东流大河整体统一性的特点，决定了我国民族的统一性和政治内向性；治水是标志文明社会的文字、城郭产生与兴起的重要因素。因此，平治水土成功带来了生产大发展、思想大解放。这些均为大禹之子启冲破天命（益）的禅让制而世袭王位，建立我国第一个奴隶制社会拉开了序幕，并逐步扩大到大一统的国家。由此奠定了中华民族具有永恒的内向性和坚不可摧的凝聚力，最终形成世界四大文明古国中唯一绵延至今的中华文化。②诚哉斯言！

2. 运河与漕运的因果律

既然强盛的大一统帝国并不关注或者说并不重点关注泽被苍生的水利灌溉工程，那么盘踞在京城的皇帝目光所视的水利重点在哪里？从历史来看，隋唐以后的答案应该是通往京城且能够行走漕船的大运河。

打开一幅中国地图，雄伟的长城与悠长的大运河组成的一个大写的"人"字便映入眼帘。面对长城大漠孤烟、运道长河落日的景象，诗人们吟咏之余，

---

① 秦晖：《"治水社会论"批判》，《经济观察报》2010年7月21日。
② 吴宗越：《华夏文明始于治水》，《华北水利水电学院学报》（社科版）2001年第3期。

绪 论

也曾展开过无限的想象：这阳刚的长城与阴柔的运河不正是中国文化阴阳和合的真实写照吗？长城是凝固的历史，运河是流淌的文化，这动静之间微妙组合不也是中国人对自然、社会与人生的独特思考吗？即便抛却文学的诗情画意，当我们直面长城的一砖一石和运河的一闸一坝，也不由得为我们祖先伟大的创举而惊叹自豪！

长城暂且不论，这悠长的大运河贯通南北，跨越海河、黄河、淮河、长江、钱塘江五大流域，历来评价甚高。晚唐诗人皮日休在《汴河怀古》中写道："尽道隋亡为此河，至今千里赖通波。若无水殿龙舟事，共禹论功不较多！"将隋炀帝开凿运河通济渠与大禹治水相媲美，看中的正是运河的南北贯通带来的交通便利。然而，大运河完全违背了中国大河东西走向的自然规律，历代王朝为了维系大运河的正常运转，耗费了惊人的人力、物力，这到底所为者何？稍具历史常识的人会不假思索地回答，为了漕运。这种简单而直线式的因果关系似乎是漕运与运河之间的唯一纽带。可是，仔细思索一下，就可发现无论从逻辑推理，还是从历史发展的角度，二者的关系均远非如此。我们知道，事件的原因必然发生在结果之前，这是一切自然科学和社会科学都承认的科学因果律，否则便是形而上学或神学。作为漕运载体的运河必然开凿、疏浚在前，而作为运河主要功能的漕运则运作于后。如果运河与漕运之间存在着因果关系，那么运河为因，漕运为果，而不是相反。

可是，当我们考察漕运的原始含义与漕运制度形成的历史动因时，却大有深究之处。许慎《说文解字》云："漕，水转谷也。一曰：人之所乘及船也。"[1]司马贞《史记索隐》："车运曰转，水运曰漕。"[2]这两种说法大同小异，均认为漕运的本义为水运，尤指谷物水运。人类开始舟行水上，运输物资，便有了漕运。明代学者丘濬对此持有异议，他认为自古漕运陆、河、海三种皆有[3]。清人段玉裁作注时，认为"人之今乘"后脱一"车"字，"盖车亦得

---

[1] （东汉）许慎：《说文解字》卷十一上，北京：中华书局，1963年，第237页。
[2] 《史记》卷三十《平准书》，北京：中华书局，1959年，第1422页。
[3] （明）丘濬：《大学衍义补》卷三四《治国用·漕挽之宜下》，北京：京华出版社，1999年，第309页。

称漕"。①近人张舜徽在《说文解字约注》"漕"字按语中引《汉书·赵充国传》及注:"臣前部入山伐材木,大小六万枚,皆在水次,冰解漕下。颜注云:'漕下,出水运木而下也。'"张氏认为,漕之为用,不专于转谷也。②明代何乔远认为:"漕之道有三,曰陆、曰海、曰河。陆之运费,海之运险,惟河为宜。"③由是观之,漕运可陆、可河、可海,其运输对象亦不限于粮食一种,只不过所费人力、财力有多寡。河运视陆运要省力,视海运要安全,除元代外的历代王朝漕运均首选河运。总之,自然水道作为漕运载体,出现较早,且渐被广为接受④,而运河显然是作为自然水道的补充而呈现于世的。如此看来,运河并非漕运的必要条件。

漕运的历史动因是多方面的。从历史的发展来看,先秦分封体制下,虽有"普天之下莫非王土,率土之滨莫非王臣"之说法,但"天子中千里而为都,公侯中百里而为都。天子之都,漕运东西南北所贡入者不过五百里;诸侯之都,漕运所贡不过五十里。所以三代之前漕运之法不备"⑤。诸侯、卿、士大夫对于上级的贡赋极其有限,甚至流于形式。这一方面与诸侯及以下的统治者统辖的采邑保持着政治、经济的相对独立性有关;另一方面,在生产力相当低下的条件下,大规模、长距离的运输物资不太现实。正如《管子》所论:"粟行三百里,则无一年之积;粟行四百里,则无二年之积;粟行五百里,则众有饥色。"⑥所以,春秋战国时期虽也有邗沟、鸿沟等人工运河与"泛舟之役"⑦的粮食水运,但国家层面上制度化的漕运是不存在的。⑧

---

① (清)段玉裁:《说文解字注》十一篇上,上海:上海古籍出版社,1988年,第566页下。
② 张舜徽:《说文解字约注》卷二一,郑州:中州书画社,1983年。
③ (明)何乔远:《名山藏》卷四九《河漕记》,张德信等点校,福州:福建人民出版社,2010年,第1350页。
④ 杨文煊《历代漕运评述》(《中国学报》,1944年第12期)最早关注了漕运本义问题。吴琦在《漕运"辨义"》(《中国农史》1996年第4期)转述之,并探讨了漕运的原始意义与社会意义。倪玉平的博士论文《清代漕粮海运与社会变迁·绪言》(上海:上海书店出版社,2005年,第8—9页)对此探讨最为全面。
⑤ (宋)吕祖谦:《历代制度详说》卷四《漕运》,扬州:江苏广陵古籍刻印社,1983年。
⑥ 黎翔凤撰,梁运华整理:《管子校注·八观第十三》,北京:中华书局,2004年。
⑦ 杨伯峻:《左传·僖公十三年》,北京:中华书局,1981年。
⑧ 有关这个问题,可参阅史念海:《中国的运河》第二章,西安:陕西人民出版社,1988年,第11—64页。

绪　论

漕运的制度化始于秦，丘濬认为，"飞挽始于秦，秦以欲攻匈奴之故，致负海之粟，输北河之仓"[①]。那么，什么样的历史因素导致了漕运制度化了？鲍邦彦认为，漕运是一种因封建社会[②]地区间经济发展不平衡，商品交换关系不够发达，封建政府为了供应政治中心粮食，以赋役形式，进行地区间粮食调拨的方法。[③]彭云鹤认为，漕运制度的产生，是由于自给自足的自然经济占主导地位的封建社会，地区间经济发展不平衡，商品交换尚不发达，全国经济中心不断南移，与政治中心、军事中心相去渐远。封建政府于是以国家政权的力量，以田赋形式，从重点产粮地区，攫取巨量的粮食与物资，再通过水道运往京师或其他地区。此类专业运输，便是漕运。围绕这一活动而制定的各种制度，即漕运制度。[④]此二说均认可漕运制度化的前提是一个强大的中央集权政府，以及小农经济形态下的经济中心、政治中心分离的社会形态。不过，这样的概述缺乏对漕运制度演变的分析，对漕运的具体特征也没有具体的界定。李治亭认为，漕运由国家经营，处于中央政府的直接控制之下。通过水上运输，把征收的税粮及上供物资，或输往京师，或实储，或运抵边疆重镇，以足需要，并借此维护对全国的统治。[⑤]此论比起星斌夫"漕运就是把税粮为主的官有物资，通过水路由地方送往京师，有时则从京师运送到地方的一种制度"[⑥]之说要详尽得多，将漕运的基本特征胪列殆尽。此外，吴琦认为，中国漕运是封建社会中央政权通过水道强制性运转官粮物资的一种形式，主要满足京城皇室、官兵及百姓的用粮需要。它与中国封建社会相始终，

[①]（明）丘濬：《大学衍义补》卷三三《治国用·漕挽之宜上》，北京：京华出版社，1999年，第301页。
[②] 郭沫若将中国封建社会的节点定位于春秋、战国之交，此论一直是各类历史教科书之圭臬。20 世纪 80 年代以来，有关封建社会甚至"封建"一词本身的学术讨论不绝于耳。相关文献可谓车载斗量，本书无意纠缠于斯，除引用他论外，一概称秦以前为分封时代，秦至清为帝国时代。详情参阅日知：《封建主义问题》，上海：学林出版社，1997年；王家范：《中国历史通论》第二章，上海：华东师范大学出版社，2000年，第42—68页。
[③] 鲍邦彦：《明代漕运研究》，广州：暨南大学出版社，1995年，第1页。
[④] 彭云鹤：《明清漕运史·前言》，北京：首都师范大学出版社，1995年，第1页。
[⑤] 李治亭：《中国漕运史·序言》，台北：文津出版社，1997年，第1页。
[⑥]（日）星斌夫：《明代漕運の研究·緒言》，東京：日本學術振興會，1963年，第1页。

它以封建集权政治为母体，以小农经济为经济土壤，以优良的水道运输系统为运输载体。[1]类似的观点在陈锋《漕运与中国社会》[2]一书中也有反映。以上学界诸说各富特色，但大都忽略了漕运的内在历史演进。倪玉平博士认为，传统社会早期的漕运泛指官方物资的水运，它的内容多样，诸如粮食、木材、金属等物质的运输，均可视为漕运。到了宋元以后，随着漕运制度的发展，漕运便专指漕粮运输。[3]此说为确论。

秦汉以降，帝国庞大的中央官僚机构、军队体系为维持正常运转，发挥其政治、军事功能，需要巨量的粮食与其他物资供应。另外，国家为应对各种突发事件，也需要储备相当数量的粮食。专制王朝对粮食的政治渴求，使得漕运成为帝国母体须臾不可废止的附属物。自给自足的小农经济在强大的集权统治下分散而软弱，只能源源不断地提供赋税。聪明的统治者往往扶植小农生产，巩固其赋税之源，从而维系王朝的长治久安。很明显，帝国专制体制与小农自然经济的结合，才是漕运制度出现并发展的最根本原因。至于运河开凿与疏浚之类的大型水利工程，亦完全是历代王朝利用已有的自然水道而实施的政治行为，运河只能是漕运产生与发展的客观条件之一，甚至不能算是漕运的充分条件。

质言之，漕运产生的历史动因是多维的，运河与漕运之间存在着因果关系，但远非唯一直线式。运河既非漕运制度化的必要条件，也非充分条件。

3. 政治：连接治水、运河与漕运的纽带

既然如此，那么连接治水、运河与漕运的媒介又是什么？答案是政治。历代王朝的政治诉求，多通过运河的漕运功能彰显。

正如前文所言，制度化的漕运是中央集权王朝对各经济区施行的政治行为，它以人工运河沟通自然水道作为漕运的客观条件，亦可谓由于对漕运的

---

[1] 吴琦：《中国漕运产生的历史动因》，《华中师范大学学报》（人文社会科学版）1995年第3期，第105—109页。
[2] 陈锋：《漕运与古代社会》第一章，西安：陕西人民教育出版社，2000年，第1—19页。
[3] 倪玉平：《清代漕粮海运与社会变迁·绪言》，上海：上海书店出版社，2005年，第10页。

需求，王朝政治渐渐与运河紧密相连。这里有两个问题须明确辨析：

第一，帝国中央集权统治是漕运制度化的母体，漕运是超经济的政治行为，因而自漕运制度化开始，中央王朝就拒绝了以商品流通的方式调节市场粮食供应的可能性。马克思认为，农业社会的小农群体生活条件基本相同，彼此间类似的生产方式并不让他们相互交往，而是相互隔离。大多数农户自给自足，消费自己生产的消费品，他们取得生产资料的方式也主要依靠自然，而不是社会的商品往来。小农之间存在着地域联系，但他的利益共同性并不形成全国性的共同关系，进而形成一种政治组织。由于小农不能代表自己，于是便有了站在小农头上的权威代表他们、主宰他们，形成不受限制的政治权力。马克思称之为"行政权力支配社会"。①中国秦汉以来的社会与马克思笔下的法国农村极为相似。统治者的行政权力（政治权力）最大的外化表现便是掌控经济资源。如果某一权力主体掌握着财产，并对经济生活的各个领域进行管理，那么他就能够对他人实行控制并对国家政策施加决定性的影响。②马俊亚归纳为"即使政治权力起源于某些经济权力，但政治权力始终对经济权力起决定性作用"③。政治权力能够决定社会财富的流向，并且这种流动还可以被纳入统治者预先设定的、可控制的通道中。既然如此，政府就失去了发展商品经济，以市场原则进行物资流动的动力。这种理论很好地解释了帝国集权体制下，国家所需物资只能通过漕运，而不是通过商品的自由流通来解决的问题。④

第二，政治与运河联姻是一个渐进的过程，其中原因很多，关键在于历

---

① 马克思：《路易·波拿巴的雾月十八日》，《马克思恩格斯全集》第八卷，北京：人民出版社，1961年，第218页。
② 卢少华、徐万珉：《权力社会学》，哈尔滨：黑龙江人民出版社，1989年，第114页。
③ 马俊亚：《〈被牺牲的"局部"——淮北社会生态变迁研究（1680—1949）〉·导言》，北京：北京大学出版社，2011年，第10页。
④ 欧洲在资本主义萌芽之前的中世纪，有包买商制度，调节市场粮食供应。这与明代开中制颇有几分相似，不过东方专制主义社会与马克·布洛赫笔下的欧洲封建社会发展道路不同，一如两条互不相交的平行线。强行将这两种范式放在一起比较，是不合时宜的。

代政治中心与基本经济区不断转移。①历来王朝大政，莫不以供奉政治中心（京师）为先。所谓"事在四方，要在中央。圣人执要，四方来效"②，便是这个道理。自秦以来，中国古代的政治中心始终在变化中：秦至北宋的政治中心变动轨迹大致沿着长安—洛阳—开封这一纬线作由西向东运动，政治格局主要表现为东西关系。三国两晋南北朝、五代十国时期大体可以看作是政治格局由东西关系向南北关系转变的一种过渡形态。南宋至清末的政治中心变动轨迹大致是由杭州—南京—北京这一经线作由南向北运动，政治格局主要表现为南北关系。政治中心的转移，与王朝山川形势、政治军事环境有关。

与之不同的是，古代基本经济区③不断南徙，走上了与政治中心不同的发展轨迹。从关中到关东，从巴蜀到江淮，从两湖到江南，这些基本经济区都曾对王朝政治产生过决定性的影响。为了保障对政治中心的长期稳定供给，统治者对水利事业施以始终如一的关注，"用政治手段执行了经济职能，即举办公共工程的职能"④。马克思用"亚细亚生产方式"理论解释此类东方专制主义社会，德国学者魏特夫则进一步加以发展。他认为，东方专制主义社会形态起源于干旱和半干旱地区的治水活动。在这类地区，只有当人们利用灌溉，必要时利用治水的方法来克服供水的不足和不调时，农业生产才能顺利和有效地维持下去。这样的工程需要大规模的协作、严明的纪律、从属关系、

---

① 我友张文华博士曾与我讨论过这个问题，此段文字部分参阅其研究成果，谨谢之。详见张文华：《运河与中国政治中心的变迁》，《淮阴师院学报》（哲学社会科学版）2007 年第 5 期。
② （清）王先慎：《韩非子·扬权第八》，锺哲点校，北京：中华书局，1998 年。
③ 冀朝鼎最早提出中国古代基本经济区的概念，并以此论证古代水利事业发展与其关系，从而揭示基本经济区变动与中国历史上统一及分裂的内在联系。详见冀朝鼎：《中国历史上的基本经济区与水利事业的发展》，北京：中国社会科学出版社，1981 年。李伯重在考察江南经济区时认为，经济区的选定须基于两点：一是该地区必须是一个自然—生态条件相对统一的区域。二是长期的历史发展所导致的该地区内部经济联系的紧密与经济水平的接近，使此地区被人们视为与毗邻地区有着显著差异，本书的基本经济区概念服膺冀氏之说。参阅李伯重：《简论"江南地区"的界定》，《中国社会经济史研究》1991 年第 1 期。
④ 马克思：《不列颠在印度的统治》，《马克思恩格斯选集》第 2 卷，北京：人民出版社，1961 年，第 64 页。马克思对东方社会用政府力量干预水利事业产生过浓厚的兴趣，并试图用生产力状况分析东方专制主义国家的这种特殊职能。

强有力的领导以及遍布全国的组织网。因此，控制这一组织网的人总是巧妙地准备行使最高政治权力，于是便产生了君主专制为主导的东方专制主义。[①]魏特夫的"治水社会"理论，与马克斯·韦伯的先有新教伦理，后形成资本主义生产方式论断颇有异曲同工之处，然而这种社会意识决定社会存在的逻辑，正好与马克思的论述相反，也违背了中国历史发展事实。只有当强有力的中央集权政府形成后，才能对大型水利工程有效地规划、运作和管理，而不是相反。[②]此外，官僚阶层的经济职能取决于专制政权的政治目的，而远非魏特夫所言的对人民大众的义务感。冀朝鼎同意马克思的说法，认为国家机器把开凿运河之类的水利事业当作政治斗争的一种主要手段，目的就在于管理那些在不同程度上独立自给的基本经济区，"这种国家内部组织的松散性与各地区自给自足的特性，大大扩充了地区关系上的重要性与困难，从而也就显示了作为统一管理的物质基本的基本经济区是多么的重要"。[③]很显然，中央政府无论是发展与维护基本经济区的经济活动，还是举办大型水利工程（如运河）都属于统治手段，其本质上仍是政治行为，真正的目的在于维系政治中心地位的稳固。

在这样的背景下，运河自诞生之日起，其选线就与政治中心和基本经济区的连线大致重合。秦汉至南北朝的政治中心与基本经济区都在中原，运河大致是东西走向，中原之外的运道也大多是指向中原。隋代形成了以东都洛阳为中心的向西北、东北及东南辐射的全国性运河网络体系，其走势"犹如一把张开的纸扇，沿扇形的两边，分别开凿了通向东南和东北的运河，穿越黄河下游南北和长江下游富庶经济地区的中心，其柄端又直插关中平原的中央"[④]。唐宋两朝特别倚重汴河，而永济渠则经常断航。北宋亡国，南宋僻居

---

① （德）魏特夫：《东方专制主义·前言》，徐式谷等译，北京：中国社会科学出版社，1989年，第2页。
② 解释中国式的专制主义社会形成比较流行的理论是"酋邦"说，可参阅谢维扬：《中国早期国家》，杭州：浙江人民出版社，1995年。
③ 冀朝鼎：《中国历史上的基本经济区与水利事业的发展》第四章，朱诗鳌译，北京：中国社会科学出版社，1981年，第61页。
④ 马正林：《中国运河的变迁》，《陕西师大学报》（哲学社会科学版）1978年第1期。

杭州，汴河繁荣不在，五百多年国命所系的大河，陷入了无可奈何花落去的颓境中。元代建都于华北平原北端的北京，离开了东西横向的轴线，不过此际的基本经济区已远在江南，原有运河或淤或塞，不能满足漕运需求，这样，南北贯通的京杭大运河应运而生。元代漕运以海运为主，运河的漕运作用并不明显，其主要作用在于为明清两代河漕运的发展奠定了坚实的基础。历史上的运河，经历由东西走向向南北走向的巨大转变，主要原因就是国都与基本经济区连线的变迁，国都变了，运河随之变；基本经济区南迁，运河随之南迁。谭其骧先生认为，唐宋以前的运河以中原为主，呈多枝形发展，将众多地区联系起来，对于平衡、调剂各地经济文化有重大作用。元明清时期运河的南北向线形布局，将政治、军事中心的北京与基本经济区的江南连接起来，在形成东部交通大动脉的同时，将广大的中部和西部摈之于主要交通线之外，这既不利于中西部地区自身的发展，也不利于全国各地的经济文化交流。[①]此诚灼见也！

  我们还可以从明代漕运的实践中找到例证。樊铧考证出明廷停止海运的决定是在永乐十二年（1414）闰九月做出的，而其时清江浦尚未开凿，因而"朝廷放弃海运专行运河的决定导致了清江浦的开凿，而不是反之"[②]。顺着这个思路，我们再仔细审视王琼《漕河图志》收录的两篇奏疏《始罢海运从会通河攒运》《始议从会通河攒运北京粮储》，不难发现，明廷在永乐十二年（1414）九月做出河运的政治决定时，作为河运重要的配套设施五大水次仓（淮安、徐州、临清、德州、天津）只有淮安仓初具规模，用于漕运的浅底船亦只有五百艘，远不足敷用。这些史实说明，先有内河漕运的政治决定，后有开凿清江浦、扩建五大水次仓、大建浅底船等相关运河与漕运的配套建设。因此，明代内河漕运绝非南北物资流通水到渠成的经济行为，而是附庸于中央集权体制下不计成本的政治决策，并最终导致了明代漕运的制度化运作。

---

① 谭其骧：《黄河与运河的变迁》，《地理知识》1955年第9期。
② 樊铧：《政治决策与明代海运》第二章，北京：社会科学文献出版社，2009年，第79—82页。

4. 漕运：治水与运河的政治化

现代汉语的"化"加在名词或形容词后面，形成词缀，表示转变成某种性质或状态。运河的政治化，表明运河的开凿、疏浚、运行、维护等实践行为，均为集权政体政治运作的结果，并且首先服务于漕运这一政治主题。正如诗分"有我"和"无我"之境一样，一条静静的运河，正是"明月松间照，清泉石上流"的"无我"之境。作为"他者"的潺潺流水，并不牵涉成王败寇的兴衰往事，更不会激荡起历史的"一池春水"。只有行走于运河及两岸的人，才会在特定的历史背景下，依靠运河的广阔舞台，上演一幕幕历史悲喜剧。跋涉的旅人、劳碌的运丁、哀怨的思妇、枕水的土著等各色人等都曾在这个舞台上演出过自己的剧情，然而，尽管王朝频繁更迭，真正的主角却从来都没有改变，那便是"有我"之境中的"我"，用政治手段管理和维护运河的统治者。

由于漕运的需要，治水及水利工程趋于附属地位，王朝大政向运河倾斜及运河的政治化几乎同时进行，或者说，三者就是孪生的兄弟，彼此的基因相差无几。治水及运河的政治化首先表现为历代王朝设职官对水利工程、运河及漕运进行有效的管理。[①]

设置官员开凿河渠、管理水利事业可追溯至传说中的尧舜禹时期，"虞舜命益作虞，以掌山泽。周官有林衡、川衡二官，掌林麓川泽之禁"[②]。秦统一后，在诸卿之中设置两名治粟内丞（也称治粟内史），其属官都水长丞和太仓令，其对运河与漕运管理属于兼职性。汉袭秦制，只是做了一些细微调整。至魏晋南北朝时，运河及漕运职官制度一直处于萌芽阶段，没有革新性的变化。隋唐以来，京师长安所产有限，不足以应付庞大开支与战略储备，于是开始转运东南之粟。唐玄宗任命陕州刺史李杰充陕州水陆发运使，负责黄河

[①] 此类著述甚多，历代正史职官志均有表述，安作璋主编的《运河文化史》按时代顺序胪列甚详，足资参阅。这里只探讨运河与漕运职官的大致演变规律，有关品秩、部属、权限等内容详见第二章第一节。

[②]（唐）杜佑：《通典》卷二七，杭州：浙江古籍出版社，1987年，第162页。

上游关键一段水路的漕务。宣州刺史裴耀卿建议增置转运仓，在危险河段配合使用陆运方式运输。裴耀卿的建议获得了唐玄宗的同意，这次改革亦使东南漕运转输法成为制度，此后，转运使的设置逐渐增多，运河及漕运管理逐渐走向专职化方向。北宋中央的三司（元丰之后则为户部）是负责运河与漕运的主管部门，地方上的转运司和发运司协作管理漕运，运河与漕运的职官制度化基本形成。南宋偏处一隅，无须大规模转运。元代大运河南北贯通，中央设都水监总理漕运。运河时有淤塞，漕运遂以海运为主，主管机构是海道运粮万户府，以蒙古人担任达鲁花赤，汉人担任万户长。明清两代运河与漕运职官制度日趋成熟。明初承袭元代海运之制，随着运河的全面疏浚，漕粮的运输主要转向河漕。明自永乐帝迁都北京后，逐步制定了南粮北运的漕运规制，并设总漕、总河分治漕、河。至此漕运部门从其他部门中分离出来成为一个独立管理机构。清代漕运已发展成为完整的经济系统，运河与漕运管理机构健全，组织严密，形成了一整套严密的职官制度。

由上可知，治水、运河与漕运职官制度伴随着漕运而生，当漕运弊端丛生时，才设置相应的官员去解决问题。随着国家对漕运需求的不断增长，政治对运河的影响力也在不断增强，治水、运河与漕运职官逐步走向专职化、制度化，至明清时已趋于完备与成熟；运河与漕运最高长官从地方行政系列逐渐升格为中央官员，至清代时已臻顶峰。

为了维护漕运的畅通，中央政府动用一切政治资源，不惜浪费人力、物力，牺牲局部利益，并由此形成一股庞大的政治利益集团。[①]这一点在明清两代表现得尤为明显。

正如前文所云，国家政治中心与基本经济区之间的通漕河道往往是王朝政治生活的生命线，尤其是明清两代定都北京，贫瘠的华北平原无法满足奢

[①] 有关这方面的研究，参见马俊亚：《集团利益与国运衰变——明清漕粮河运及其社会生态后果》，《南京大学学报》（哲学人文社会科学版）2008年第4期；马俊亚：《被牺牲的"局部"——淮北社会生态变迁研究（1680—1949）》第一章，北京：北京大学出版社，2011年，第28—117页；郭孟良，孔祥君：《大运河漕运与中国封建社会长期延续》，《黄淮学刊》1992年第3期；吴琦：《漕运与中国封建社会的长期延续》，《中国农史》2000年第4期等皆有论述。

华的皇家需要，江南转漕之粟便成为国家紧关命脉，即所谓"一日不得则饥，三日不得则不知其所为命"①。有鉴于此，国家为了保护漕运，往往不计经济成本。如成化十年（1474）开凿仪真罗泗闸之前，"其各船至坝，经旬需次，起若凌空，投若入井，财废船坏，不可胜算"。②利玛窦认为，运河行船，需要征调民夫拉纤；过闸时，又耽搁良久，且在闸坝出入口，常有船只覆没，水手们很少能幸免于难。③漕运制度是以巨大的人力、物力、财力的耗费为代价的，维持漕粮河运、修浚运道、设置职官、修造漕船、设置屯田等事，是一笔极大的开支。据李文治统计，清乾隆年间每运一担米至京，则要支付三石米以上的代价。④以明清两代每年运送漕粮 400 万石计，其直接运费即达 800 万石米，又以每石米值银 2.2 两计，则百姓每年要为河运多花费 1000 多万两白银。加上维持运河通道的每年数百万至上千万两白银费用，这几乎占据了清代中期中央政府每年直省四千万两左右财政收入之半壁江山。⑤如此的非人道之举，如此的财政浪费，既让国家背上沉重的财政负担，又使得最后被转嫁负担的升斗小民日趋贫困下去。

为了漕河的整体畅通，统治者还不断牺牲苏北、皖北、鲁南等地的局部利益。1128 年，宋人掘开黄河大堤以阻挡金兵南下的铁骑，从此黄河夺淮，改变了淮河流域的水系。明弘治年间，刘大夏建黄河北堤，以解决黄河北岸的溃决之虞，自此"淮北始有河患。水道之迁徙，此后益开其扃钥，实自禹以来未有之变局也。"⑥明廷对治黄河、保运河有明显的政治目的，"祖陵水患

---

① 王在晋：《通漕类编·序》，四库全书存目丛书编纂委员会编：《四库全书存目丛书·史部》第 275 册，济南：齐鲁书社，1997 年，第 242 页下。
② （清）顾炎武：《天下郡国利病书》，《续修四库全书·史部地理类》第 596 册，上海：上海古籍出版社，2002 年，第 64 页上。
③ （意）利玛窦，金尼阁：《利玛窦中国札记》，何高济等译，桂林：广西师范大学出版社，2001 年，第 229 页。
④ 李文治，江太新：《清代漕运》第十二章，北京：社会科学文献出版社，2008 年，第 361 页。
⑤ 王庆云：《石渠余纪》卷三，北京：北京古籍出版社，1985 年，第 50 页。
⑥ 武同举：《江苏淮北水道变迁史》，《两轩賸语》，1927 年铅印本，第 5 页。

为第一义，次之运道，又次之民生"①。清代治河虽抛弃了明人维护泗州祖陵的心头悬剑，但在运河通道畅通高于民生安危这一认识上是高度一致的。如为了保证潘季驯制定的"束水攻沙、蓄清刷黄"的治黄方针得以顺利实施，明代后期及有清一代，罔顾淮河中游平原地带不宜修建水柜这一事实，不断加筑高家堰，形成了巨大的人工湖泊洪泽湖。繁华的泗州城及周边乡镇，终成烟波万顷的水乡泽国。又如微山湖，地势本低于运河河床，清代强行将之纳入为蓄水济运的大水柜，致使微山湖淹没的农田与村舍越来越多，乾隆年间，微山湖的面积竟达 2055 平方千米。魏源沉痛地说："山东之水，惟许害民，不许利民，旱则益旱，涝则益涝，人事实然，天则何咎！"②对苏北、皖北、鲁南等地区而言，这条政治的运河以其威权力量，破坏了原有的自然环境，极大地阻碍了当地社会经济的发展。隋唐时还是富足天下的鱼米之乡，明清以后竟成了水旱频仍的穷乡僻壤。③即便被称为点缀在运河沿线的明珠——运河城市，也是建筑在沙滩上的虚假大厦。它们依靠漕运政治的表面商业繁荣，并无城乡实体经济的强力支撑，其积聚的商业资本多为政治的附庸，一旦漕运大政改变，繁华的浮萍随风而逝，就只能永远地停留在后人的追忆中。

运河及漕运的职官制度至明清两代日益完善，这种制度下的官僚群体和乞食运河而生的人群，形成了一股强大的政治利益群体。运河政治化的最大受益群体是漕运与河工大臣，他们获益方式多样，最主要的便是不断制造水灾，兴办治河工程，进而中饱私囊。"自乾隆季年，河官习为奢侈，帑多中饱，寖至无岁不决。又以漕运牵掣，当其事者无不蹶败。"④上行下效，通漕之省大小官员，对于名目繁多的剥浅费、过闸费、过淮费、屯官费、催儹费、仓胥费利益均沾，即便是运丁中看似无足轻重的伍长，也"鲜衣怒马，酒楼歌

---

① 《部复分黄导淮告成疏》，（明）朱国盛编：《南河志》卷四，明天启五年（1625）抄本，第14页下。
② （清）魏源：《魏源集》上册，北京：中华书局，1976年，第408页。
③ 此段文字部分参阅马俊亚：《集团利益与国运衰变——明清漕粮河运及社会生态后果》，《南京大学学报》（哲学人文社会科学版）2008年第4期，谨致谢忱。
④ 汪胡桢，吴慰祖编：《清代河臣传》卷三，南京：中国水利工程学会，1937年，第147页。

绪　论

馆，举百万金钱荡而化为灰烬"[1]。还有一些不守成法之奸顽官役，利用漕船南回机会，夹带私货牟利，甚至"隐藏犯法人口，倚势恃力，行凶害人。借名阻碍河道，殴打平人，托言搜寻失物，抢劫民船。且有盗卖漕粮，中途故致船坏，以图贻害地方"[2]，成为引发社会矛盾之蠹虫。运河政治化的利益群体是明清专制主义中央集权不断加强的产物，其政治、经济利益的习惯性膨胀，损害了商业阶层、普通百姓甚至帝国的利益，成为社会改革与发展的绊脚石。

中国历史上的治水及水利工程在先秦时期曾达到时代的高峰，秦汉以后，出于政治和军事目的的水利工程也有不少，但与先秦时期的郑国渠、白渠等以灌溉、富国强兵为主旨的水利工程相比，历史影响上略逊一等。隋唐以后，帝国对水利工程的注意力主要集中在大运河上。很显然，大型水利工程离不开政府的组织、管理、监督，但出于政治需要，大一统帝国的水利视野多投向能行漕运的运河上，并不太关注地方性水利工程，反而是地方宗族和乡绅赋予其莫大的热情。

历史上的运河很多，但老百姓习惯性地将隋代开始修筑的京杭大运河视为狭义上的运河代称。今天大运河的北段早已淤塞，甚至变为良田，但中国政区地图上的运河依然以连贯的蓝色线条表明大运河贯通南北。这些足以说明，大运河已经超出了历史遗迹与现实航运的社会存在，她同长江、黄河一样，成为中华民族希望南北畅通、天下一家的心灵图腾。大运河的文化符号其实便是历代王朝对其施加政治影响的结果：从一开始的漕粮运输，到政治化的管理，再到为了维护大运河而牺牲运河区域的局部利益，这些历代不断重复发生的举措效应叠加起来，便形成了运河的政治化过程，其核心目的均为出于王朝政治需要的漕运。尽管漕运陆、河、海三种途径皆可，漕运与运河之间也不存在着唯一的直线式的因果关系，但除元代以外的历代王朝无不

---

[1]（清）刘锦藻：《清朝续文献通考》卷七五《国用一三·考八三三四》，杭州：浙江古籍出版社，1988年。
[2]（清）张廷玉等：《清朝文献通考》卷四三《国用五·考五二五一》，杭州：浙江古籍出版社，1988年。

视河运为首选，并不断向民众灌输河运文化的思维定势，培育因河运而生的利益集团，从而让民众从心理上弱化了这条违背自然规律的长河所带来的负面效应，强化了人们对祖先建造这一宏大工程的自豪感，以及基于祖先崇拜而孕育而生的国家与民族的共同认同感。此种结果，恐怕也不是当初设计与开凿大运河的统治者所能料及的。

二、学术史回顾

明代总漕群体活动十分广泛，举凡漕粮征折、运输、仓储、漕运职官、漕运思想及其理学观念、经世之论均可发现其生平轨迹，这些在漕运史、职官制度史与思想史上值得大书一笔，因而明代总漕研究有必要从这三个角度进行学术史回顾。

1. 明代总漕的漕运史研究回顾

漕运事关国计民生，历来朝野学者均视之为重要的研究课题。从司马迁的《史记·平准书》中正史最早的关于"漕"的记述，到《旧唐书》卷四八《食货》设"漕运"专章，以及王溥《唐会要》卷八七专辟"漕运"栏目，反映了秦汉至唐宋学者对漕运重要性认识的加深。有关明代漕运正史记载，可追溯至清人编撰的《明史》，其《食货志三》单列"漕运"一条。至清代学者赵尔巽等人著《清史稿》，则已设"漕运"专栏。此间内容既是明清两代漕运管理、职官、制度演变等资料汇总，又反映了官方对漕运的研究与思考。明代学者王世贞《弇山堂别集》列出"总督漕运兼巡抚凤阳等处都御史"年表，不过其列举的总漕仅至隆庆五年（1571），且没有记述每位总漕任期及前后职衔。[①]雷礼《国朝列卿纪》[②]所记明代总漕年表则延至万历十八年（1590），且

[①]（明）王世贞：《弇山堂别集》，魏连科点校，北京：中华书局，1985年，第1139—1144页。
[②]（明）雷礼：《列朝国卿纪》卷一〇一，周骏富编：《明代传记丛刊》第38册，台北：明文书局，1991年影印本。

人物有简单传记，是目前所及明代总漕研究最早的概述。学者张瀚著笔记《松窗梦语》①，对漕运历史沿革、明代漕运问题均有详情记载，由于张瀚曾于嘉靖四十五年（1566）身膺总漕之职，因而其记述显得尤为珍贵。另一位总漕王琼的《漕河图志》成书于弘治九年（1496）。是书脱胎于总理河道侍郎王恕撰写的《漕河通志》，涉及范围南起瓜州，北至北京，内容包括运河图、运河水源、运河管理、运河水利设施、漕粮运输管理等方面。尤为可贵的是，该书还记录了不少关于运河的奏议、碑记和诗赋等。明代正德《明会典》、万历《明会典》、《续文献通考》及清人编撰的《大清会典》《清文献通考》《清朝续文献通考》《户部漕运全书》《明经世文编》《清经世文编》等典籍也留下了大量的明清两代漕运文章，是我们研究明清漕运史的重要参考文献。

现代学术背景下的运河与漕运研究发轫于20世纪初，张景贤《北运河考略》②是最早研究北运河史的论文。到了20世纪三四十年代，出现了第一次漕运研究高峰。王云师姐曾做过归纳，兹录如下：日本人清水泰次《明代漕运》（《史学杂志》，1928年第3号）③、高殿钧《中国运河沿革》（《山东建设月刊》1933年第12期）、汪胡桢《运河之沿革》（《水利》1935年第2期）、张丝河《隋运河考》（《禹贡》1937第1—3期）、陈隽人《南运河历代沿革考》（《禹贡》1936年第1期）、吴士贤《清代以前的漕运概况》（天津《益世报·食货》1937年第24期）等④。上述文章袭用传统的沿革地理方法，从传统史料中梳理运河与漕运的变迁、沿革情况，还停留在史事叙述阶段。至杨文煊作《历代漕运评述》则略有不同，杨氏认为，漕粮运输之事，不过是漕运功业上的微末之一端，而商品流通，平抑物价，利济灾患，才是漕运之最高目标。⑤

---

① （明）张瀚：《松窗梦语》，上海：上海古籍出版社，1986年。
② 张景贤：《北运河考略》，《地学杂志》1919年第9、10期。
③ 清水泰次《明代之漕运》原刊于日本昭和三年（1928）三月出版的《史学杂志》第三十九编第三号，王崇武将之翻译成汉文，刊于《禹贡半月刊》1936年第5期，第35—50页。
④ 王云：《近十年来京杭运河史研究综述》，《中国史研究动态》2003年第6期，第12—21页。王云师姐大作对运河学术史回顾极为详当，兹不重述。本书将焦点集中于漕运史研究的评述上。
⑤ 杨文煊：《历代漕运评述》，《中国学报》1944年第2期。

这种认识，突破了对漕运单一功能的粗浅看法，对于漕运史研究有重大意义。万国鼎的《明清漕运概要》及燕京大学部分学位论文亦分析了明清漕运变化，指出了其在漕运史上的地位。①此外，铮铮《明初漕运问题考述》博引多书，对明初海运问题加以考证。②

1962年，樊树志发表《明清漕运述略》③，对明清两代漕运的组织形式作了简略的研究。这是笔者所能目击的新中国成立后大陆第一篇有关明清漕运研究的学术论文。至改革开放之前，明代漕运史的研究仅在大运河研究中略有提及，且多停留在资料整理、知识普及层面上。20世纪80年代以后，明代运河史研究日趋热烈，客观上带动了漕运史研究的发展。朱玲玲《明代对大运河的治理》④讨论了明政府治理黄河、运河之举措。封越健《明代京杭运河的工程管理》⑤探讨了明代运河工程管理的制度。1988年，史念海《中国的运河》被陕西人民出版社再版，该书主要篇幅讲述历史上人工运河的沿革，尤其是对京杭大运河着力甚多。作者对漕运与社会政治经济之关系、漕运与沿岸经济都会的兴衰等许多问题都提出了极有价值的思考，为后来的漕运史研究指明了学术方向。李治亭《中国漕运史》⑥是大陆学者第一部漕运史专著，是书分历史时期考察漕运状况，指出漕运发端于秦，魏晋南北朝局部发展，隋唐空前发展，宋以后有新的发展。此种时代性质的表述颇有新意。20世纪90年代，国内学界陆续推出了几部有分量的明代漕运专著。鲍彦邦《明代漕运研究》⑦收录其已刊发的十一篇漕运论文，重点探讨了明代漕粮征

---

① 万国鼎：《明清漕运概要》，《政治季刊》1940年第10期。此外，倪玉平提出，燕京大学曾出现了一批有关明清漕运研究的学位论文，如张玮瑛的《清代漕运》、董继瑚的《清代漕运之经济研究》、张金水的《明朝初年的漕运》等。这些文章均藏于北京大学图书馆，惜乎外界流布不广。倪氏之文，道出前人之未及。笔者托友人复印部分论文，其对本文亦有参考价值。详见倪玉平：《清代漕粮海运与社会变迁·序言》，上海：上海书店出版社，2005年，第5页注释。
② 铮铮：《明初漕运问题考述》，《新东方杂志》1942年第5期，第132—143页。
③ 樊树志：《明清漕运述略》，《学术月刊》1962年第10期。
④ 朱玲玲：《明代对大运河的治理》，《中国史研究》1980年第2期。
⑤ 封越健：《明代京杭运河的工程管理》，《中国史研究》1993年第1期。
⑥ 李治亭：《中国漕运史》，台北：文津出版社，1986年。
⑦ 鲍彦邦：《明代漕运研究》，广州：暨南大学出版社，1995年。

绪 论

收、改折、运输、运费等相关问题。彭云鹤《明清漕运史》①考察了历代漕运规章制度的演变,指出明代漕运制度空前完善。漕运促进了明代商品经济的发展,引发了沿岸城镇的兴起,并在一定程度上推动了明清资本主义萌芽的增长。李文治、江太新《清代漕运》②对明代漕运制度也有系统论述,诸如清代漕粮的财政作用、赈恤功能、漕粮税制、征收兑运、交仓、漕运官制、运河修浚和管理、船制运丁和屯田等洋洋大章,亦可让读者反推至明代。吴琦《漕运与中国社会》③从社会史的角度探讨了漕运的发展、漕运与社会制衡、漕运与中国封建社会的长期延续、漕运与民间组织等问题,亦可为明代漕运史的研究提供借鉴。④

港台与海外学者对明代运河与漕运史的研究建树亦颇丰。吴缉华的《明代海运及运河的研究》⑤以明代年号为线索,以《明实录》为基础,整理出明代历年漕运数量与行漕大事记。吴氏之作长于对经典文献的广泛引用,但往往忽略了其他相关史料,对史料的辨别亦不谨慎,以致对部分史料出现误读。日本学者星斌夫的《明代漕運の研究》⑥的立体感更强,既有横向的明代漕运制度研究,又有纵向的时间跨度。是书对明代漕运的制度变化,如运营机构、运发、仓储等内容都有详尽的探讨。黄仁宇的《明代的漕运》⑦从分析京杭大运河的地形概况入手,考察明代管理大运河的行政机构、漕粮的运输、宫廷

---

① 彭云鹤:《明清漕运史》,北京:首都师范大学出版社,1995年。
② 李文治,江太新:《清代漕运》,北京:中华书局,1995年。
③ 吴琦:《漕运与中国社会》,武汉:华中师范大学出版社,1999年。
④ 关于二十一世纪以来的漕运史研究动态,可参阅胡梦飞:《近十年来国内明清运河及漕运史研究综述(2003—2012)》,《聊城大学学报》(社会科学版)2012年第6期。
⑤ 吴缉华:《明代海运及运河的研究》,台北:"中央研究院"历史语言研究所,1961年。
⑥ (日)星斌夫:《明代漕運の研究》,東京:日本學術振興會,1963年。
⑦ 黄仁宇:《明代的漕运》,张皓、张升译,北京:新星出版社,2005年。该书英文版为 *The Grand Canal during the Ming Dynasty: 1368-1644*, Ann Arbor: UMI, 1964, 二者对常常可发现中译本的讹误,如第40页注释,译者批评作者对 the Cammander-in-Chief、the Canal Commissioner、the Imperial Commissionee for Canal Administration 的设置情况不太清楚,"明廷中央对漕运的最高管理机构是总督河道衙门,长官为总督河道",即 the Canal Commissioner,简称"总河"。笔者认为 the Canal Commissioner 应该指的就是漕运总督。这段批语无论是时间节点,还是对总漕、总河的评述都大谬不然,读之令人哑然失笑。本书引用该书时多采信原著。

23

供应品的运输、征税、商业、劳役等内容，重点论述了明代对大运河的管理与大运河的功能，以及大运河对明帝国的影响。全书征引史料丰富，并运用大量数据分析。考虑到该书成于 20 世纪 60 年代，而其时国内学者还在热衷于中国史"五朵金花"的宏观讨论中，不由令人心生感慨。蔡泰彬《明代漕河之整治与管理》①运用丰富的史料，对明代漕河的经营整治、山东四大水柜功能、百座船闸之建置变迁、漕河管理组织之演进等问题都有深入研究。作者认为，明成祖迁都北京，迫使政府倾全力奉漕，但由于治黄无策，河官懈怠，漕河整治未臻制度化，使得运河漕运常有阻滞发生。而漕运乃国家命脉所系，绝不可梗阻，于是国家乃投注巨资和民力以保漕运，以致国弊民疲，终于伏下明代国祚衰颓的隐患。

明代漕运史研究作为运河史研究的重要环节，近年来在学界方兴未艾，但考其内容，主要集中在漕粮折征、漕运线路、漕粮仓储、运河整治管理、漕运与运河沿线城市兴衰等方面，仍未脱黄仁宇、吴缉华等前辈学者研究之窠臼，这不能不说是一大遗憾。明代漕运的画卷斑斓而广阔，上至皇帝、总漕，下至运丁、小民，都曾仰漕运鼻息而活，其丰富的生活气息在历史的册页中俯仰可拾，这远不是当前明代漕运研究中冰冷的制度和枯燥的图表所能承载的。明代漕运上承元，下启清，却为何抛弃元代成熟的海运路线，重拾唐宋故事？以总漕为代表的漕运官僚作为明代漕运制度的产物，也曾是活生生的个体，他们在漕运大背景下的政治作为、饮食起居，甚至引朋酬类之诗酒歌咏如何？这些本该被学界纳入明代漕运研究框架的研究课题甚少提及，制约了明代漕运研究向宏观与微观两个方向的深入发展。

2. 明代总漕的职官制度史研究回顾

明代总漕作为明清督抚一部分，一直受到从事明清职官制度史研究的学界重视。孙承泽的《春明梦余录》卷四八《都察院》将明代总督产生的时间、背景及其与巡抚制之不同，做出了清晰的说明②，历来的明清督抚制度研究者

---

① 蔡泰彬：《明代漕河之整治与管理》，台北：商务印书馆，1992 年。
② （清）孙承泽：《春明梦余录》卷四八《都察院》，北京：北京古籍出版社，1992 年，第 1029—1034 页。

均视之为圭臬。近人吴廷燮的《明督抚年表》引书达四百余种，表列出每一督抚的置罢时间、官员更替及简历，其书功力深厚，颇值查阅。不过此书不提总漕，认为凤阳巡抚总理漕运，兼提督军务，巡抚四府三州，并以耿九畴为第一①。此则大缪，完全颠倒了总漕与凤阳巡抚的隶属关系。张德信《明代职官年表》披荆斩棘，钩沉稽遗，对《明史·明代职官年表》多有匡失辨伪，然对《总督年表》之"总督漕运"②一栏颇值商榷。张氏之文底本为王世贞《弇山堂别集》"总督漕运兼巡抚凤阳等处都御史年表"、《明实录》、《崇祯长编》、《国榷》等书，但对诸书相互抵牾处未加辨别，尤其是万历十六年（1588）前的总漕年表基本上因袭王世贞之说，以致出现多处谬误。

20世纪90年代以后，国内学界出版了几本有影响力的明代政治制度研究专著，如王天有《明代国家机构研究》承袭《明史》观点，将督抚置于都察院系统之下，认为总督作用在于以文臣钳制武臣，协调各省、各镇关系，体现了中央对地方军事控制权的加强③。杜婉言、方志远《中国政治制度通史·明代卷》考察了总督的形成与发展过程，认为明代总督一直是中央派出机构，在明代中央集权、地方分权的体制背景下，难以实现其制度化与地方化的进程。④靳润成的博士论文《明朝总督巡抚辖区研究》分两篇十章，以督抚的地方化和正规化的程度作为划定督抚制度演变阶段的依据，并以此将明代总督制度的演变分为三期，从历史地理角度，分别讨论其辖区沿革。⑤关文发和颜广文《明代政治制度研究》探讨了明代推行督抚制的原因、渊源，总督制度的形成与发展，督抚体制的归属与历史作用等内容。作者认为，明代总督的辖区范围至嘉靖年间已基本定型；其权限已从单纯的代表中央督查地方官员，发展成为总领一方、节制三司，从而突破了明初"三司分立"的地方政制格局；从总督之任职时间来看，已从短期派遣发展为常住久任。作者

---

① 吴廷燮：《明督抚年表》卷四，北京：中华书局，1982年，第322页。
② 张德信：《明职官年表》第三册，合肥：黄山书社，2009年，第2320—2524页。
③ 王天有：《明代国家机构研究》第三章，北京大学出版社，1992年，第166—169页。
④ 杜婉言，方志远：《中国政治制度通史》第九卷，北京：人民出版社，1996年，第212—216页。
⑤ 靳润成：《明朝总督巡抚辖区研究》，天津：天津古籍出版社，1996年。

指出，明代总督的规范性与稳定性虽还欠成熟，但其地方化与制度化的进程从明中期后已明显加快。①其结论相比以前有了很大突破。张德信《明朝典章制度》卷九叙述了明代总督的设置、建立与职权范围，并进而讨论了督抚制的作用与局限。该书指出，景泰以后，总督制逐渐形成；至嘉靖年间，总督职权扩大，渐而过渡为地方封疆大吏。②这些著作是20世纪80年代以来学界对明代督抚制度研究高峰后形成的成果③的积淀，它们对明代总督制度的渊源、分期、职责、后果等内容都有全面而深入的探讨，对于本书的写作也有重要的参考价值。

然而，此类制度研究从传统文献出发，将研究中心放在权力金字塔的上层组成上，然后叙述历代的细则规例与人事变动，从而说明一个制度的详貌。这种静态的分析方法缺陷有二：一是当制度发生变迁时，只能以描述的字眼诠释变迁的原因与结果，难以说明其规则、组织与执行的动态过程④。二是缺乏从人物行为出发的比较研究，常陷入只见制度不见人的怪圈。譬如我们在分析明代漕运制度时，大都肯定其完备严密，一提及明代漕运困境，则不约而同地想到"贪腐成性，积弊难返"，然而漕运之贪渎非起于明代，且明人之积弊亦未见得重于前代历朝。为何历朝皆知漕运积弊而不能革除，甚至放任其相沿成习？何以明代漕运制度完备，却不能防范贪腐积弊？要回答这些问题，不能从传统的制度史研究中寻求答案，只能另辟蹊径，从明代漕运制度的内在结构，尤其是从明代总漕职官权力递嬗过程去反思。再如明代总督之起源与性质，大都沿用《明史》《明会典》《春明梦余录》说法，总督体制实为弥补巡抚制在总领、协调方面之不足而产生的。正统六年（1441）征麓川，

---

① 关文发，颜广文：《明代政治制度研究》第二章，北京：中国社会科学出版社，1995年，第70—93页。
② 张德信：《明朝典章制度》卷九，长春：吉林文史出版社，2001年，第457—472页。按，该书曾于1996年以《明朝典章》为名在吉林文史出版社刊出过。
③ 此类文章不甚枚举，可参阅林乾：《近十年来明清督抚制度研究简介》，《中国史研究动态》1991年第2期相关评介。
④ 这里借鉴道格拉斯·C·诺思（Douglass C. North）的制度经济学相关理论与概念，详细分析见本书第三章第四节。（美）道格拉斯·C·诺思：《制度、制度变迁与经济绩效》，杭行译，上海：格致出版社，2009年。

以兵部尚书王骥总督军务，以便统一军事职权，此明代中央向地方派遣总督之始。景泰二年（1451），征两广苗患，遣左都御史王翱总督两广军务，之前因事临时派遣的总督有了明确的节制区域，从而具备了中央向地方派出机构的性质。①学界普遍以为，明代总督因事设置，随地并分，始终属于临时派遣性质。②然而，当我们考察总漕时，上述说法统统有了史料的反向指向。从《明英宗实录》《漕运通志》等相关典籍记载来看，明代第一任总漕王竑最早任职于景泰元年（1450）十二月，虽是肩负治河保漕之重任而来，但王竑成功地将总漕职务固定化，并明确自身职权、驻地，此后总漕权限屡有损益，除万历年间曾短暂地与总河合并外，总漕之位终明之世不曾变易。③明代总漕虽不如清代漕运总督那样位高权重，但其作为令人艳羡的一方大员确是不争的事实。总漕的宪职出身及不具品秩的特征，可能与其他的流官有所差异，但武断地将之贴上临时差遣官的标签也是不合时宜的。很遗憾的是，这方面的研究几近空白。④

3. 明代总漕的思想史研究回顾

广义的思想史等同于文化史，狭义的思想史是一个民族的信仰、思维、理念逐渐形成并与其他民族进行交融的过程。明代思想史除鲜明的民族性特征之外，还有强烈的时代特色。它大约经历了三个阶段的演变，初期在官方程朱理学确立的同时，还有薛瑄与吴与弼所坚持的作为文化理想的朱学；中期则是陈献章与王阳明的心学广泛传播，尤其是阳明心学及其各自发展流派

---

① 《明史》卷一七一《王骥传》、卷一七七《王翱传》，北京：中华书局，1974年，第4556、4701页。
② 这种说法似乎很容易觅得史料佐证，如明代总漕品阶不具，名称不一，任期不定，甚至没有固定驻扎之所。是以李志安先生在《唐宋元明清中央与地方关系研究》（天津：南开大学出版社，1995年）一书中指出，甚至到了清初，总督之临时派遣性质仍未改变。杜婉言与方志远在《中国政治制度通史·明代卷》（北京：人民出版社，1996年，第216页）中亦因袭是说。
③ 可参阅吴士勇：《王竑政治事迹考略》，《求索》2012年第11期；吴士勇：《王竑与明代文官总漕体制》，《史林》2012年第6期。
④ 据笔者目击，对明代总漕性质评价最为积极的，当属前文提及的关文发、颜广文的《明代政治制度研究》，（北京：中国社会科学出版社，1995年，第93页）及靳润成的博士论文《明朝总督巡抚辖区研究》。不过，正如关氏所言，总漕、总河与明代其他总督并不属于同一类型，其关于总漕之评介，仍不够恰当。

所倡导的主体精神极具理论与现实意义,改变了中国传统学术思想的走向,对明代中晚期社会产生深刻影响;晚期的东林学派与明末学术大师们开始批评阳明心学流弊,主张关注现实政治生活,经世致用。景泰年间出现的总漕恰逢明代思想史从早期向中期转变时期,因而总漕们的思想史背景大都以白沙心学为先,以阳明心学为主,以经世致用之实学为关注重点。

毫无疑问,有关明代思想史研究的开山之作当首推黄宗羲的《明儒学案》,这本依照时间推移次序与流派传承关系编排的,列举17个学案210名学者的皇皇62卷巨著,至今仍是研究明清思想史的学者案头必备之作。现代学术背景下的研究则应以容肇祖《明代思想史》为先,该书先曾以北京大学讲义印其草稿,后不断修改,于1940年定稿。[①]此书内容丰富,分析深入,对后世研究影响极大。侯外庐和邱汉生合著的《宋明理学史》(下卷)专论明代理学,重新解释了程朱向陆王的演变。[②]改革开放以来,明代思想史研究花团锦簇般惹眼[③],不过,这种以精英与经典为中心的繁花似锦局面,开始受到一部分学者的质疑与诟病。葛兆光认为,由于思想精英和经典文本构成的思想脉络未必一定清晰连续,在现实生活世界中也未必起着最重要的作用,倒是那些普遍生活中的知识与思想却在缓缓地演进着,让人看清它的理路,因而真正的思想史应是一般知识、思想与信仰世界的历史。[④]从《明儒学案》开始构建起来的以阳明心学为学术中心的明代思想史,渐渐挤进了部分异质思潮,尽管其名称不一,有的称为早期启蒙思想,有的称为自我批判思潮,有的称为经

---

① 容肇祖:《明代思想史》,上海:开明书店,1941年。
② 侯外庐、邱汉生:《宋明理学史》下卷,北京:人民出版社,1987年。
③ 可参阅南炳文:《20世纪中国明史研究回顾》,天津:天津人民出版社,2001年,第227—235页;高寿仙:《改革开放以来的明史研究》,《史学月刊》2010年第2期。
④ 葛兆光:《中国思想史·导论》上册,上海:复旦大学出版社,2001年。王锟评论道,葛氏思想史的明代部分确实使用了新史料,展示了新视角,然而葛氏"绝大部分材料仍是来自于经典,书中的一般知识、思想与信仰给人的印象似乎仍是传统士人的思想,一些非经典史料的诠释也似乎只是给我们提供了更多的理解士大夫精英思想的背景",所以"未能真正给读者清晰地提供一幅一般知识、思想与信仰世界的历史地图"。参见王锟:《寻求"精英思想"与"民众观念"的统一——对中国思想史的一些思考》,《南京大学学报》(哲学人文社会科学版)2005年第2期。

绪　论

世致用思潮，有的称为实学思潮①，但明代思想史研究呈现出千帆竞流的局面显然是不言而喻的。这其中原因，既有研究理论与方法的拓展，更有研究内容的放大。匡亚明指出，中国思想家可以界定为在各个时期、各个领域和各个学科（包括文、史、哲、经、教、农、工、医、政治等）有杰出成就的人物，中国思想史则集中反映在这些代表性人物的思想活力和业绩。②

在此学术背景下，明代总漕的学术思想研究也开始渐渐萌发。从王琼、邵宝、张瀚、吴桂芳、王宗沐、潘季驯等人的诗文来看，其追求悠游山林的心灵本真色彩浓烈而自然，其关注政事的主体实践精神炽热而专注，很可惜的是，这些本可为明代心学研究添砖加瓦的材料，却被明代学术精英与经典文本彻底地边缘化了，以至于学者们无暇驻足于此③。学界关注的焦点集中于总漕们的治黄与保漕思想、经济商业思想、海运思想等。

明代治黄与保漕，时而合一，时而纷争，其关键在于黄、淮、运三者关系之演变。《黄河水利史述要》第六章分别讨论了"黄、淮、运关系及其对策""治淮主张与工程""淮河流域三大湖泊的形成与演变""水旱灾害""农田水利"，第八章则探讨了"明代治河事业的发展"④，它们条分缕析了明代黄、淮、运、漕之间的辩证关系，颇值一观。贾征《潘季驯评传》对潘季驯的治河背景、治河活动、工程技术思想、工程管理思想、历史地位等问题都做了详细的评述，这些内容向我们展示了明代治黄与保漕纷争的大致全貌。⑤

---

① 如朱义禄：《逝去的启蒙：明清之际启蒙学者的文化心态》，郑州：河南人民出版社，1995年；萧萐父，许苏民：《明清启蒙学术流变》，沈阳：辽宁教育出版社，1995年；冯天瑜，谢贵安：《解构专制：明末清初"新民本"思想研究》，武汉：湖北人民出版社，2003年；马涛：《走出中世纪的曙光：晚明清初救世启蒙思潮》，上海：上海财经大学出版社，2003年，鱼宏亮：《知识与救世：明清之际经世之学研究》，北京：北京大学出版社，2008年等。
② 匡亚明：《中国思想家评传丛书·序》，南京：南京大学出版社，1990—2006年，第3页，本序可见于任一本南京大学出版社1990年后出版的思想家评传中。
③ 据笔者所见，目前对明代总漕的理学思想有所研究的仅有樊铧的《政治决策与明代海运》，不过樊氏之文重点不在斯，仍放在王宗沐的经世之论与行上，详见樊铧：《政治决策与明代海运》第五章，北京：社会科学文献出版社，2009年，第335—363页。
④ 水利部黄河水利委员会：《黄河水利史述要》，北京：水利出版社，1982年。
⑤ 贾征：《潘季驯评传》，南京：南京大学出版社，1996年。

从经济商业思想来看，赵金鹏认为，明代漕运与商业关系密切，诸凡漕船建造、漕粮征收、漕粮运输、漕粮仓储等无不存在着商业活动，漕粮运输不是商业贩运，但漕运中活跃着的商业活动却给运河沿岸带来了繁荣的景象。部分总漕提出用商品流通的办法来解决北部地区政府粮食消费，开辟南北运输渠道，发展南北商品经济，这在当时可谓一种进步的社会思潮。①

广义的漕运应涵盖海运，不过，南北贯通的大运河出现后，河运便成为漕运的代名词。由于前朝曾有过成功的海运实践，明代海运呼声自停办之日起就一直不绝于耳。海运成为一种社会思潮，在士大夫和以总漕为主的官僚群体中屡被提及，甚至还有王宗沐、梁梦龙等人短暂的海运尝试。明末利玛窦来华，提出著名的"利玛窦难题"：维持运河通航的费用不赀，他们（明政府）为何不采取一条既近而花费又少的从海上到北京的路线？这从地图上可以很轻易地判断出。②相同的疑问在牟复礼的《中华帝国：900—1800》中也被提到。③对于明代海运问题，尽管也有部分学者开始注意其兴衰起落④，但对明代海运思潮上升到思想史角度，进行系统考察的寥寥无几。吴缉华《明代海运及运河的研究》第二章"明代开国后的海运"、第七章"明代河运时代的海运"考察了明初海运及明嘉靖以后海运争议问题⑤。樊铧博士的《政治决策与明代海运》指出，尽管理性务实的士大夫从未放弃对海运可能性的讨论，但由于中央与地方利益集团的阻挠，中断多年后的海运终究是一场昙花一现的徒劳尝试。

---

① 赵金鹏：《明代漕运中的商业活动》，《史林》1996年第1期；赵金鹏：《明代漕运中的商业思想》，《河南师范大学学报》（哲学社会科学版）1995年第1期。
② （意）利玛窦，金尼阁：《利玛窦中国札记》，何高济等译，北京：中华书局，2005年，第326页。
③ 这方面的研究可参考樊铧：《政治决策与明代海运》第一章，北京：社会科学文献出版社，2009年，第12—13页。
④ 如李映发：《元明海运兴废考略》，《四川大学学报》（哲学社会科学版）1987年第2期；罗玉祥：《明代海运衰落原因探析》，《中国史研究》1992年第4期；张士尊：《论明初辽东海运》，《社会科学辑刊》1993年第5期等。
⑤ 吴缉华《明代海运及运河的研究》第二章，台北："中央研究院"历史语言研究所，1961年，第17—31页；吴缉华《明代海运及运河的研究》第七章，台北："中央研究院"历史语言研究所，1961年，第221—225页。

绪　论

总体而言，学界从思想史角度探讨明代总漕群体的论著屈指可数，这应与总漕的身影从未占据明代学术精英与经典文本的中心舞台有关，但并不意味着总漕对明代思想史毫无贡献。相反，当我们的学术视野转向一般的、缓慢流动的社会意识与社会思潮时，就会发现总漕对家国天下、国计民生的思索，一点也不亚于以阳明心学为中心的明代士人群体。这方面的研究，需要我们去认真思索，大力发掘。

三、研究价值与研究思路

2010 年，张强提出运河学概念，通过研究运河与政治、经济、文化、交通、城市等之间的关系，充分认识运河在历史进程中的价值以及它对中国社会各个层面的影响。[①] 多年来的运河文化研究开花结果，生根繁衍，终于为学界认可为一门在内涵与外延方面都极具广度与深度的学问。明代总漕研究作为运河学的一部分，对于运河学的深入与拓展有着相当的理论意义与现实价值。

从理论角度来说，总漕研究是认识漕运与明代社会之关系的一把重要的开门钥匙。长期以来，有关漕运与运河的研究偏重于水利工程角度，对于运河疏浚与管理中"人"的因素认识不足。即便有，也以抽象的"我国劳动人民罕见的勤劳和无穷的智慧"一言带过。按照历史唯物主义的说法，群众的智慧往往通过某些精英人物的行为与思想反映出来，但精英人物的某些天才式的主体创造同样不能抹杀。明代漕运的南北畅通，是以总漕为主的统治者的精心管理与调度的结果，因而总漕对于以漕运供给为命脉的明代国家的政治生态、社会发展都有着难以估量的影响。此外，总漕本身的运作体制乃中央与地方政权上下互动的重要枢纽之一，总漕体制中的寄食群体非常庞杂，他们的行为、习惯、语言、习俗等文化存在往往受总漕影响，并形成社会思

[①] 张强：《运河学的研究对象与范围》，《江苏社会科学》2010 年第 5 期。此后，罗哲文也提出运河申遗应建立运河学（《中国文化遗产》2011 年第 1 期），卞孝萱等主编的《新国学三十讲》亦将运河学收录其中（南京：凤凰出版社，2011 年，第 811—839 页）。

潮与社会意识,传播于上层社会和其他各地。毫无疑问,总漕的职责是维护南北漕运这条国家生命长廊的畅通无阻,但他们在客观上也起着中央与地方、南方与北方、上层与下层文化交融的核心枢纽作用。通过总漕一管,足以观察明代社会全豹之浮世绘景象。

从现实角度来说,在总漕群体组织和参与下的城镇规划、官署建筑、运河水利等运河物质文化遗产,以及其机构运作、社会风俗、管理制度等非物质文化遗产,与其他运河文化遗存一样,都是运河遗产不可或缺的组成部分,也是我们今天建构运河学的学术源泉之一。对明代总漕开展深入研究,将为运河学研究开辟新领域,也可对正在进行的运河申遗活动提供历史与理论支持。

本书在总结既往学术史的基础上,力图较为深刻地回答以下三个问题:其一,运河与漕运的究竟有何逻辑关系?这是一切漕运史研究的出发点与立足点,也是建构明代总漕研究理论框架的基础。其二,如何从制度史的动态变迁与人物的具体政治行为出发认识明代总漕的演变?其三,总漕在明代思想史上有何地位?由此,本书的章节安排如下:

绪论,探讨治水、运河与漕运的逻辑关系,基于漕运史、职官制度史、思想史视野下的明代总漕研究的学术史回顾,本书的研究价值与研究思路等。第一章考察明代总漕的形成过程。回顾明之前的漕运管理体制以及明初漕运使、漕运总兵官的设置,发掘总漕逐渐地方化、制度化的过程。第二章以明代总漕任职年限、兼职、去向、出身、出生地等为研究中心,探索总漕全部人数及总体特征。第三章借鉴制度经济学理论,以总漕制度的规则、组织与执行为视角,分析总漕与中央、地方各部门的博弈关系,及其自身的动态演变过程。第四章考察总漕著述的版本及流传情况,并以此为基础,探讨总漕在折征、海运、恤军等议题上的经世思想,辨明其在明代思想史上的地位。第五章从个案角度,考证《明史》中关于王竑捶奸与支运法创设的讹误。

通过上述分析,我们可以得出大致结论:运河与漕运之间不存在着直线式的因果律,政治是治水、运河与漕运连接的纽带,漕运是运河政治化的结果。明代总漕的形成源于明初漕运使、漕运总兵官等漕运职官，并反映了明代漕运文官化的过程。总漕与中央、地方甚至民间都有着错综复杂的权力互动关系，是连接中央与地方的一个重要的官僚纽带，至嘉靖年间，它基本完成了地方化与制度化的过程。总漕在理学、治黄保漕、商品流通、海运等思潮上都有独特思考，这些在明代思想史也应有与之相适应的学术地位。

本书的创新之处在于，利用各种正史、政书、文集、笔记、档案、方志、家谱等资料和前人研究成果，整体与个案相结合，厘清明代总漕的全部人数、任职时间、相关履历，纠正学界的模糊认识；借鉴政治学、经济学、社会学理论与方法，从制度史的角度探索总漕的演变过程及历史地位；探索总漕在明代思想史上的地位。

首先，本书的主要参考文献除《明史》《清史稿》等正史中漕运的记载、相关人物传记外，还对《明人传记丛刊》、《国朝列卿纪》、《明实录》、《清实录》、万历《明会典》、《大清会典》、《续文献通考》、《皇明名臣言行录》、《大明一统志》等文献中的相关内容进行了梳理。其次，本书对明代个人奏议、文集、笔记、墓志铭、神道碑铭等予以重视，如《皇明名臣经济录》、《皇明经济文辑》《明经世文编》《国朝名公经济文钞》《皇明名臣墓铭》《四知堂文集》《研经堂集》《漕行日记》《转漕日记》《督漕疏事》《总理河漕奏疏》《天下郡国利病书》《万历野获编》《松窗梦语》《郎潜纪闻》《金壶七墨》等。然后，本书对漕运专题类资料进行了搜集，如《漕运通志》《漕政举要录》《漕运则例纂》《户部漕运全书》等；最后，本书在写作中亦充分利用了许多地方志，如天启《淮安府志》、乾隆《淮安府志》、光绪《淮安府志》、同治《重修山阳县志》、民国《续纂山阳县志》、咸丰《清河县志》、光绪《清河县志》、民国《续纂清河县志》等。所缺憾者，100余名总漕绝大多数没有个人文集，其生平事迹与言行、思想只能从与之同时代交往过的名臣或士人记录中寻找线索，这给本书写作带来了不小的困难。

第一章 惯性与文治：明代总漕的形成

明代总漕体制是秦汉以来漕运制度化、漕运职官日趋完善与成熟的历史惯性结果，并与明初至明中期的政治形势和漕运局面休戚相关。本章主要考察明以前的漕运制度与漕运职官的演变，明初漕运使、漕运总兵官逐渐向文官总漕体制过渡的过程。

第一节 明以前的漕运制度与漕运职官的演变

一、秦汉至南北朝：漕运制度的草创与停废

秦之前存在着零星的、出于军事目的漕运转输，但制度化运作的漕运乃秦统一后方才呈现于世，帝国体制下的政治、经济、语言文字与伦理道德的大一统局面为漕运的制度化提供了客观条件与现实需要。[1]不过，秦享祚短暂，二世而亡，传世文献凤毛麟角，我们不能根据咸阳城广阜的人口与泾、渭之

---

[1] 可参阅王子今：《秦汉交通史稿》增订版，北京：中央党校出版社，1994年；王子今：《秦汉交通史稿》增订版，北京：中国人民大学出版社，2013年；李治亭：《中国漕运史》第二章，台北：文津出版社，1997年，第31—35页；吴琦：《漕运的历史演进与阶段特征》，《中国农史》1993年第4期，第22页。

第一章 惯性与文治：明代总漕的形成

间的水道地理环境就必然推断出秦存在着大规模的河道漕运。事实上，论证秦代漕运的可能性来自杜佑的《通典》："秦欲攻匈奴，运粮，令疾至。使天下飞刍挽粟，起于黄、腄、琅琊负海之郡，转输朔方、河套，率三十钟而致一石。"①此后明代的丘濬与清代学者继承了这种说法，认为飞挽起于秦。②这里姑且不论因军事需要而产生的临时性"飞刍挽粟"是否能够与制度化的河道漕运等量齐观，单是考虑到唐人著述时代久远且史料粗疏的秦史这一事实，就不由得令人心生疑窦。其实较为可信的间接证据仅有两条，一是李斯、冯劫等人向二世进谏："关东群盗并起，秦发兵诛击，所杀亡甚众，然犹不止。盗多，皆以戍漕转作事苦，赋税大也。"③可说明秦漕运渐已形成，并经常实施，且成为百姓一大负担。二是秦代治粟内丞（也称治粟内史）设属官都水长丞和太仓令，负责协调管理河渠和仓储，亦可大致推论秦已存在着漕运组织管理机构。按照清儒"无征不信，孤证不立"的考据学传统，以此论证秦漕运的制度化恐怕力有不逮矣！

第一个开始思考漕运政治意义的大概要数汉初的张良了，他在讨论建都地点时力主长安，其理由是"诸侯安定，河渭漕挽天下，西给京师；诸侯有变，顺流而下，足以委输"。④张良本义是关中有河渭交通之便，金城千里，诚天府之国也。但其论证交通时首先考虑的便是"漕挽天下"。先前的漕运主要服务于军事目的，因需而起，无长制，无定额，而在张良的构想中，漕运则成为维系帝国统治心脏的输血网路，动乱时是平叛利器，承平时为治国长策，其关键在于赋予漕运政治、经济重担，与政治中心的都城命运紧密相连。西汉漕运遂成定制，由山东输往关中的漕粮，汉初时"岁不过数十万石"，至

---

① （唐）杜佑：《通典》卷一〇《食货十》，杭州：浙江古籍出版社，1988年，第55页。
② （明）丘濬《大学衍义补》："飞挽始于秦，秦以欲攻匈奴之故，致负海之粟，输北河之仓。"（卷三三《治国用·漕挽之宜上》，北京：京华出版社，1999年，第301页）《古今图书集成》："前此未有漕运之名也，飞挽始于秦。"（卷一七三《食货典·漕运部总论一》，台北：鼎文书局，1985年，第2页）
③ 《史记》卷六《秦始皇本纪》，北京：中华书局，1982年，第271页。
④ 《史记》卷五五《留侯世家》，北京：中华书局，1982年，第2044页。

武帝时"诸农各致粟,山东漕益岁六百万石"①。为配合漕运,两汉政府广设仓储(如甘泉仓、太仓),大建漕船,整治河道(漕路)。漕运之成败,竟成一代兴衰之标尺。在漕运组织架构上,汉亦承秦制,在太常、大司农(含郡国)、少府、水衡都尉、三府等官署均设"都水官",修护水利设施或收取渔税。又设"河堤谒者",负责整治水道。而漕运则各部门皆参与,其影响最大者当属大司农,因其可有效协调国家屯田、兴兵、均输、平准之经济、军事职能,故也可视之为漕运之最高领导。②秦汉漕运制度仍属草创阶段,一方面表现为并无专门官署具领,其职责为各部门协调分理,遇特殊情况,则由皇帝委派亲信暂时统管③;另一方面,与漕运相配套的征收、仓储、运道整治等制度与之并不协调,没有被纳入统一管理渠道。不过,漕运地位日趋凸显,士大夫对漕运于国家重要性之认识也在逐步加深。

汉末的战乱以及随之而来的三国纷争,使得刚刚肇端的漕运制度遭受到沉重的打击,有限的几条新开凿运道,如曹魏的讨房渠、广漕渠、淮阳渠、百尺渠,其目的皆为南征北伐的军事行动。西晋短暂统一,力图恢复农业生产,不过接踵而至的八王之乱使得政权迅速崩溃,还没成型的漕运之梦就此破灭。十六国时期的漕运亦几乎全面停废,仅见的有前秦苻坚南伐司马昌明时,"东西万里,水陆齐进,运漕万艘,自河入石门(荥阳,济水入口),达于汝颍"④,为少数的大规模军事漕运。北魏时以旧都无运漕水道,准备迁都伊洛,通运四方。北魏分裂后,北方再次陷入战乱中,统治者无暇他顾,原先设想的以洛阳为中心的通漕规划依然只停留在灰暗的卷册中。晋室南迁后,一俟政局稳固,便着手漕运,成帝咸和五年(330),

---

① 《史记》卷三〇《平准书》,北京:中华书局,1982年,第1418、1441页。
② 李治亭:《中国漕运史》第二章,台北:文津出版社,1986年,第47—54页。
③ 如楚汉相争时萧何运筹帷幄,当"汉与楚相守荥阳数年,军无见粮""萧何转漕关中,给食不乏"。刘邦定鼎天下,以为萧何功列第一(《史记》卷五三《萧相国世家》,北京:中华书局,1982年,第2016页);汉哀帝时使息夫躬"持节领护三辅都水"。息夫躬有一大计划,"欲穿长安城,引漕注太仓下以省转输",廷议不可(《汉书》卷四五《蒯伍江息夫传》,北京:中华书局,1962年,第2182页)。
④ 《魏书》卷九五《临渭氏苻键传附苻坚传》,北京:中华书局,1974年,第2077页。

第一章 惯性与文治：明代总漕的形成

"以海贼寇抄，漕运不继，发王公以下余丁，各运米六斛"①，此则材料表明漕运对于东晋王室而言十分重要。桓温北伐，漕运畅通与否，直接决定了战争的前景。刘裕北伐吸取教训，先命人率水军出石门，打通黄河水运交通要道，保障后勤供给。一切无误后，方率军自淮、泗入黄河，逆流而上，一举攻克长安。南朝政权与北朝的一样短命，在长期南北对峙的军事威胁下，"兵车骤出，军费尤烦，刍漕控引，不能征赋"②，即便有心整顿漕运，终究无力付诸实施。

这一时期的漕运职官大都沿用秦汉以来的成例，漕运组织架构仍由中央、地方临时编排任务，再征调夫役来执行。西晋统一时曾于大司农下置都水台，掌舟船水运、河渠灌溉事务，长官为都水使者。属官有河堤谒者，东晋时又改为都水谒者；又设东南西北部护漕掾，统辖三十五运漕，这说明西晋政府对漕运的重要性认识进一步加深，不过，传统的大司农掌管全局，都水台负责水利之政治运作表明，漕运仍然未被视为独立机构。南北朝的纷纷攘攘局面中，军事性质的漕运多以临时性的指派方式执行，如南朝北伐时沈瑀官拜建威将军，"督漕运，寻兼都水使者"。

整体而言，秦汉至南北朝阶段，漕运从肇端草创到全面停废，与这一时期的政治走势几乎画出了同样的路线图。漕运是糅合了帝国政治、经济、军事、社会各项资源的综合性制度，当天下承平，中央王朝足够强大到号令全局时，政府便可以行政手段、跨经济区域的方式征收漕粮，运抵政治中心，维系国家机器的正常运转与社会经济的繁荣局面。③这一阶段的政治中心与基本经济区还没偏离，与后世相比，漕运的组织规划和运输通道要简捷方便许多，然而，在战争频繁的大分裂时期，维系都城命运的漕运大多数时间都成了奢望，统治者甚至于还要面对一个不得不解决的棘手难题：军事上的漕运。南齐徐孝嗣曾经不无忧虑地指出："窃寻缘淮诸镇，皆取给京师，费引既殷，

---

① 《晋书》卷二六《食货》，北京：中华书局，1974年，第792页。
② 《陈书》卷五《宣帝纪》，北京：中华书局，1972年，第97页。
③ 可参阅本书绪论部分。

漕运艰涩。聚粮待敌，每苦不周，利害之基，莫此为急。"①漕运不仅不是治国利器，反而变为压垮国家财力、物力的最后一根稻草。

二、隋唐至两宋：漕运的兴盛与职官的专门化

隋唐重新统一全国，漕运获得了恢复与发展的巨大动力。其时中原经济区发生变动，北方水利不敷国用，黄河亦非完全安流，漕运虽仍用天然水道，但对人工运河依赖日深。②隋文帝时拜宇文恺开广通渠，凿通大兴（今西安）到潼关的运道。③又于开皇七年（587）在扬州开山阳渎，即春秋以来的邗沟故道，从此江淮再次相连，文帝因得以次年大举伐陈，结束了南北朝以来的分裂局面。④炀帝时开通济渠、永济渠和江南河，完成了长达四千多里运河水系，为后世留下了享用不尽的南北交通遗产。

唐王朝是隋代运河遗产的第一个受益者。唐初关中仍是沃野千里，政府又厉行节俭，府兵制未坏，政府每年转漕，不过二十万石。随着大唐帝国对外开疆拓土及关中非农人口的增加，高宗以后漕运数倍于前，仍不足支，问题日益突出。政府实行两都制加以应对，高宗七次巡幸洛阳，武周干脆改都洛阳。玄宗即位后裴耀卿一方面认为"关中帝业所兴，当百代不易"；另一方面又无可奈何地以为"（关中）地狭谷少，故乘舆幸东都以宽之"。⑤此外，唐政府还进一步完善前朝漕运体系，修浚水道，在运道旁广设粮仓。关于运法，裴耀卿提出"转搬法"，刘晏提出"纲运法"，进一步完善唐代转输之法，并对宋代以后漕运产生巨大影响。⑥天宝年间的安史之乱，"渔阳鼙鼓动地来，

---

① 《南齐书》卷四四《徐孝嗣传》，北京：中华书局，1972年，第773页。
② 严耕望：《唐代文化约论》，韩复智编：《中国通史论文选辑》下册，台北：南天书局，1986年，第25页。
③ 《隋书》卷二四《食货》，北京：中华书局，1973年，第684页。
④ 《隋书》卷一《高祖纪》，北京：中华书局，1973年，第25页。
⑤ （唐）裴耀卿：《请缘河置仓纳运疏》，（清）董诰等编：《全唐文》卷二七九，上海：上海古籍出版社，1990年，第1333页。
⑥ 相关研究可参阅潘镛：《隋唐时期的运河与漕运》，西安：三秦出版社，1987年；张弓：《唐朝仓廪制度初探》，北京：中华书局，1986年；张学锋：《江苏通史·隋唐五代卷》，南京：凤凰出版社，2012年。

第一章 惯性与文治：明代总漕的形成

惊破霓裳羽衣曲",从此,藩镇割据局面形成,断绝了关东、河北地区向朝廷的贡赋,这样,依赖运河运输的江淮与江南财赋就跃为维系帝国国祚的生命线。尔后,一旦割据军阀掌控运河,唐室立即陷于粮食恐慌之中。唐德宗贞元以后,朝廷在运河咽喉所在的汴州、徐州设重兵以护漕,但镇兵时叛时顺,唐政权也随之在漕运通绝之间苟延残喘。黄巢起义失败后,江淮之间千里无人烟,军阀杨行密为阻断朱温南下,还人为地将运河决堤,漕运路线遂遭截断,大唐帝国就此失去了存在的理由。[①]

五代政权彻底放弃了长安的国都地位,洛阳亦遭冷落,汴梁遂成国之中心,其缘由就在于汴梁乃扼守运河的重镇。然而,汴梁四周毕竟无险可守,眼巴巴地江淮财赋亦暂不可得,因而后唐庄宗时打算迁都洛阳。中官李绍宏认为,从兼顾漕运与军事战略来看,汴梁仍是不二之选。[②]后晋石敬瑭在回复大臣范延光的御札中指出:"今汴州水陆要冲,山河形胜,乃万庾千箱之地,是四通八达之郊。爰自按巡,益观宜便,俾升都邑,以利兵民。汴州宜升为东京,置开封府。"[③]周世宗命世雄才,先后荡平河北诸镇和淮南军阀,接着疏通汴渠,于是江淮舟楫再次北上。宋太祖黄袍加身后,平定各地割据政权,其定都运河北段的汴州依然是出于漕运便利的考量。

两宋漕运进入空前繁荣时期。北宋厉行强干弱枝的中央集权政治,铲除割据势力,驻重兵于东京周围,加上东京商业经济繁荣后的人口扩张,漕运的重要性不言而喻。淳化二年(991)六月,汴水决浚仪县,宋太宗亲往查看,指出:"东京养甲兵数十万,居人百万家,天下转漕,仰给在此一渠水,朕安得不顾"[④],宋代君臣对漕运的体会与认识可略见一斑。宋人锐意经营这条远达江淮和江南的生命通道,直至北宋末年漕运仍持续不殆。宋室南渡,面对

[①]《宋史》卷二五二《武行德传》,北京:中华书局,1977年,第8856页云:"先是,唐末杨氏据淮甸,自甬桥东南决汴,汇为汙泽。"
[②]《旧五代史》卷三三《唐书九·庄宗纪七》,北京:中华书局,1976年,第463页。引李绍宏上奏云:"若兵额渐多,馈挽难给,请且幸汴州,以便漕挽。"
[③]《旧五代史》卷七七《晋书三·高祖纪三》,北京:中华书局,1976年,第1020页。
[④]《宋史》卷九三《河渠三》,北京:中华书局,1977年,第2317页。

北方强大的军事威胁与巨额的岁币上贡,对漕运需求一点也不亚于北宋,所以一俟金人退回淮水以北,便以临安为中心,着手重建与扩大漕运体系。江淮的运道和五代十国时期就已经大力整治的江南运河,串联起南宋的命脉。"水运之程,自大江而下至镇江则入闸,经行运河,如履平地,川、广巨舰,直抵都城,盖甚便也"①,南宋漕运盛况不让北宋专美于前。两宋漕运空前发展,漕运量在真宗大中祥符初年增至700万石,真宗末年至仁宗年间,有时多至800万石。其中原因,黄仁宇认为,宋代立国精神富含务实的经济思想,故能大幅度提升漕运的经济动员效率,发挥最大功效。②另外,北宋都城东京的漕运物资主要由江淮地区供应,南宋临安的漕运也可由江南就近输纳,这种政治中心与基本经济区在地理位置上的接近,在历史上大概只有两汉差可比拟。加上朝廷对漕运倚重其深,全力奉漕,从而形成了两宋漕运繁花似锦的局面。

隋唐至两宋的漕运发展,催生了漕运职官向独立化、专门化的方向发展。唐玄宗开元元年(713),李杰被任命为陕州刺史、水陆发运使,专门负责关东漕粮西运。此时的水陆发运使虽仍由地方官兼任,属于临时差遣性质,不过,其漕运独立职官的身份终于首次呈现于世,这也标志着漕运职官走向独立化、专门化的开始。开元中,以裴耀卿为同中书门下平章事,充转运使,全面主持漕务。③中唐以后,漕运职官体系已初具规模,政府常将漕官与其他经济部门的官职并置,以便控制各项财赋大权,如刘晏就曾身兼度支、盐铁、铸钱、常平与转运使等职务,权倾一时。漕运职官的专门化,摆脱了从前对地方官的从属地位,对于中唐以后举步维艰的漕运维持,曾发挥了重要作用。然而,中唐以后的政权一直处于风雨飘摇之中,漕运职官的专门化、独立化

---

① 《宋史》卷九七《河渠七·东南诸水下·浙西运河》,北京:中华书局,1977年,第2406页。
② 黄仁宇在《放宽历史的视界》中这样说:"(宋朝)这是一个注重实际不误虚名的国家。从制造兵器到筹设仓库带兵作战,好几个皇帝都亲临其事……他们又已看清当前使命是规复中国版图之内疆域,即驱逐契丹之辽及羌之西夏。他们自问以南方的生产能力对付这个问题绰绰有余,其方针以经济动员为前提。"详见黄仁宇:《放宽历史的视界》,北京:生活·读书·新知三联书店,2001年,第64—65页。
③ 《旧唐书》卷九八《裴耀卿传》,北京:中华书局,1975年,第3081页。

并未走远，随着五代时期大规模漕运的消失，这一努力也就戛然而止了。①

两宋政权充分汲取了唐代漕运职官体系设置的经验，在此基础上，建立了独立而完备的漕运职官制度。北宋初，出于讨伐各地割据政权的需要，先后设立多个转运使，不过战争结束后随之烟消云散。至道元年（995），北宋政府在淮南设立江淮发运司，主管江淮和两浙漕运，其后，又将荆湖地区漕运也纳入其中，发运司的名称也相应更名为江淮浙荆湖六路都大发运司，习惯上仍俗称东南发运司或江淮发运司，其治所位于长江与淮南运河的交汇处真州。东南发运司的最高长官为发运使，其下还有副使、都监副职、判官、干办公事、勾当公事等幕僚，以及役吏、军吏等下层小吏。东南发运司负责的漕运量占全国同期漕运总量80%以上，其地位亦为北宋漕运职官体系之最重。除此之外，北宋还在北方地区设立三门白波发运司，负责陕西、河东地区供应东京的漕运，治所在白波（河南孟州市），主管为发运使②，其下有发运判官；在广济河、蔡河等运道上亦设辇运司、拨运司等机构负责催运漕粮，设专职官员主持。北宋的发运司上承三司的各项漕运要求，下达转运司转运任务，是真正的漕运总管机构，其职官也就完全从其他部门中独立出来，完成了漕运职官独立化的历史进程。然而，发运司的好运并不长久。北宋末年，东南漕运由转般法改为直达法后③，漕运之重担就由东南六路转运司一肩承担，发运司从此有名而无实。到了无需大规模、长距离漕运的南宋，发运司风华不再，终成昨日黄花，于乾道二年寿终正寝。④

三、元代：海运为先的漕运体系

元代漕运掀开了中国漕运史的新篇章。一方面，元定都于华北平原的北

---

① 隋唐漕运研究的代表作当属潘墉：《隋唐运河与漕运》，西安：三秦出版社，1987年。
② 参阅赵明明：《宋代发运使研究》，武汉：中南民族大学硕士毕业论文，2008年。
③ 参阅周建明：《论北宋漕运转般法》，《史学月刊》1988年第6期。
④ 此段文字部分参阅陈锋：《宋代漕运管理机构述论》，《西北大学学报》（哲学社会科学版）1992年第4期；陈锋：《漕运与古代社会》，西安：陕西人民出版社，2000年，第37—43页，谨谢之。

端幽燕之地，与国家基本经济区江南的距离比起历代政治中心与经济中心的里程要远得多；另一方面，隋唐留下的运河遗产在金人铁骑的蹂躏下已湮没多处，加上黄河的侵淤，元初的大都与江南没有一条现成的可供通航的运河。元初试行水陆兼运，颇为艰难，其成本高昂，而运送物资却相当有限。于是开凿会通河，北接御河，下连淮、泗、黄河，通过江淮运河达长江；又开贾鲁河，通颍、蔡、许、汝之漕路；又开通惠河，连接大都至通州。然而，华北平原远较江淮、江南地势要低，除汛期能勉强满足漕运通航需求，其余多数时间岸狭水浅，漕船只能搁浅守候。是以，元代虽重新贯通了南北大运河，但其作用远未发挥至极致。

从至元十九年（1282）起，元朝政府开始将目光投向海运，探索从平江路刘家港出发，沿海岸北上跨黄海，绕山东半岛，在渤海之滨的直沽登陆，再以陆运转运至大都的漕运路线。当年，命上海总管罗璧、朱清、张瑄等，造平底海船六十艘，运粮 46000 余石，顺利抵达大都，大获成功。[1]随着海运路线探索的不断完善，元代海运漕粮数也在逐步增加，至文宗天历二年（1329）达到近 335 万石的峰值[2]，亦可视为元代海运的极盛期。当然，这与前文所列的北宋漕运额相比不啻有霄壤之别，其缘由在于宋代官僚机构庞大，且军事部署多集中于京师周边，而元人以少数民族入主中原，制尚简朴，且边境晏然，无须重兵把守，二者漕粮需求大不相同。[3]

为了与海运为先的漕运制度相适应，元代漕运职官也进行了相应的调整。元初设漕运司，至元十九年（1282）将之扩充为京畿都漕运使司和江淮都漕运使司。二者并立，前者负责江南物资北运至中滦，后者主管中滦至大都的

---

[1]《元史》卷九三《食货志一·海运》，北京：中华书局，1976年，第2364页。
[2] 此数字引自《元史》卷九三《食货志一·海运》，然柯劭忞《新元史》卷七五《食货志八·海运》云："元统以后，岁运之可考者，（元顺帝）至正元年，益以江南之米通计所运得三百八十万石。"（北京：中国书店，1988年）其数比《元史》所云还要高。
[3] 有关元代漕粮海运，台湾学者杨育镁着力甚丰，其代表作有《元代的漕运》（《淡江学报》1986年第24期）、《浅析元代采行海运政策之人为影响因素》（《中国历史学会集刊》1987年第19期）、《元代海运衰退因素的探讨》（《淡江学报》1992年第31期）等。亦可参见高荣盛：《元代海运与江南社会经济》，《江南社会经济研究·宋元卷》，北京：中国农业出版社，2006年，第641—684页。

运务。海运兴起后，元朝政府裁撤了江淮都漕运使司，将京畿都漕运使司分为内外两司。内司在京，掌管通州至大都的陆运和京师仓廪的出纳事务；外司设于河西务，负责直沽向通州转运而来的物资。真正主管海运的机构是海道运粮万户府，以蒙古人担任达鲁花赤和汉人担任的万户为最高官员。海运万户府下设有五个海运千户府一个千户所，分设于江浙财赋集中地的温州路、台州路、庆元路、绍兴路、杭州路、嘉兴路和平江路。达鲁花赤、万户以下还设有副万户、镇抚、千户、副千户等属官，以及众多属员、胥吏，组织机构相当庞大。[①]

四、元以前漕运职官演变的特点

由于封建国家政治、经济实力的不断加强和统治扩大的需要，漕运在发展过程中愈来愈受到帝国的重视。漕运职官制度与漕运的发展密切相关，两者都在改革中不断发展和完善。从漕运职官制度发展的过程中，我们可以得出其发展的特点和规律。

其一，漕运职官伴随着漕运发展而来，漕运职官制度是漕运职官发展到一定阶段的产物。漕运产生之后，由于国家的政治、经济发展的需要，必须设置相应的官员有效地管理漕运。秦汉时期，漕运职官制度处于萌芽阶段，没有专职漕务的官员，管理漕运的官员大多数由水部官员兼职。在中央，司农作为中央的管理机构对漕运负有决策和宏观调控的职能，地方的郡县长官执行中央有关漕运决策的同时具有管理和发展漕运的职能和责任。漕运迅速发展多是在战争需要转输粮食的时候，尤其在粮食紧缺的危机时，漕粮的运输主要依靠民众，秦以后的普通百姓输粮可以获赏或者得到相应的官位、爵位。漕运愈来愈受到国家的重视，不断地进行改革，管理漕运的官员不断的

[①] 参阅吴缉华：《明代海运及运河的研究》第一章，台北："中央研究院"历史语言研究所，1961年，第4—11页。

增多。唐朝定都长安以后,为了加强对日益扩大的漕运的管理,唐玄宗任命陕州刺史李杰充陕州水陆运使,负责黄河关键一段水路的漕务。当江淮漕运量扩大之后,水路变化与漕船运输之间的矛盾随之明显暴露。开元时,宣州刺史裴耀卿针对弊端提出改革主张,他建议增置转运仓,同时在危险河段配合使用陆运方式运输。裴耀卿的建议获得了唐玄宗的同意,这次改革亦使漕运转输办法成为制度,设江淮都转运使管理漕运。此后,转运使的设置逐渐增多。至宋代仁宗朝起,漕运实行直运法,始置发运司专职漕运。元初设漕运司管理漕务,后漕运不通转为海运。至元二十四年(1287),始立行泉府司,专掌海运,内外分置漕运司二。至此,漕运作为朝廷中一个重要部门具有独立性,漕运职官制度基本形成。

其二,漕运职官的设置逐渐向专职化的趋势发展。秦初,漕运产生之后,漕粮多为军事所需,由于转输粮食比较困难且数额少,故在中央设置治粟内史掌管谷货兼有宏观地领导漕运的职能,另有主管水渠的都水长丞协助管理漕运。汉改治粟内史为大司农,职能沿用秦制。伴随漕运的扩大,汉武帝时,从山东转粟的数额由汉初的数十万石增至六百万石。后汉时,置护漕都尉官监运,这是漕运职官开始分工细化的体现。魏晋时期,汉初的水衡都尉职能进一步扩大并更名为都水使者主管漕运同时增置东西南北部护漕掾。此时,管理漕运的还有属于尚书系统的水部官员,漕运职官的设置具有交叉性。至唐初,李杰任水陆转运使,漕运专职化开始。整个唐代,管理漕务的大臣除了担任转运使之外还身兼数职。此外,在尚书省下设的工部中设有水部郎中等官员掌运漕之事。唐代的漕运职官虽然已经呈现出专职化,但是漕职官员的设置依然存在着很大的交叉性,漕运管理组织缺乏独立性。北宋沿用唐制,又增设发运使和各路发运司管理漕运。元代漕运职官设有都漕运使,明初沿用,这是漕运职官设置专职化的开始。直到明代设总漕,下设各类漕运官吏和漕司,漕运职官的专职化方才基本形成。

其三,漕运职官制度由临时性不断地向制度化发展。漕运发展初期,漕运职官的设置具有临时性,官名经常更改且官职不稳定。汉武帝时,曾设骏

第一章 惯性与文治：明代总漕的形成

粟都尉兼管漕运，但不常置，后代废置。又如汉初的水衡都尉渐渐演变为都水使者。后都水使者不再管理漕运终废置。唐玄宗时，为转输东南之粟，常遣转运使专掌其事。安史之乱后，为解决中央财政的困难，除加强转运使之权外，又设盐铁使以征海内盐课。转运使是唐政府针对临时出现的问题而设置的。又如唐代设农圃监一职兼管地方漕运，以后历代并未沿用此官职。宋太祖建隆二年（961），以卢浚为京畿东路发运使，负责京东地区漕运。宋有发运使名始于此，但属于临时差遣性职务，后在重要漕区内设置各路发运司，漕运官员的官名、官职都是专职固定的，漕运职官制度开始向制度化发展。

其四，漕运职官的设置具有滞后性一面。漕运职官的设置滞后性表现在当漕运出现新的问题时，才开始设置相应的官员去解决问题。官僚体制一旦建立起来之后，沿袭已久，从未有人设法对之进行改革。[①]即使发现缺点时，也只是进行细小的修补。正是由于缺乏体制性的改革，漕运职官的增设往往是针对已经出现的弊端。汉武帝时，桑弘羊为治粟都尉，由于物价飞涨，漕运和陆运的获利无法抵偿运费，桑弘羊在任大司农不久之后便请求朝廷多置部丞数十人来管理粮食和盐铁的转输。唐开元时，宣州刺史裴耀卿针对漕运提出问题，他指出，江南是国家仓储粮米的重要来源，而仓储的丰益与否，又取决于漕运能否顺利进行，当时情况是国家积贮依赖江南，由于漕运不得力，国家常有"仓储不益"之忧。唐玄宗接受裴耀卿的建议，拜其为江淮都转运使解决漕运中存在的弊端。漕运职官设置始终落后于时代的发展，最终由于种种弊端而消失。

其五，漕运职官从地方行政系列逐渐升格为中央官员。在漕运发展初期，具体管理漕运的权力掌握在地方漕官的手中，中央没有专职理漕的官员。秦代位列中央九卿之一的治粟内丞对漕运只进行宏观性的领导并没有具体的职权，在太常、少府、三辅中都设有都水长丞，主陂池灌溉，保守河渠。漕粮转运和管理主要由地方官员兼职管理。魏晋时，刺史的州佐有诸曹，祭酒从

---

① 黄仁宇：《明代的漕运》第三章，张皓、张升译，北京：新星出版社，2005年，第47页。

事分掌水曹，漕粮的转运也依靠地方官员管理。至唐代中期，经济中心已经开始向南方转移，东南地区丰足的粟米和物资是供应京师的主要来源，开元时始设江淮都转运使主管江淮地区的漕运。转运使一般由地方官员兼职属于临时官职而无品级，兼管漕运的都水使者的品级也只是秩正五品，中央未设统领漕运的高级官员。宋初承袭唐代后期之制，将路作为地方行政区，在路的官僚机构中有皇帝委派的漕监司和仓监司协同管理漕运事宜，将理漕的部分权力收归中央，各路转运司负责催征、转运本地漕粮物资，因此，地方漕官在管理漕务方面仍有较大权力并具有地域性色彩。元代漕运管理机构隶属于中央，到了明代始设漕运总督总理漕政，漕运的决策权和管理权归属中央官员。地方漕臣权力逐渐地消弱，中央漕运官员的权力不断地加强的过程从侧面反映了中国古代专制主义中央集权不断加强的历史趋势。

综上所述，漕运职官制度在其漫长的发展历程中，漕运职官作为漕运管理组织机构的主体，对漕运的发展具有很大促进和推动作用。漕运职官的设置在各个历史阶段呈现出不同的特点和规律，总体趋势是不断的分工细化、专职化和系统化，日臻成熟和完善。随着漕运制度的不断发展，地方漕臣权力逐渐地消弱，中央漕运官员的权力不断地加强，最终形成了一套系统性的漕运职官制度，其发展过程亦反映了中国古代专制主义中央集权不断加强的历史趋势。但要指出的是：随着漕运职官的制度化、专门化，贪污腐败、效率低下等各种官僚政治的弊端也不可避免地出现，特别是到了封建社会末期，漕运官员贪污腐败现象日益严重，致使漕政败坏，加之运河淤塞，终于导致漕运职官体系与漕运制度的最终消亡。

五、小　　结

历来制度的创新总是落后于时代的需求，当新时代莅临，新制度大都姗姗来迟，旧制度依旧蛮横地霸占着时代的主旋律。漕运制度也是如此。先秦时期带有强烈军事色彩的偶然性漕运，本应随着秦帝国大一统局面的形成，

第一章 惯性与文治：明代总漕的形成

演变为拱卫中央政治确然性的制度化漕运，不过秦人不明白逆取顺守之道，马上并六国，亦企图马上治之，结果二世而亡，推迟了制度化漕运时代的到来。两汉的漕运制度仍属草创，然山东之漕制度化运作对国家长治久安的作用已深入人心，这是漕运制度发展的第一次高峰。三国魏晋南北朝的大分裂时期，漕运只停留在零星的战争需求上，其制度化的成果荡然无存。隋唐、北宋的重新统一，漕运几乎成为帝国生命必需的血液输送网络，漕运制度发展的第二次高峰以恢宏的姿态巍巍然、炫炫然地铺陈于世。伟大的时代需要伟大的制度匹配，漕运的发展需要专门的职官体系为之服务，唐宋的发运使虽脚步缓慢，且多以差遣官的形式出现，但毕竟迈出了地方化、专门化的第一步。很可惜，这跟跄的一步遇到了五代十国的纷攘和两宋之际异族铁骑的骚扰，也无果而终了。漕运的制度化运作与职官体系的专门化是漕运制度发展史上两个里程碑式的标志，但放眼历史，这两步走得何其艰难！传统政治体制的顽固性只容得下一小步、一小步的修修补补，任何可能触犯既得利益的革命性制度颠覆，不经过几次伤筋动骨的反复，在传统政治空间中很难站稳脚跟。

元代漕运是中国漕运制度发展史上的另类。元人雅尚疏阔，马背上的追逐让他们对传统体制下畏手畏足的文化包袱不屑一顾。漕运司和海道运粮万户府此类专门的漕运机构与相应的职官，伴随着元代漕运的发展旋即而现。倘若放在前朝，不知要争论到何时，或者即便有，也不知以何种面目出现。元代海运也存在着极大的隐患，如海运的兴盛初期建立在朱清、张瑄等海盗身上，元末又落在张士诚、方国珍身上，一旦事起遽然，国家命运所系的漕运就如同被放在一个篮子里的鸡蛋，一毁而全毁；又譬如海运所造成的人员和漕粮的漂溺损失，历来为所谓的仁人志士喋喋不休地诟病，这些不足其实完全可以通过完善海运制度而加以弥补。毕竟，春夏两次海运，当"风信有时，自浙西不旬日而达于京师"[1]，此等便利与明清河运的耗时费力相比可谓

---

[1] （明）丘濬：《大学衍义补》卷三四《治国用·漕挽之宜下》，北京：京华出版社，1999年，第309页。

判若云泥。另外，海运的兴盛，可以带动海上交通的发展，对于航海事业的进步有极大的促进作用。完全可以这么说，海运本应是漕运制度史上的第三次革命，也是留给继之而起的明王朝最宝贵的财富。

第二节　都漕运使：明初海运背景下的尴尬角色

一、洪武朝漕运

朱元璋开国以后的漕运大概可以分为两条线，一条是以京师金陵为中心的河运路线，另一条是以北平和辽东为中心的海运路线。明立国于东南财赋之地，四方贡赋抵达京师，"江西、湖广之粟，江而至；两浙吴会之粟，浙河而至；凤泗之粟，淮而至；河南、山东之粟，黄河而至。"①各地漕粮可经长江、浙河、淮河、黄河等天然水道由运艘尾衔麟次以进，这种政治中心与基本经济区的重合所引发的漕运之方便快捷，大概只有汉初可与之相颉颃。

然而，退居漠北的蒙元残余势力，始终是明帝国的心头大患。加上辽东苦寒，地旷人稀，就地取食委实不易。明太祖为经营北方，将南方的物资源源不断地运往北方前线，"命浙江、江西及苏州等九府，运粮三百万石于汴梁。已而大将军徐达令忻、惇、代、坚、台五州运粮大同。中书省符下山东行省募水工发莱州洋海仓饷永平卫，其后海运辽东、北平成为定制"②。明初海运规模巨大，历时良久，影响深远，几成漕运的代名词。

《明史》谓给饷北平、辽东，而《名山藏》则仅言辽左，两书记载略有不同。考《名山藏》作者何乔远本明末时人，清人著《明史》时当参阅过是书，其所论应有思考。北平为元旧都所在，元政府虽已北遁，但其留下的部属、

---

① （明）何乔远：《名山藏》卷四九《河漕记》，张德信等点校，福州：福建人民出版社，2010年，第1350页。
② 《明史》卷七九《食货三·漕运》，北京：中华书局，1974年，第1915页。

第一章 惯性与文治：明代总漕的形成

民众应不为少数。北伐军既下大都，为长治久安计，部署重兵以防范之，此应是北平为洪武初漕粮海运目的地的原因。迨征伐停罢，北平都市繁荣转为萧条，北平漕粮或可由运河输纳，其海运渐无必要。而辽东方面则是防范蒙元残余势力的前线，漕粮断不可断，其河运不可得，只能取道海路运输。

从洪武元年（1368）北伐开始的全国性大规模海运，到洪武三十年（1397）军屯兴起，辽东粮饷盈余而暂时中止，洪武年间的漕粮海运可谓连绵不绝。根据吴缉华和樊铧的统计，洪武年间有名可考的漕粮督运官有汤和、吴祯、廖永忠、张赫、吴迈、陈权、马云、唐胜宗、于显、张德、朱寿、黄辂、杨文、朱信、宣信、陈信、郑遇春、王庭等，这些人中汤和、吴祯、廖永忠、张赫为开国名将，吴迈为水军右卫指挥同知，陈权为广洋卫指挥佥事，马云为定辽都卫指挥使，于显为前军都督府都督佥事，张德为右军都督府都督，朱寿为舳舻侯，黄辂为左军都督佥事，杨文为右军都督佥事，朱信为江阴卫指挥佥事，宣信为前军都督佥事，陈信为中军都督府都督佥事，王庭为镇海卫千户。[1]海运从一开始起就纳入了武人的掌控范围，主要由于海运完全是为北方军事上粮饷的需要，海运队伍遂直接从水军中移植而来。此外，张士诚和方国珍集团败亡后，其余党勾结倭寇为患东南沿海，明初曾组织军队加以讨伐。讨伐的将军们熟知海道，因而主持海运的武人，大都是征讨倭寇与海盗的名将。洪武二年（1369）正月，《明太祖实录》中第一次有了倭人入寇山东的记录，同月朱元璋遣使诏谕日本、占城、爪哇等国[2]，显示出太祖对海上安全的高度警惕。洪武六年（1373）正月，廖永忠上书：

---

[1] 又按，诸将中，汤和从太祖过江，于太湖破张士诚水军；吴祯于江阴协守其兄吴良，遏制张士诚水师；廖永忠早年为巢湖义师。三人曾有海上行船作战经验，其余诸人未见其水战传记。不过，我们可以大致推断出，经历了与张士诚、方国珍、陈友定等割据势力频繁交战后，明朝政权具备了快速组建一支强大的海上水师的物质基础和人员储备。参阅吴缉华：《明代海运及运河的研究》第二章，台北："中央研究院"历史语言研究所，1961年，第20—31页；樊铧《政治决策与明代海运》第二章，北京：社会科学文献出版社，2009年，第84—86页。

[2]《明太祖实录》卷三八"洪武二年正月乙卯"条，台北："中央研究院"历史语言所，1962年校勘本，第775页；《明太祖实录》卷三八"洪武二年正月辛酉"条，台北："中央研究院"历史语言所，1962年校勘本，第781页。

> 东南倭夷，负其鸟兽之性，时出剽窃以扰濒海之民。陛下命造海舟翦捕此寇，以奠生民……臣请令广洋、江阴、横海、水军四卫添造多快船，命将领之，无事则沿海巡徼，以备不虞。若倭夷之来，则大船薄之，快船逐之。彼欲战而不能敌，欲退而不可走，庶乎可以剿捕也。①

太祖接受了他的建议，并随即任命他总管定辽粮储。廖永忠统军，同时肩负着总管海运和捕倭备盗的重担，其他主持海运的武将也是如此。②

海运的成效是显著的，可是海运所造成的飘溺损失也让统治者为之恻然。洪武七年（1374）六月，海运覆舟四十余只，飘米四千七百余万石，溺死官军七百一十七人，马四十匹。太祖"闻之深为伤痛"，并因隐匿海运溺死官兵人数罪及金吾卫指挥佥事陆龄③；洪武十五年（1382）五月，"士卒馈运渡海有溺死者"，明太祖为之"终夕不寐"④，下令商议屯田与招商纳米之法。洪武晚年，军屯与中盐法取得了很大成就，大大缓解了辽东海运的压力，朝廷终于在洪武三十年下令废止海运。⑤

---

① 《明太祖实录》卷七八"洪武六年正月庚午"条，台北："中央研究院"历史语言所，1962年校勘本，第1423—1424页；《明太祖实录》卷八〇"洪武六年三月甲寅"条，台北："中央研究院"历史语言所，1962年校勘本，第1452页。
② 我们可以从《明太祖实录》找到进一步的佐证："命将士运粮辽东，上谕之曰：'海道险远，岛夷出没无常，尔等所部将校，毋离部伍，务令整肃以备之。舟回登州，就彼巡捕倭寇，因以立功，可也'。"明初海运之军足以震慑倭寇，是以倭人虽屡犯明海疆，但对其造成之危害，绝不可与嘉靖倭乱相提并论。《明太祖实录》卷一六六"洪武十七年十月丁卯"条，台北："中央研究院"历史语言所，1962年校勘本，第2550页。
③ 《明太祖实录》卷九〇"洪武七年六月癸丑"条，台北："中央研究院"历史语言所，1962年校勘本，第1584页。
④ 《明太祖实录》卷一四"洪武十五年五月是月"条，台北："中央研究院"历史语言所，1962年校勘本，第2283—2284页。
⑤ 《明太祖实录》卷二五五"洪武三十年九月戊子"条，台北："中央研究院"历史语言所，1962年校勘本，第3684页云："近闻彼处（辽东）军饷颇有盈余，今后不须转运，止令本处军人屯田自给。其三十一年海运粮米可于太仓、镇海、苏州三卫仓收贮。仍令左军都督府移文辽东都司知之。其沙岭粮储，发军护守，次第运至辽东城中海州卫仓储之。"通览此段材料，洪武三十年（1397）罢海运实为之前粮储充盈后的权宜之计，事实上，永乐十三年（1415）之前，明廷断断续续地保持了向辽东的海运。基于此，樊铧认为吴缉华洪武三十年（1397）罢海运之说似未为确论。吴缉华：《政治决策与明代海运》第二章，台北："中央研究院"历史语言所，1961年，第62—63页。

第一章 惯性与文治：明代总漕的形成

二、都漕运使的设与废

我们可以看到洪武朝多次大规模海运的历史记述，尤其是洪武中后期，张赫、朱寿、朱信、宣信等人几乎垄断了海运主管的职务，但令人疑惑的是，始终没有材料证明明初存在着类似元代海道运粮万户府一样执掌海运的专门机构。沈德符回顾太宗时期的海运说："北京合用军饷……必籍海运，然后足用。即目海船数少，每岁运不过五六十万石，且未设衙门专领，事不归一。"①此足资佐证。这应是缘于朱元璋对武人长期督漕易引发尾大不掉之势的顾虑。

明代开国初期，朱元璋亦仿效元代漕运使司，于洪武元年（1368）九月，置京畿都漕运司，设都漕运使，正四品；知事，正八品；提控案牍，从九品；属官监运，正九品，都纲省注，以龚鲁、薛祥为漕运使。②明太祖曾下诰命，明确漕运使之职掌：

> 漕运之设，启国名家之良法也，何以知其然？民有已供入府库者，官欲他给而移之，则漕运者行焉。若江海者，必帆巨舟，假天风可刻期而抵所在。若道由河、淮，则操轻舟，用便楫，假天风加人力，半之亦期而可至其所。于斯之设，岂不便于国事而兴起焉！若居是职，身律法张，于上无瞒，于下无虐，身立而名家出矣！朕所谓良法也，谓用力少而致重多，故如是而言，何也？假以陆路转运，较之于舟楫之举，则百夫可代陆路十千人之艰辛。其所扰者少，其所安者众，生民得遂其生，岂不良法也！凡任此者，非忠君爱民之士不可使之行。今朕将欲用人而求之，惟尔某佥曰可，今特授某官，尔往无怠，以政来闻则功禄焉。③

《明会典》载："凡诰敕等级，洪武二十六年定，一品至五品，皆授以诰

---

① （明）沈德符：《万历野获编》卷一二，北京：中华书局，2007年，第322页。
② 《明太祖实录》卷三五"洪武元年九月乙丑"条，《钞本明实录》第1册，北京：线装书局，2005年，第174页上。
③ （明）朱元璋：《明太祖御制文集》卷四，台北：学生书局，1965年，第147—148页。

命。六品至九品，皆授以敕命。"①诰命，乃五品以上官员受职时，由皇帝颁发给其人委任状。我们从《明太祖御制文集》中不难发现，发给五品以上官员的诰命可分为两种，一是颁发给有具体姓名的。二是颁发给某些特定官职的。都漕运使的诰命即属于后一种。从历史记载来看，此篇诰命应是出于朱元璋之手。叶盛曾说："《太祖皇帝御制文集》若干卷，奇古简质，悉出圣制，非词臣代言者可及。今世所传刻赐刘伯温诰等文，及尝见赐孔祭酒书真迹，皆是也。"②万历年间姚士观刻《高皇帝御制文集》，撰《识记》云："右《御制文集》二十卷，我太祖高皇帝万几之暇躬洒瀚墨而笔之汗青者……而诏、诰、表、敕以泊祀奠乐章，咸御笔亲裁之。"③明太祖亲撰该诰文，颁发给具有四品品秩的漕运使，足见其对京畿漕运司机构与漕运使人选的重视。④

从诰文内容本身来看，朱元璋的良苦用心也毕露无遗。诰文可分为三个部分，一是叙述江、海、河、淮漕运有起国名家之利。二是训诫该职人选应以忠君爱民为己任。三是委任与勉励。明太祖出身农家，深知民生疾苦，他对行军打仗之将领和委任一方的地方官都一再告诫，要爱惜民力，勿贪勿虐，显示其一贯的以民为本的治国理念。漕运虽为转运之良法，但也需得力清廉之人亲为之。明太祖对都漕运使的厚望之心，拳拳可念。

有明文记载的明初都漕运使只有两人：龚鲁和薛祥。龚鲁没有传记，无可考证。薛祥有传云：

> 薛祥，字彦祥，无为人。从俞通海来归，渡江为水寨官军镇抚，数从征有功。洪武元年转漕河南。夜半抵蔡河，贼骤至，祥不为动，好语谕散之。帝闻大喜。以方从兵，供忆艰，授京畿都漕运使，分司淮安。浚河筑堤，自扬达济数百里，徭役均平，民无怨言。有劳者立

---

① （明）申时行等：《明会典》卷六《诰敕》，北京：中华书局，1989年，第33页。
② （明）叶盛：《水东日记》卷一《太祖御制文集》，北京：中华书局，1980年，第7页。
③ 崔建英辑：《明别集版本志》，北京：中华书局，2006年，第254页。
④ 关于明初诏令研究，可参阅万明：《明代诏令文书研究：以洪武朝为中心的初步考察》，中国社会科学院历史研究所明史研究室：《明史研究论丛》第八辑，北京：紫禁城出版社，2010年。

第一章　惯性与文治：明代总漕的形成

奏，授以官。元都下，官民南迁，道经淮安，祥多方存恤。山阳、海州民乱，驸马都尉黄琛捕治，诖误甚众。祥会鞫，无验者悉原之。治淮八年，民相劝为善。及考满还京，皆焚香祝其再来，或肖像祀之。八年授工部尚书。[1]

这段材料可以与《名山藏》《明太祖实录》中的史料相互印证：洪武元年（1368），（薛祥）漕运河南，抵蔡河，盗欲夜劫之。祥谕盗曰："汝众皆良民也，兵乱啸聚则不得已。今圣天子出矣，当归家安田里，无作过，累妻孥。汝等纵有千人，夜劫吾粮，不过得千石。我所部不下二十万，曙搜捕汝，汝罪大矣！"众闻皆散。高祖谓：

祥相从和、滁，闲多历军功，当授武职。而方用兵供亿，求若古萧何、寇恂惟祥。特谙授中顺大夫京畿都漕运使，分司淮安。祥修坝堰、筑塞塌，自扬至蔡，昼夜无停。为诸工役调停节息，有功者为奏，俾得官，皆悦服。时幽蓟初附，迁民于南，道过淮。祥为食饥衣寒，殡其死丧。满考还京，淮西民焚香祝天，皆愿薛公再来。海州民乱，驸马都尉黄琛追剿之，俘首万余。祥与琛会问，无名号者不许妄指，获全甚众。皆写真生祠之。祥治淮八岁，民相劝莫为恶负薛公。[2]

洪武十三年（1380）二月壬戌，以嘉兴知府薛祥为工部尚书。祥，庐州无为人，岁乙未从渡江，为枢密院知印。洪武元年（1368），授京畿都漕运司使，八年（1375）擢工部尚书，九年（1376）迁北平布政使，十二年（1379）坐营造扰民罚输作，寻宥之，降知嘉兴府。至是，复以为工部尚书。[3]

对较三者，我们可以看出，薛祥亦为武人出身，随太祖征战有年，于洪

---

[1]《明史》卷一三八《薛祥传》，北京：中华书局，1974年，第3973页。
[2]（明）何乔远：《名山藏》卷五九《臣林记四·洪武臣四》，张德信等点校，福州：福建人民出版社，2010年，第1590页。
[3]《明太祖实录》卷一三〇"洪武十三年二月壬戌"条，《钞本明实录》第1册，北京：线装书局，2005年，第553页上。

武元年（1368）至洪武八年（1375）任京畿都漕运使，驻扎淮安，修浚了自扬州到济宁数百里运河。其治淮八年，多有政声。又，洪武十四年（1381）十二月，罢京畿都漕运司与都漕运使，那么洪武八年（1375）至洪武十四年（1381）期间的都漕运使当是龚鲁。

我们已经知道，唐宋以来的漕运职官地方化、专门化已是漕运发展的一大历史趋势，元代的漕运司与海道运粮万户府则为这一潮流的固化成果。明初政治制度多承袭元制，漕运制度也是如此，开国之初便设立京畿都漕运司便是一个明证。明初李善长、宋濂、刘基等一代文臣，既有传统文人的词章义理之才，也有刑名钱谷的理事之能与慨然以天下为己任的报国之心，他们对于前代的海运成效了然于胸。从明初编撰者笔下的《元史》卷九三《食货志一·海运》中的推崇语句，不难看出明初统治者对元代海运管理之井然有序艳羡不已。何以都漕运使存世十四年便曲终人散空愁暮？

由于史料阙失，我们无从得知明太祖罢设都漕运使的确切原因，不过，联系到洪武年间的漕运实际情况，可以大致推断出其中缘由：江北济宁至扬州的运道被打通之后，河南、山东的漕粮，可通过河运抵达京师，江南的贡赋，也可运至山东，再陆运至北方军事前线。由于国家赋税收入主要来源于江南，因而由南向北军事漕运的可能性更大。随着大规模战事的逐渐平息，以及海运的成功运作，艰难的河、陆并运渐无存在的必要。从上文列举的薛祥政绩来看，有疏浚运河，有退贼抚民，有替民申冤，唯独没有本职工作督漕赴京或赴辽东。有一份材料很能说明问题，洪武九年（1376），山东日照知县马亮考满入京觐见，莒州府上其考文曰："无课农、兴学之绩，而长于督运。"吏部以闻，朱元璋曰："农桑衣食之本，学校风化之原，此守令先务，不知务此而长于督运，是弃本而务末，岂其职哉？苟任督责为能，非岂弟之政也。为令而无岂弟之心，民受其患者多矣，宜黜降之，使有所惩。"[1]一方面这条材料毫无疑问可以为明初重农桑、兴学校的统治政策增添注脚；另一方面也可透露出明太祖对山东漕

---

[1]《明太祖实录》卷一〇六"洪武九年五月乙未"条，《钞本明实录》第1册，北京：线装书局，2005年，第476页下。

运的轻视。另外，按照朱元璋的制度设计，都漕运使应兼管河运与海运[1]，然而在实践中，一个四品的都漕运使如何能统驭得了汤和、吴祯、廖永忠、张赫等这样的开国元勋，以及其他曾与太祖一起出生入死的骄兵悍将？海运的军事性质，让已经无所事事的都漕运使徒呼奈何。在这样的背景下，京畿都漕运司和它的部门长官都漕运使被裁撤的命运，也就不可避免了。[2]

第三节　陈瑄与漕运总兵官

一、永乐年间海运、海陆兼运与河运

明太祖休养生息的一页在靖难的兵戈声中被朱棣轻轻地揭去，雄才大略的永乐皇帝将惠帝荒唐的复古之政弃之如敝屣，成祖打着恢复祖制的旗号，重新经营北方。为了弥补多年来北京对靖难之役的贡献，明成祖蠲免了顺天、永平、保定等地的租税。北京为新君龙兴之地，成祖于永乐七年（1409）、永乐十一年（1413）、永乐十五年（1417）三次巡幸北京，接受群臣的建议，兴工营建新北京城，并于永乐十九年（1421）正式迁都。此外，成祖还五次亲征蒙古。这几件事情悉数加起来，使得北方对东南财赋的渴求与日俱增，因而南北大规模的漕粮转运工作变得迫切而又必需起来。[3]

---

[1] 王圻《续文献通考》卷八四《职官考》云："置京畿都漕运使，正四品，专治京师军储，单安仁、薛祥为之。"都漕运使似为京师军储而设，与前文所述《漕运使诰》相悖。且薛祥在任期间常驻淮安，京师军储恐非其力，故未采信其文。详见（明）王圻：《续文献通考》卷八四《职官考》，《续修四库全书》第763册《史部·政书类》，上海：上海古籍出版社，2002年，第423页上。
[2] （日）星斌夫在《明代漕運の研究》第二章第一节"初期の機構"（東京：日本學術振興會，1963年，第95—96页）及《论明初的漕运》一文（《史学杂志》1937年第48期）也注意到了明初京畿都漕运司的设置情况，认为其为创业时期的暂定举措。政权稳定后，中央户部与地方粮长的漕运互动架空了都漕运司的权力运作空间，加上明都金陵乃四方财赋之会，漕运在技术上更为容易，都漕运司很快就失去了存在的价值。
[3] 吴缉华：《明代海运及运河的研究》第三章，台北："中央研究院"历史语言所，1961年，第36—48页。樊铧认为，明成祖为解决北方粮食问题，还沿用了太祖时期行之有效的纳米中盐与卫所屯田之法，参阅樊铧：《政治决策与明代海运》第二章，北京：社会科学文献出版社，2009年，第68—71页。

洪武年间的海运成效犹历历在目，惠帝时期也不乏海运的成例[①]，所以，朱棣登基后恢复漕粮海运便成了水到渠成的事情。据吴缉华统计，至永乐六年（1408），海运漕粮的数额达到80万石，超过了此前洪武年间70余万石的最高值。[②]在开展海运的同时，陆运方案也被提出并开始实施。这个方案由户部尚书郁新提出，"淮河至黄河多浅滩，跌坡馈运艰阻。请至淮安用船可载三百石以上者，运入淮河、沙河至陈州颖岐口跌坡下，复以浅船可载二百石以上者，运至跌坡上，别以大船载入黄河，至八柳树等处，令河南军夫运赴卫河，转输北京。"[③]

此前，有沈阳中屯军士唐顺建言开卫河以利转运。[④]郁新的计划是避开已经淤塞的会通河故道，转一大弯，逆黄河上行，运至靠近卫河的地方，再通过卫河入京。这在当时来说，已是远见卓识。永乐九年（1411），宋礼浚通会通河后，陆运一线又可从会通河北上，相比以前又便利了许多。海陆兼运形成后，运往北京的粮饷就开始迅速增长，永乐七年（1409）达180余万石，永乐十二年（1414）达240余万石，永乐十三年（1415）更是达到史无前例的640余万石。[⑤]由于历代计量的石以明石权重最大[⑥]，这一年的漕粮数可以

[①] 靖难后有关建文帝的史料多被禁毁，我们今天能看到唯一的直接证据来自于《李朝实录》："（太宗元年五月戊戌）有船一艘，来泊全罗道长沙县。船中六十余，自言以帝命运粮于辽东，因风至此。命给粮厚慰以送之。"详见吴晗辑：《朝鲜李朝实录中的中国史料》上编卷二，北京：中华书局，1980年，第158页。考虑到当时的战争局面，建文帝以海运支持辽东的驻军应为合理之情形。有关靖难战事，可参阅王崇武：《明靖难史事考证稿》，香港：龙门书店，1969年影印本。

[②] 吴缉华：《明代海运及运河的研究》第三章，台北："中央研究院"历史语言研究所，1961年，第58页。

[③] 《明太宗实录》卷二一"永乐元年秋七月丙申"条，北京：线装书局，2005年，第400页。

[④] 《明太宗实录》卷一八"永乐元年三月戊寅"条，北京：线装书局，2005年，第330—331页；《明史》卷八七《河渠志五·卫河》，北京：中华书局，1974年，第2128页；（清）曹溶编：《明漕运志》，上海：商务印书馆，1936年丛书集成初编本，第1页；（清）谷应泰：《明史纪事本末》卷二四《河漕转运》，北京：中华书局，1977年，第375页也有类似记载。

[⑤] 吴缉华：《明代海运及运河的研究》第三章，台北："中央研究院"历史语言研究所，1961年，第75页。按，640余万石之说源自《明太宗实录》卷一七一"永乐十三年十二月癸巳"条，吴氏本人对该说似有质疑，认为《皇明世法录》卷五四、《通漕类编》卷二等之300万石说法更为可信。其实，考虑到运河刚刚全面贯通后政府对漕粮运输的热情，这个数字还是比较可信的。

[⑥] 根据梁方仲的统计，西汉1石=0.34市石，唐1石=0.59市石，宋1石=0.66市石，明1石=1.07市石，清1石=1.04市石。梁方仲：《中国历代户口、田地、田赋统计》，上海：上海人民出版社，1980年，第545页。

称之为历史之最。永乐十二年（1414）闰九月，陆运和海运均被正式废弃。[1] 此后直至明亡，尽管还有小规模零星的海运存在，但明代漕运进入以大运河为主导的篇章已是不争的事实。南至长江，北达通州大通桥，三千里运道全线贯通，河运进入盛世，大明王朝也随之进入极盛期。

二、陈瑄：明代漕运开创时代的丰碑

从永乐登基到仁宣之治，陈瑄参与领导了漕运形式的几次转变，并亲眼见证了漕运通畅带来的安定繁荣。可以说，陈瑄的治河与督漕功绩，正是那个繁盛漕运时代的缩影。

陈瑄，字彦纯，合肥人（图1-1）。关于陈瑄的家世，2003年南京江宁区博物馆出土了陈瑄后人的四方墓志，综合考察得知：陈瑄家族"世居庐之合肥"。对于陈瑄的先人，《明史》中只记载了他的父亲陈闻，"以义兵千户归太祖，累官都指挥同知"[2]。在陈瑄儿子陈佐墓志中，有"曾大父讳宗政，大父讳闻，父讳瑄"的记载，世系记载到陈瑄的祖父陈宗政。在陈鞠庄的墓志中，有"高祖三省，曾祖重□□闻"的记载，记载了鞠庄的高祖，亦即陈瑄的曾祖，名叫三省，这样世系又向上推了一代。至于陈瑄父亲陈闻的事迹，《明史》中称他"坐事戍辽阳"，幸亏陈瑄伏阙请代，最终父子皆得幸免。在陈佐的墓志材料中，有"大父年逾八十，丧明，公奉之弥谨"的记载，可见陈闻以八十多岁的高龄善终。至于陈瑄本人，墓志材料中更是多处提及。《明史》中记载陈瑄早年出征盐井，在进攻卜木瓦寨一役中遇到对方顽强抵抗，"瑄将中军，贼围之

---

[1] 传统著作均认为，永乐十三年（1415）五月，陈瑄开通清江浦，消除了连通江淮运道的最后障碍，海运遂停罢。然而，樊铧从王琼《漕河图志》收录的两篇奏疏《始罢海运从会通河攒运》《始议从会通河攒运北京粮储》，考证出明廷停海运的决定是在永乐十二年（1414）闰九月作出的，而其时清江浦尚未开凿成功。科学的因果律总是原因在前，结果在后，因而"朝廷放弃海运专行运河的决定导致了清江浦的开凿，而不是反之"。此说当为确见，今从之。樊铧《政治决策与明代海运》第二章，北京：社会科学文献出版社，2009年，第79—82页。

[2]《明史》卷一五三《陈瑄传》，北京：中华书局，1974年，第4206页。

数重。瑄下马射,伤足,裹创战。自巳至酉,全师还"①。在陈佐的墓志材料中,称陈瑄"晚有足疾",这个"足疾",应是当年"伤足"的后遗症。②

图 1-1 陈瑄像

陈瑄总督漕运,功绩卓著,泽惠后世。洪武时以军功迁四川行都司都指挥同知,建文时迁右军都督佥事,"燕兵至浦口,瑄以舟师迎降,成祖遂渡江。既即位,封平江伯,食禄一千石,赐诰券世袭指挥使。永乐元年(1403),命瑄充总兵官,总督海运"③。自此,明代漕运进入陈瑄时代。陈瑄的功绩首先表现为:以漕运总兵官的身份,率领舟师二十余次成功地运粮至北京。我们可以从《明太宗实录》中找到部分相关史料:

> 永乐元年三月戊子,命江平伯陈瑄及前军都督佥事宣信俱充总兵官,各率舟师海运粮饷,瑄往辽东,信往北京(卷一八,《钞本明实录》第2册,北京:线装书局,2005年,第507页上)。

---

① 《明史》卷一五三《陈瑄传》,北京:中华书局,1974年,第4207页。
② 杨李兵:《江宁区博物馆藏陈瑄家族墓志考》,《东南文化》2010年第2期,第65—67页。
③ 《明史》卷一五三《陈瑄传》,北京:中华书局,1974年,第4206页。

第一章 惯性与文治：明代总漕的形成

永乐二年三月壬寅，命平江伯陈瑄充总兵官，前军都督佥事宣信充副总兵，率舟师海运粮储往北京（卷二九，《钞本明实录》第 2 册，北京：线装书局，2005 年，第 556 页上）。

永乐三年春二月甲申，命平江伯陈瑄充总兵官，前军都督佥事宣信充副总兵，帅舟师海道运粮赴北京（卷三九，《钞本明实录》第 2 册北京：线装书局，2005 年，第 595 页上）。

永乐四年六月丁亥，先是，命平江伯陈瑄督海运诣天津卫（卷五五，《钞本明实录》第 3 册，北京：线装书局，2005 年，第 43 页下）。

永乐五年春正月壬戌，命平江伯陈瑄、都督宣信总督海运粮储（卷六三，《钞本明实录》第 3 册，北京：线装书局，2005 年，第 66 页上）。

永乐六年二月己酉，命平江伯陈瑄总率官军，前军都督佥事宣信为副，海道运粮赴北京（卷七六，《钞本明实录》第 3 册，北京：线装书局，2005 年，第 105 页上）。

永乐七年正月甲子，命平江伯陈瑄充总兵官，都督宣信副之，督馈赴北京（卷八七，《钞本明实录》第 3 册，北京：线装书局，2005 年，第 136 页上）。

永乐七年十二月甲寅，命遣平江伯陈瑄充总兵官，前军都督佥事宣信充副总兵，率领舟师海运粮储赴北京（卷九九，《钞本明实录》第 3 册，北京：线装书局，2005 年，第 173 页下）。

永乐九年三月丙戌，命平江伯陈瑄充总兵官，都督宣信充副总兵，率舟师海运粮储赴北京（卷一一四，《钞本明实录》第 3 册，北京：线装书局，2005 年，第 216 页上）。

永乐十年二月庚午，敕平江伯陈瑄充总兵官，都督宣信副之，率舟师往海运粮饷赴北京（卷一二五，《钞本明实录》第 3 册，北京：线装书局，2005 年，第 246 页上）。

永乐十一年二月乙卯，命平江伯陈瑄充总兵官，都督宣信充副总兵，率海舟运粮赴北京（卷一三七，《钞本明实录》第3册，北京：线装书局，2005年，第272页下）。

永乐十一年十二月丙辰，命平江伯陈瑄充总兵官，都督宣信副之，率领舟师漕运粮储赴北京（卷一四六，《钞本明实录》第3册，北京：线装书局，2005年，第290页上）。

永乐十四年正月戊午，敕平江伯陈瑄、都督陈恭、谢芳率领舟师僦运粮储赴北京（卷一七二，《钞本明实录》第3册，北京：线装书局，2005年，第342页上）。

永乐十五年春正月壬子，命平江伯陈瑄充总兵官，率领官军僦运粮储，并提督沿河运木赴北京（卷一八四，《钞本明实录》第3册，北京：线装书局，2005年，第361页下）。

永乐十五年十二月丁酉　命平江伯陈瑄充总兵官，率领舟师漕运粮储赴北京（卷一九五，《钞本明实录》第3册，北京：线装书局，2005年，第380页下）。

永乐十七年春正月乙亥，命平江伯陈瑄充总兵官，率领舟师漕运粮储赴北京（卷二〇八，《钞本明实录》第3册，北京：线装书局，2005年，第401页下）。

永乐十八年春正月乙丑，命平江伯陈瑄充总兵官，率领舟师漕运粮储往赴北京（卷二二〇，《钞本明实录》第3册，北京：线装书局，2005年，第420页下）。

永乐十九年春正月己卯　命平江伯陈瑄充总兵官，率领舟师僦运粮储赴北京（卷二三三，《钞本明实录》第3册，北京：线装书局，2005年，第438页下）。

永乐二十年春二月乙未，命平江伯陈瑄充总兵官，率领舟师僦运粮储赴北京（卷二四六，《钞本明实录》第3册，北京：线装书局，2005年，第454页上）。

永乐二十一年春正月丁未，命平江伯陈瑄充总兵官，率领舟师漕运

第一章 惯性与文治：明代总漕的形成

粮储赴北京（卷二五五，《钞本明实录》第3册，北京：线装书局，2005年，第471页上）。

永乐二十二年春正月癸巳，命平江伯陈瑄充总兵官，率领舟师赍运粮储赴北京（卷二六七，《钞本明实录》第3册，北京：线装书局，2005年，第487页下）。

永乐在位二十二年，陈瑄以漕运总兵官的身份督漕二十一次。这其中，永乐七年（1409）、永乐十一年（1413）、永乐十五年（1417）分春、冬两季，每岁两次运粮至北京，永乐八年（1410）、永乐十二年（1414）、永乐十三（1415）、永乐十六年（1418）则阙如。究其原因，永乐八年（1410）、永乐十二年（1414），明成祖进行了两次大规模的北征活动，需要提前一年将粮饷准备好。永乐十三年（1415），陈瑄主持开凿清江浦；永乐十六年（1418），组织民夫浚通徐州至济宁的运河，陈瑄无暇前往督漕前线。从运输路径来看，永乐十三年（1415）之前以海运或海陆兼用为主，其后则为运河赍运，这正好与大运河南北贯通的进程一致。

永乐过去了，接下来的洪熙、宣德两朝，平江伯日渐衰老。从《明仁宗实录》与《明宣宗实录》来看，总兵官陈瑄亲自率领舟师赍运粮储的次数大为降低[①]，朝廷体谅功勋老臣，不愿再让其再受远涉江湖之苦，而主要让其参与漕运管理与运道疏通工作。在这方面，陈瑄的贡献更大。

陈瑄疏浚运道方面的业绩主要体现在三个方面，一是协助宋礼浚通会通河。会通河于洪武年间淤塞，其症结在于济宁段地势高，水源缺。二人征调民夫，引山泉水汇入汶水，建闸坝38处，初步解决会通河的水源问题。又创

---

① 只有《明仁宗实录》卷六下"洪熙元年正月丙戌"条、《明宣宗实录》卷二"洪熙元年六月甲寅"条、《明宣宗实录》卷九七"宣德七年十二月庚戌"条三处，记载了朝廷任命陈瑄充总兵官督运漕粮之事。又按，陈瑄病逝于宣德八年，其年69岁，那么成祖驾崩于榆木川时，陈瑄已届耳顺之年。《明仁宗实录》卷六下"洪熙元年正月丙戌"条，《钞本明实录》第3册，北京：线装书局，2005年，第565页上；《明宣宗实录》卷二"洪熙元年六月甲寅"条，《钞本明实录》第4册，北京：线装书局，2005年，第17页下；《明宣宗实录》卷九七"宣德七年十二月庚戌"条，《钞本明实录》第4册，北京：线装书局，2005年，第583页上。

造性地建水柜储山中泉水，建水礜泄汛期洪水，保证会通河的全面通航。二是开凿清江浦。陈瑄听从淮安故老建议，自淮安城西管家湖引水抵鸭陈口入淮河，并由北向南依次修建五闸。此举不仅可以平缓水势，还能防止水泄太多，降低了漕船过淮风险。①三是新开水道避吕梁洪和徐州洪之险。新运道深二丈，宽五丈，长四十里，并设闸门蓄水。

陈瑄掌管漕运多年，对漕运制度建设也颇有创见，主要表现：一是广建仓储，大造浅船。海运年间，陈瑄命人于天津建露囤 1400 余所，于直沽尹尔湾建四百万仓，又在运河沿线枢纽城市淮安、徐州、临清、通州等地建粮仓 50 余处。河运开始后，原来海运的遮洋船不再适用，陈瑄设清江督造船厂建平底浅船三千艘。二是力推兑运法。原来施行支运法时，百姓自行雇船装运，经年往复，多失农时。陈瑄与群臣建议令粮户只将粮食运至水次，由官军运载至京，百姓适当补偿耗米和道里费。此法军民两便，此后兑运者多，支运者少。②

陈瑄督漕三十年，功绩显著，上至皇帝大臣，下至平民运丁，都对陈瑄交口称赞。陈瑄死后，淮安清河百姓立祠祀之，朝廷还让其后代陈锐、陈熊、陈圭、陈王谟嗣位，直至明亡，其爵方绝。③此足见陈瑄督漕留在朝野内外不菲的声望。

三、漕运总兵官的体制化

平江伯从龙成祖，督运粮储三十年，声誉满天下自不必说④，其给后世还

---

① 严格地讲，建济宁南旺分水坝宋礼居功，开淮安清江浦陈瑄称能，所以《明漕运志》云："凡漕渠在齐鲁间者，宋礼功为多；在江淮间者，陈瑄功为多。"（清）曹溶编：《明漕运志》，上海：商务印书馆，1936 年丛书集成初编本，第 3 页。
② 《明史》卷七九《食货三·漕运》，北京：中华书局，1974 年，第 1918 页。
③ 《明史》卷一五三《陈瑄传》，北京：中华书局，1974 年，第 4207 页。
④ 雷礼《国朝列卿纪》还记载了这样一件有趣的事情，陈瑄玄孙陈熊因得罪了权监刘瑾，刘瑾欲置其死地。时李东阳求情道："汉高祖亲定十八功臣位，以萧何为第一。萧何不曾厮杀，但供给馈饷不绝，遂以为万世之功……且萧何馈饷犹是一时争战之日，陈瑄通南北漕运，每岁四百万石至京师，国家万年，诚万世之利也。"刘瑾不能答，于是只革其爵。在明人看来，陈瑄功绩竟远超萧何。详见（明）雷礼：《国朝列卿纪》卷十二，周骏富编：《明代传记丛刊·名人类》，台北：明文书局，1991 年影印本。

第一章 惯性与文治：明代总漕的形成

留下了一笔很大的政治遗产：体制化的漕运总兵官。

我们知道，自洪武十四年（1381）罢设京畿都漕运司后，明朝一直没有再设总管漕运的专门机构。漕运由户部兼领。户部之下设民、度、金、仓四科，其中仓科"主漕运、军粮出纳科粮"，乃漕运的中央兼管部门。此外，户部设十三清吏司分掌各布政司政事，每司又兼领部分专业业务，漕运及仓储则归十三司中的云南司兼管。[①]需要指出的是，这些机构只负责漕粮调度与仓储工作，至于征收与转运则鞭长莫及了。永乐五年（1407），礼部会堂官议北京军饷事，认为：

> 北京合用粮饷，虽本处岁有征税及屯田子粒，并黄河一路漕运，然未能周急，必藉海运，然后足用。见在海船数少，每岁装运不过五六十万石，且未设衙门专领，事不归一。莫若于苏州之太仓专设海道都漕运使司，设左右转运使各一员，从二品；同知二员，从三品；副使四员，从四品；经历司照磨所品级官吏，俱照布政司例。本司堂上官于文武中择公勤廉干者，以充其职，行移与布政同各处所。见有海船并出海官军，俱属提调，以时点检，如法整治。奏上太宗，有再议之旨，遂不行。[②]

永乐初至北京的海运无专门的管理机构，群臣已看到其弊端，于是倡议仿效元代海道运粮万户府，设海道都漕运使司。设想中的机构设于海运起点之一苏州太仓，最高长官从二品，远高于国初都漕运使的正四品，甚至各地布政司、卫所也要受其节制。倘若此议能顺利施行，洪武年间的漕运机构将死而复生。

令人遗憾的是，"奏上太宗（成祖朱棣），有再议之旨，遂不行"。再议不行，必是反对意见极大。《万历野获编》云："既上太宗，如议行矣。又有言不便者，乃命再议，事遂中止。"到底有何不便，可惜史无明载。沈德符评价道："乃知海运一事，先朝未常一日不讲究。后世习于便安，不复议及。即间有建白

[①]《明史》卷七二《职官一·户部》，北京：中华书局，1974年，第1743页。
[②]（明）陆容：《菽园杂记》卷六，北京：中华书局，1985年，第77页。

者，多旁掣制其肘。盖虑始甚难，小有蹉跌，罪及首事。即如向年徐尚宝贞明开垦西北水田，终为忌者所阻，况海运乎！"①沈氏一语道破明代官场上的一大陋习，耽于循旧而惧于创新，所担心者在于一旦小有过错，即殃及首倡之人。此外，既然太祖取消了都漕运司，我们又何必违背祖制，大费周章废而复设？

然而，随着大运河的重新投入使用，河运已是这个时代的主导话语，漕粮的转运急切地需要一个能统揽事权的组织者。永乐元年（1403）三月，陈瑄以漕运总兵官的身份带领舟师运粮赴北京。按总兵官本为明初战时军队最高指挥官，然兵兴则授，事结则收，交回佩印，军队各回卫所。故总兵官属临时差遣，无品级，无定员，多由公、侯、伯、都督充任。明末朱国祯曰："文臣称总督，武臣称总兵，皆是虚衔。总兵之名见于元末，国初因之。中山王伐元檄曰：'总兵官准中书省咨'云云。"②洪武、建文两朝，徐达、常遇春、蓝玉、李景隆均任是职。朱棣即位，分派武将镇守天下要害之处，或配将印或不挂，皆云总兵。③《明实录》云："命右军都督府左都督何福佩征虏前将军印充总兵官往镇陕西、宁夏等处，节制陕西都司行都司、山西都司行都司、河南都司官军。""命右军都督同知韩观佩征南将军印充总兵官，往广西整肃兵备，镇守城池，而节制广西、广东二都司。"④可见，成祖在刚取得政权即派遣总兵官镇戍一方，奠定了日后蓟州、昌平、辽东、保定、宣府、大同、山西、延绥、宁夏、甘肃、陕西、四川、云南、贵州、广西、湖广、广东、南直隶、浙江、江西、福建、河南、山东23镇总兵官格局。

陈瑄充任漕运总兵官初亦为临时差遣，按明代兵制，每岁漕运事毕后，当回南京五军都督府中的后军都督府交差。然而陈瑄成功地将漕运工作运化为历年达三十岁之久的毕生事业。陈瑄身膺是职，有其统帅十二万漕兵之职责考量，还与洪武时期的督运武人一样，也承担着打击倭寇的任务。《明史

---

① （明）沈德符：《万历野获编》卷十二《先朝设海运衙门》，北京：中华书局，2007年，第322—323页。
② （明）朱国祯：《涌幢小品》卷八《总督总兵》，上海：上海古籍出版社，2012年，第143页。
③ 万历《明会典》卷一二六《兵部九》，台北：新文丰出版公司，1976年，第1799页上。
④ 《明太宗实录》卷一一"洪武三十五年八月己未"条，北京：线装书局，2005年，第466页下；《明太宗实录》卷一二下"洪武三十五年九月乙未"条，《钞本明实录》第2册，北京：线装书局，2005年，第477页上。

第一章 惯性与文治：明代总漕的形成

纪事本末》云："（永乐）四年冬十月，平江伯陈瑄督海运至辽东。舟还，值倭于沙门，追击至朝鲜境上，焚其舟，杀溺死者甚众。"①成祖还敕谕平江伯曰："海运舟粮发时，必会合安远侯柳升等，令以并护。或遇倭寇至，务协力剿杀，勿致疎虞。"②明中期的陆容对漕运总兵官的体制化过程有清醒地认识：

> 永乐间，平江伯陈公瑄把总海运粮储，共一百万石。时未有总兵之名。永乐十三年，里河漕运加至五百万石，统各处一百七十余卫。后以湖广、浙江、河南、山东各都司所属茶陵、临山、彰德、济南等卫地远，省之，每岁上运四百万石。洪熙元年，始充总兵官督运，镇守淮安，此设总兵之始也。宣德四年，同工书黄福计议于徐州等处立仓，令官军接运。六年，挂漕运之印。八年，公薨，以都督佥事王瑜、都指挥佥事吴亮充左右副总兵同管。正统四年，专以马兴充总兵，汤节充参将，此设参将之始也。③

根据前文所述，陆容将明代总兵官初设时间搞错了，但对陈瑄镇守淮安及挂漕运之印的记述，无疑让我们看到了漕运总兵官体制化的坚实脚印。漕粮河运延续了开国以来的军事性质，漕运总兵官这个临时差遣的官职，也被平江伯长期独占，并渐而形成一个长期性的、有固定职权的"临时性"部门。不唯如此，平江伯故去后，其子孙承袭爵位，还兼承领漕运总兵官一职，以致朝廷有漕运总兵原为世爵之错觉。顾起元曾云："顷见台谏与部疏议漕运总兵，改用流官，不必沿推世爵。案此官旧制，流官世爵，原相兼并推，不待改也。嘉靖中，吾乡刘都督玺、黄都督印，皆以卫官任至总兵，管漕运。黄与先大夫往还，余犹及见之，颇非辽远。建议者不举此以闻于上，第云欲革世爵，改用流官"，遂奉旨"祖宗旧制，原用勋臣"。不知兼用流官，正祖宗朝旧制也。④

---

① （清）谷应泰：《明史纪事本末》卷五五《沿海倭乱》，北京：中华书局，1977年，第841页。
② 《明太宗实录》卷八九"永乐七年三月丙辰"条，《钞本明实录》第3册，北京：线装书局，2005年，第142页上。
③ （明）陆容：《菽园杂记》卷九，北京：中华书局，1985年，第108页。
④ （明）顾起元：《客座赘语》卷一《漕运总兵流官》，（明）陆粲，谭棣华：《庚巳编·客座赘语》合编本，北京：中华书局，1987年，第3页。

甚至到了嘉靖以后，朝臣还以为漕运总兵官乃陈家故物，不知兼用勋臣和流官，"正祖宗朝旧制"。陈瑄对明代漕运的贡献，亦可略见一斑！无疑，成祖设漕运总兵官是对漕运官僚体制的一大调整，黄仁宇指出："明政府虽在前台倾向于尽力维持一套僵化的官僚体制，但也会因实际情况不得不加以适当地调整与控制，于是在后台进行适当地变革，如额外增添一些临时性部门。这套政策导致了许多异常情况的发生，如职责分工不明、职务断裂、双套中央政府机构、机构重叠等弊端。"[1]此诚为确论。

有关漕运总兵官的具体职权，我们可以从其所领关防、制文与敕文中发现端倪：

> 领关防一颗，其文曰："总督漕运关防"。总兵则兼镇守。领制一道：皇帝制谕署都督佥事某，今命尔挂漕运之印，充总兵官，与同都指挥某率领舟师攒运粮储，赴京仓交纳，所统运粮官军悉听节制。仍镇守淮安，抚辑军民，修治城池，遇有盗贼生发，随即将兵剿捕，如制奉行。领敕一道：皇帝敕谕，今特命尔充总兵官，攒运粮储，循守旧规，提督湖广等都司及直隶卫所官军，各照岁定兑支粮数，依期运至京仓交纳。仍镇守淮安，抚安军民，修理城池，禁防盗贼。凡事须与总督漕运都御史计议停当而行，务在用心规画，禁革奸弊。运粮官军有犯，自指挥以下轻则听尔量情惩治，重则尔就拿送问刑衙门，或巡按、巡河御史问理，照例发落。都指挥有犯，具奏拿问。若刁泼军旗乘机诬告，对证涉虚者，治以重罪。自通州至扬州一带水利，有当蓄泄者，严督该管官司并管河管洪郎中等官，设法用工筑塞疏浚，倘有怠职误事者，一体参奏。凡有便于漕运有利于军民者，悉听尔便宜处置。且漕运旧规皆系先年奏请创立，行之岁久，不无废弛。尔今受兹重任，尤须尽心修举，凡百举措务合时宜，

---

[1] Ray Huang.*The Grand Canal during the Ming Dynasty: 1368-1644*，Ann Arbor：UMI，1964，p.38.此段文字为笔者自译，与该书的中译本张皓、张升译《明代的漕运》第三章"明代管理大运河的行政机构"第43页文字略有不同（北京：新星出版社，2005年）。

第一章 惯性与文治：明代总漕的形成

俾粮运无误，军民安妥，斯称委任。如或乖方误事，责有所归。尔其钦承朕命，毋忽，故谕。领符验二道，皇帝圣旨、公差人员，经过驿分持此符验，方许应付马疋。如无此符，擅便给驿，各驿官吏不行执法，循情应付者，俱各治以重罪。宜令准此。印文一颗，其文曰："漕运之印"。①

制文和敕文略有不同，刘勰云："汉初定仪则，则"命"有四品，一曰"策书"，二曰"制书"，三曰"诏书"，四曰"戒敕"。"敕"戒州部，"诏"诰百官，"制"施赦命，"策"封王侯。②由是观之，此处制书即任命，敕文则还有训诫意味。漕运总兵官的职责可明确有四：其一，与指挥参将一起，节制漕运官兵，攒运粮储，赴京仓交纳。其二，镇守淮安，抚安军民，修理城池，禁防盗贼。其三，监管通州至扬州一带水利，整顿漕运旧规。其四，检验符验，严明驿站通行规例。上述职责可以从陈瑄在任期间的作为找到相关佐证："洪熙元年六月，命平江伯陈瑄充总兵官，率舟师漕运赴北京，兼镇守淮安，抚辑军民，所领官军悉听节制。"③

宣德元年（1426）八月，上以汉王叛，遣指挥黄让、内官谭顺等往淮安，同总兵官平江伯陈瑄镇守。敕瑄曰："今命指挥黄让、内官谭顺、内使陈锦助尔镇守淮安，抚绥军民。或有寇盗窃发，即与军卫有司同心戮力，固守城池，遣人驰奏。自余一切钜细事务，尤在审处，毋得一毫扰及军民。"④

这两则材料突出了陈瑄镇守淮安时抚绥军民、捕寇缉盗之职责所在，尤其是汉王朱高煦叛乱时，宣德皇帝格外重视其镇守一方的方面之重。又，永乐二十一年（1423），平江伯陈瑄提出每年馈运，"若悉令输京仓，陆行往还八十余里，不免延迟妨误。计官军一岁可三运，请以两运赴京仓，一运贮通州仓为便。"⑤

---

① （明）杨宏，谢纯：《漕运通志》卷三《漕职表》，荀德麟点校，北京：方志出版社，2006年，第51页。
② （梁）刘勰：《文心雕龙》卷四《诏策第十九》，上海：中华书局，1936年。
③ 《明宣宗实录》卷二"洪熙元年六月甲寅"条，《钞本明实录》第4册，北京：线装书局，2005年，第17页下。
④ 《明宣宗实录》卷二〇"宣德元年八月乙丑"条，《钞本明实录》第4册，北京：线装书局，2005年，第145页上。
⑤ 《明太宗实录》卷二六四"永乐二十一年冬十月己酉"条，《钞本明实录》第3册，北京：线装书局，2005年，第482页上。

又倡言兑运法，此改革漕运规例之责也。开凿清江浦，新开运道避徐州洪和吕梁洪之险，此监管水利之责也。亲率舟师二十余次运粮至北京，此节制漕运官兵、攒运粮储之责也。这些职责本来部分归文官所有，"用御史，又用侍郎、都御史催督，郎中、员外分理，主事督兑，其制不一"①，但平江伯依靠自身的威望和与日俱增的影响力，成功地将具有军事性质的漕运触角，延伸到本属于文官的职能范围，并将其体制化。吴缉华评价道："若以明代整个的转运工作来说，陈瑄却是一位卓越的人才。"②与其说是赞扬陈瑄在海运和河运工作上的贡献，不如说肯定其对明代漕运制度的创建之功及将临时派遣性的漕运总兵官体制化之绩。

第四节　王竑与明代文官总漕体制③

一、后陈瑄时代的漕运总兵官

宣德八年（1433）冬十月丙寅，69岁的平江伯驾鹤西去，漕运强人依靠声望与资历建立起来的权力金字塔开始慢慢坍塌。继任者王瑜以左军都督佥事配漕运之印充左副总兵，参将都指挥佥事吴亮充右副总兵。明初以左为上，王瑜以左副总兵的身份继承了陈瑄的事业长达十年之久，直至死在任上。④其后继任者武兴、徐恭等则恢复了漕运总兵官都督佥事身份，兼理河道，甚至参与地方诉讼。

然而，无论是王瑜，还是武兴、徐恭，都缺乏陈瑄的威信与影响力。王瑜为左副总兵，吴亮、武兴先后为右副总兵，王瑜与吴、武二人素不相和。朝廷只好

---

① 《明史》卷七九《食货三·漕运》，北京：中华书局，1974年，第1922—1923页。
② 吴缉华：《明代海运及运河的研究》第三章，台北："中央研究院"历史语言研究所，1961年，第70页。
③ 可参阅拙文：《王竑与明代文官总漕体制》，《史林》2012年第6期。
④ 《明英宗实录》卷五八"正统四年八月庚寅"条云："左军都督府都督佥事王瑜卒。瑜字廷器，直隶山阳人……宣德八年升都指挥佥事，署左军都督佥事，佩漕运印，充左副总兵镇守淮安十年，实授前职。至是，以疾卒。"参阅《明英宗实录》卷五八"正统四年八月庚寅"条，《钞本明实录》第5册，北京：线装书局，2005年，第299页下。

调离吴、武二人，另派马翔继之，并下诏劝勉："命署都督佥事马翔充右副总兵，赴淮安同左副总兵王瑜提督漕运。仍谕其同心协和，抚恤军士，不得偏执己见。"①劝其同心协和，不得偏执己见，就是希望马翔汲取前人教训。王瑜与吴亮、马翔、武兴的矛盾表面上看是事权之争，实则为陈瑄故去后漕运总兵官影响力下降的反映。王、武、徐诸人以前一直生活在陈瑄的荫庇下，一旦走向前台，并无能力填补陈瑄留下的巨大权力空白，只能无力地看着总兵官的权力一步一步地被蚕食。正统二年（1437）冬十月，"命左军都督佥事王瑜，佩漕运之印，充左副总兵。后军都督佥事武兴，充右副总兵。率领舟师，攒运粮储，所领运粮官军，悉听节制。赐敕谕之曰：'今命尔等专管漕运，不必镇守淮安。应有军民人等词讼，悉发军卫有司自理，庶几杜绝小人是非。尔等其钦承朕命无忽'"②。总兵官不再长期驻守淮安，其对于河道管理及地方社会的干预权力被逐步褫夺。

二、王竑总漕

景泰元年（1450）十一月，应户科给事中马显所奏，景帝敕命右佥都御史王竑与都督佥事徐恭协同总督漕运。十二月，又应工部奏请，诏遣王竑疏浚通州至徐州段运河。次年十月，命王竑巡抚淮、扬、庐、凤四府和徐、和、滁三州，同时兼理漕运与两淮盐课。景泰四年（1453）冬十月，升王竑为左副都御史。③有明一代，文官总督漕运兼巡抚四府三州，王竑为第一人。

---

① 《明英宗实录》卷三七"正统二年十二月乙亥"条，《钞本明实录》第5册，北京：线装书局，2005年，第196页下。
② 《明英宗实录》卷三五"正统二年冬十月甲子"条，《钞本明实录》第5册，北京：线装书局，2005年，第186页上。
③ 《明英宗实录》卷一九八"景泰元年十一月壬寅"条，《钞本明实录》第6册，北京：线装书局，2005年，第492页下；《明英宗实录》卷一九九"景泰元年十二月丁酉"条，《钞本明实录》第6册，北京：线装书局，2005年，第502页下；《明英宗实录》卷二〇九"景泰二年冬十月壬辰"条，《钞本明实录》第6册，北京：线装书局，2005年，572页下；《明英宗实录》卷二三四"景泰四年冬十月甲午"条，《钞本明实录》第7册，北京：线装书局，2005年，第95页下。又，《明史·职官志二·总督漕运》："景泰二年，因漕运不继，始命副都御史王竑都督"（《明史》卷七三，北京：中华书局，1974年，第773页）、《弇山堂别集》卷六一"总督漕运兼巡抚凤阳等处都御史年表"："（王竑）景泰二年以左佥都总漕，三年加左副都巡抚江北"（北京：中华书局，1985年，第1139页）等内容在时间节点上皆误，今据《明英宗实录》悉改之。

王竑，字公度，号戇庵、休庵。祖籍湖北江夏（图1-2）。其祖父王俊卿，坐事戍河州卫（今甘肃临夏），遂著籍。王竑父王佐，与曾谪居在此的解缙相交甚厚，解缙的诗文与正直敢言性格对幼年的王竑熏陶甚大。王竑又家处丝绸之路故道，这对陶成王竑文武才起过重要作用。王竑于正统四年（1439）登进士，正统十一年（1446）授户科给事中。正统十四年（1449）土木兵败后，王竑于午门挺身而出，振臂一呼，率众击杀王振党羽马顺，声动朝野。[①]

图1-2 王竑像

王竑总督漕运的背景较为复杂。一方面黄河屡次决口，江北大饥，运道堵塞。明弘治以前，黄河分南北二流。永乐九年（1411），宋礼疏浚曹州至濮州的河道，黄河经张秋沙湾堤入会通河以助水源，这便是黄河北流。黄河南流则南下合淮河入海，因而从徐州茶城至淮安清河之间的运河，与黄河是重合的。临清以北及清江浦以南的运道，不受黄河迁徙泛滥之害，关键在于徐

[①] 有关此事的考证，可参阅拙文：《王竑政治事迹考略》，《求索》2012年第11期。又，笔者又曾作文《王竑与明代文官总漕体制》（《史林》2012年第6期）对明代第一任总漕王竑的政治事迹及其对总漕文官化体制有所发微，由于此前的王竑研究仍停留在资料搜集、整理阶段，是以拙文获有肇始之谬名。2014年6月5日至6日，王竑文化学术研讨会在甘肃临夏隆重召开，笔者幸逢其会，睹得王竑两任总漕的诸多新史料，并得以向诸明史方家请益讨教。退而思之，始觉前文远未臻详备，遂有所补订。关于王竑研究的学术史回顾，王沛编撰的《王竑文化六百年》（北京：人民出版社，2014年）胪列甚明，兹不赘述。

第一章 惯性与文治：明代总漕的形成

州茶城至临清一段运河，一受黄河冲决，则大水一起向北漫去，淤塞住位于济宁和临清中间的张秋运道，冲溃沙湾堤，这样，南北漕船均无法通行。正统十年（1445），河决金龙口阳谷堤。正统十二年（1447），河决张秋。正统十三年（1448），更大规模的黄河决口爆发了，"河决荥阳，东冲张秋，溃沙湾"①。这次决口造成了百姓生命和财产的极大损失，据直隶大名府奏："六月淫雨河决，淹没三百余里，坏军民庐舍二万区有奇，男妇死者千余人……直隶河间、山东青州、兖州、东昌诸府、陕西西宁诸卫，各奏六月河决，漂没庐舍庄稼，租税无征。"②更为严重的是，运道壅塞，每年400余万石的漕粮无法运抵北京，明朝的统治便无法维系下去，因而沙湾决口是非治不可的。

另一方面，正统十四年（1449）土木堡之变后，英宗被俘，也先裹挟之进攻北京，京师危在旦夕，国家遇到了空前的军事危机。当时廷议决定坚守北京，而京师精甲劲骑均陷于土木堡，所余疲惫之卒不足十万，且军心震恐，斗志不足。于谦乃"请王檄取两京河南备操军、山东及南京沿海备倭军、江北及北京诸府运粮军亟赴京师，以此经画部署，人心稍安"③。江北漕运官军被征调，肩负起保家卫国的重任，江南的漕粮只好又属民运。《明史》记载："土木之变，复尽留山东直隶军操备，苏、松诸府运粮乃属民。"④本来，永乐十三年（1415）后，漕运以支运为主，百姓只需就近将税粮运至淮安、徐州、临清、德州四仓即可，然后由漕军分段接力，运至北京、通州二仓。此时完全交予民运，百姓往返几乎一年，耽误农桑，既扰民，效率又不高。如景泰元年（1450）漕粮岁额仅为 403.5 万石，在正统、景泰年间的漕粮岁额排名中，仅比黄河大决口的正统十三年（1448）400 万石略高，远低于正统初 450

---

① 《明史》卷八五《河渠志三》，北京：中华书局，1974年，第2082页。
② 《明英宗实录》卷一六八"正统十三年秋七月乙酉"条，《钞本明实录》第6册，北京：中华书局，2005年，第245页下。
③ 《明史》卷一七〇《于谦传》，北京：中华书局，1974年，第4544页。
④ 《明史》卷七九《食货三·漕运》，北京：中华书局，1974年，第1925页。

万石的正常值。①京师刚刚经历了浩劫，对江南漕粮之饥渴，就如待哺婴儿之于救命母乳。

王竑肩负总督漕运使命而来，然而，摆在他面前的首要问题却是江北大水。景泰初，黄河大水向南泛滥，徐州、淮安、凤阳几成泽国。王竑履新伊始，即上疏奏报。不及回复，便开仓赈灾。消息传开，山东、河南灾民纷沓而至，很快仓廪储粮就不及敷用。王竑打开徐州广运仓，打算尽行放粮，受到典守太监的阻止。王竑义正词严地说："民旦夕且为盗。若不吾从，脱有变，当先斩若，然后自请死耳。"②王竑还自劾专擅罪，请令死罪以下囚徒，可以入粟自赎。又下令沿淮上下商舟，量大小出米，劝富民出米二十五万余石。王竑赈灾殚精竭虑，事事躬亲。有所委任，必再三戒谕。他为人至诚，故人人为之尽力。王竑的举措效果极为明显。丘濬为王竑作神道碑铭，记述此事不惜笔墨：

> 近者人日饲以粥，全活男妇九万七千七百余人；远者量散以米，全活男妇一百二十九万四千余人；流徙者给以米以为道食，四千六百余人；被鬻者赎其人以还其家，一千二百四十四人。共用米一百六十余万石。六月，滨河有麦舟来，公以官价易麦四千余石，分给军民一万二千三百户。择医四十人，空廒六十楹处，流民之病者，凡活一千四百人。死者给以棺为丛冢，凡二千三百有奇③。

这比起《明史·王竑传》"全活百八十五万余人"之语要丰富翔实多了。传统的清官情结和活命菩萨形象，为王竑赢得了声名显赫的官声与流芳百世的赞誉。朝廷中皇帝、尚书金濂、大学士陈循都公开颂扬王竑之贤，淮、徐

---

① 参阅吴缉华：《明代海运及运河的研究》第四章《正统景泰年间漕粮岁额表》，台北："中央研究院"历史语言研究所，1961年，第120页。
②《明史》卷一七七《王竑传》，北京：中华书局，1974年，第4707页。
③（明）丘濬：《明故进阶荣禄大夫兵部尚书致仕王公神道碑铭》，《四库全书》第1248册，上海：上海古籍出版社，1987年，第498页。

第一章　惯性与文治：明代总漕的形成

百姓还流出"生我者父母，活我者王竑"的民谚，甚至为之设祠祭祀，至今淮安民间故老仍有王竑传闻。①

王竑两任总漕，在治河通漕方面也颇有建树。诚如前文所云，运河胶浅，南北军民粮船蚁聚于临清闸，主要缘于治河不力，从而使得黄河上游来水不足，沙湾关口未塞。王竑对治河有较为深刻的认识："臣惟治理之安，有经有权。经者，常行不易之道；权者，一时通变。无宜以沙湾阙口，不可合留之，以泄大水之势，经也；如塞沙湾，阙心引水注运河，以通漕舟，权也。"王竑以为治河有经、权二术，经者，一劳永逸之道，沙湾决口作为泄水之道，不可合流；权者，一时之道，沙湾必塞，水道必畅，否则漕舟难通。作为主管漕运的最高行政长官，必须以通漕为第一要务，因而其"见粮船浅冻，不惟有误，今岁之粮米，年之计亦必误矣。请敕右佥都御史徐有贞，将阙口趁今水小急督工筑塞，庶不败事。"②王竑的这一番建言有着深切的切肤之痛，他巡视徐州至淮安一带的运道时，亲见因河水泛滥而致的岁歉穷困，心生忧国忧民的恻然之情。其有诗云："巡行无暇日，除夕到淮安。漫说经邦易，深嗟济世难。困穷愁岁歉，老病怯春寒。无限伤心事，临炊不忍餐。（除夕至淮安有感）""方春正二月，久雨苦霖霪。陇亩寒偏重，疮痍痛不禁。添成忧国泪，滴碎为民心。愿借西风力，凌空扫积阴。（徐州孟春久雨有感其一）"③平心而论，王竑关于治河的建白虽有头痛医头、脚痛医脚不治根本的诟病，然而，从拯救民生、畅通漕运的角度来说，亦不失为一时之良策。

朝廷廷议，令徐有贞务必博询众策，毋得僻守己见。徐有贞上书："临清河浅自昔已然，非为阙口未塞也，亦非臣僻守己见而固欲不塞也。竑等不察，而以塞阙口为急，殊不知秋冬虽仅能闭，明年春夏亦必复决，劳费徒施而无

---

① 2008 年，笔者随淮安市文化局调查淮安非物质文化遗产民间文学部分，曾亲闻多名老人讲述王竑赈灾的故事，该故事 2013 年被编入《淮安市非物质文化遗产》第三卷。
②《明英宗实录》卷二四五"景泰五年九月庚午"条，《钞本明实录》第 7 册，北京：线装书局，2005 年，第 152 页下。
③（清）张和辑：《乡贤逸诗》，转引自王沛：《王竑文化六百年》，北京：人民出版社，2014 年，第 80—81 页。

用，此臣所以不敢邀近功也。如塞而无用，此臣虽至愚，宁不早为之。"①徐有贞后来在《敕修河道功完之碑》中进一步阐述："盖河自雍、豫出险，固而之夷斥，其水之势既肆。又由豫而兖，土益疏，水益肆，而沙湾之东，所谓大洪之口适当其冲，于是决焉，而夺济、汶入海之路以去，诸水从之，而泄堤以溃……莫之救也。今欲救之，请先疏其水，水势平，乃治其决，决止，乃浚其淤，因为之防，以时节宣，俾无溢涸之患，如是而后有成"。②无疑，徐有贞"分大水、合小水"的治河见识极为高明，但这并不反衬出王竑治河对策的浅陋。二者的职务不同，徐有贞主治河，王竑主通漕，出发点不同，自然意见向左。

此外，《明英宗实录》载："诏从有贞言，粮运亦无沮焉。"③实则忽略了王竑在河道不畅的条件下为漕运所付出的巨大努力。漕运总兵官徐恭后来回忆道："沙湾河决水，皆东注，以致运河无水，舟不得进者过半。虽设法令漕运军民挑浚月河，筑坝遏水北流。然北高东下，时遇东南风，则水暂北上，舟可通行；设遇西北风，则水仍东注，舟不得动。况秋气已深，西北之风常多，经旬累日，舟行不过数里，诚恐天寒水冻，不敢必其得达京师。乞蚤为定计。"④此中艰辛，非当事者难以体会。景泰六年（1455）七月，已有近十年历史的沙湾决口终于合拢，从此黄河南流入淮，"左佥都御史徐有贞始克奏功。凡费木铁竹石等物累数万计，工五百五十五日"⑤。徐有贞的这次治理，使得黄河、运河安宁了三十余年，漕运也平稳运行了三十余年。直至弘治二年（1489）、弘治六年（1493）的两次黄河大决口，让明政府痛下决心，断绝黄

---

① 《明英宗实录》卷二四五"景泰五年九月庚午"条，《钞本明实录》第7册，北京：线装书局，2005年，第152页下。
② （清）叶方恒：《山东全河备考》卷四下《敕修河道功完之碑》，清康熙十九年（1680）刻本。
③ 《明英宗实录》卷二四五"景泰五年九月庚午"条，《钞本明实录》第7册，北京：线装书局，2005年，第152页下。
④ 《明英宗实录》卷二三一"景泰四年秋七月壬午"条，《钞本明实录》第7册，北京：线装书局，2005年，第83页下。
⑤ 《明英宗实录》卷二五六"景泰六年七月乙亥"条，《钞本明实录》第7册，北京：线装书局，2005年，第201页下。

第一章　惯性与文治：明代总漕的形成

河北流，使之完全改道南流入海。①

在运道一时难以遽成的情况下，王竑想出各种办法提高漕运效率。如大修运粮浅船和遮洋船，给予相应的物质奖励。"给各处运粮军士造浅船工本价钞：创造者三千贯，改造者一千五百贯，修舱者八百贯。"②"命江西等布政司及南直隶府县，造遮洋船一百八十艘。时右佥都御史王竑言：'运粮舟船年久朽蔽，乞令有司修造。'"③如选派得力之武将充任都指挥佥事，督运粮储，"命湖广署都指挥佥事杨茂，督运粮储。从总督漕运左副都御史王竑奏请也。"④"升大河卫指挥使戴谅、豹韬左卫指挥，佥事童善、凤阳中卫指挥佥事曲恂，俱署都指挥佥事，事分督漕运。从左副都御史王竑等奏请也。"⑤如禁止漕船夹带私货，禁止公差官员私乘漕船、生事扰人。"总督漕运左副都御史王竑奏：运河自通州抵扬州，俱有员外郎等官监督，收放粮、收船料钞及管理洪闸，造船放甑。此等官员辄携家以往，占居公馆，役使人夫，日需供给，生事扰人。又南京马快船有例禁约，不许附带私货及往来人等。近来公差官员每私乘之，宜通行禁约，违者治罪，其掌船官吏，妄自应付者一体罪之。"⑥本来，运军携带土宜自洪武年间已为朝廷所默许，至洪熙年间逐渐变成成例。《会典》云："洪熙元年，令运军除正粮外，附载自已什物，官司毋得阻当。"⑦《明实录》亦云："洪武中，有令许运粮官船内附载己物，以资私用。今后准此，令

---

① 有关沙湾河决口的治理，《明史》卷八五《河渠志》叙述甚明，详见《明史》卷八五《河渠志》，北京：中华书局，1974年，第2082—2083页；吴缉华：《黄河在明代改道前夕河决张秋的年代》，《大陆杂志》1959年第1期；岑仲勉：《黄河变迁史》，北京：中华书局，2004年，第470—473页。
② 《明英宗实录》卷二〇八"景泰二年九月丙申朔"条，《钞本明实录》第6册，北京：线装书局，2005年，第562页上。
③ 《明英宗实录》卷二〇九"景泰二年冬十月癸未"条，《钞本明实录》第6册，北京：线装书局，2005年，第570页上。
④ 《明英宗实录》卷二三四"景泰四年冬十月甲辰"条，《钞本明实录》第7册，北京：线装书局，2005年，第97页上。
⑤ 《明英宗实录》卷二三四"景泰四年冬十月乙巳"条，《钞本明实录》第7册，北京：线装书局，2005年，第97页上。
⑥ 《明英宗实录》卷二三七"景泰五年春正月己未"条，《钞本明实录》第7册，北京：线装书局，2005年，第110页上。
⑦ 万历《明会典》卷二七《会计三·漕规》，台北：新文丰出版公司，1976年，第516页下。

官府无得阻当。"①但此仅是朝廷为体恤运军生活艰苦而行的良策，到此渐成为公差官员借机敛财的蠹政。王竑申令严禁，对于减轻运军负担，提高漕运效率无疑具有积极意义。我们从表1-1可以看出，王竑第一次出任总漕期间，每年向北京上贡的漕粮稳定在423万石以上。从景泰六年（1455）始，蒙古瓦剌入贡，北方边事安然无事，大量漕军回到军运的岗位上，因而随后的两年漕粮岁额有显著的增长。王竑第二次出任总漕时，折征开始推行，蠲免亦屡屡施行于灾伤之地②，漕粮岁额随之相对减少。总体而言，王竑两任总漕，尽心尽职，克服了运道艰涩的困难，大力提高漕运效率，向朝廷交出了令人满意的成绩单。

表1-1　王竑任总漕期间漕粮岁额表

年份	岁额（万石）	出处
景泰二年（1451）	423.5	《明英宗实录》卷二一一"景泰二年十二月甲午"条
景泰三年（1452）	423.5	《明英宗实录》卷二二四"景泰三年十二月戊午"条
景泰四年（1453）	425.5	《明英宗实录》卷二三六"景泰四年十二月壬子"条
景泰五年（1454）	425.5	《明英宗实录》卷二四八"景泰五年十二月丙午"条
景泰六年（1455）	438.4	《明英宗实录》卷二六一"景泰六年十二月庚午"条
景泰七年（1456）	443.7	《明英宗实录》卷二七三"景泰七年十二月乙丑"条
天顺七年（1463）	400	《明英宗实录》卷三六〇"天顺七年十二月庚戌"条
天顺八年（1464）	335	《明宪宗实录》卷一二"天顺八年十二月戊申"条

王竑总督漕运，巡抚凤阳、庐州、淮安、扬州四府和徐州、和州、滁州三州，还以雷霆手段缉盗肃贪，整顿吏治，举荐能员，扭转官场风气。王竑对庸碌贪鄙的官员向来不留情面，早在任户科给事中时就胆敢在午门率众捶杀王振余党马顺；以右佥都御史出任居庸关提督守备之时，弹劾过都指挥使赵玫、巡关御史王璧，朝廷俱命执鞫③。第一次就任总漕期间，王竑奏劾巡河

---

① 《明仁宗实录》卷六下"洪熙元年春正月乙未"条，《钞本明实录》第3册，北京：线装书局，2005年，第566页下。
② 关于明代漕粮折征与蠲免，参阅鲍邦彦：《明代漕运研究》，广州：暨南大学出版社，1995年，第90—125页。
③ 《明英宗实录》卷一八六"正统十四年十二月壬申"条，《钞本明实录》第6册，北京：线装书局，2005年，第380页下；《明英宗实录》卷一八八"景泰元年闰正月乙丑"条，《钞本明实录》第6册，北京：线装书局，2005年，第402页下。

第一章　惯性与文治：明代总漕的形成

监察御史王珉贪淫不法，"珉亦以贪淫诬竑。事下，巡按等官覆得实，法司特谪充开平卫军。"①又弹劾南京户部尚书沈翼赈灾无状②，弹劾两淮都转运盐使司运使苏肆假以朝觐为名收受各场贿赂③，俱获准奏。第二次出任总漕期间，王竑整顿吏治之雄风不减当年，一下子就奏请罢黜"老、疾、庸、懦、不谨官监运司同知刘曦等七十八员"④。景泰年间，国家多事之秋，灾伤之地流民四起，盗贼横作，王竑缉盗之余不忘抚民，如抚捕赵玉山余党⑤，严捕漕河附近盗贼⑥，给予流民米麦谷粟、钱绵布匹、农具种子，让他们安定生活，恢复生产。

王竑整理吏治之风还刮向当时的地方行政制度，如对于蠹政害民的江北、直隶、扬州等府县的粮长制度，王竑主张仿效湖广例，尽数革罢，"粮草令官吏里甲催办"⑦；王竑还提出改革地方行政机构，"无益者当革，而地冲要者当设也"⑧，迁直隶凤阳府怀远县洛河巡检司于寿州，为北炉桥巡检司；淮安府山阳县戚家桥巡检司于宿迁县，为刘家庄巡检司。王竑还大力举荐人才，以能员干才取代庸碌贪鄙之辈，以如前文提及的武将杨茂、戴谅、豹韬、童善、曲恂均为王竑奏请担任漕运要职，淮安府通判沈和被荐为直隶

---

① 《明英宗实录》卷二二一"景泰三年闰九月乙亥"条，《钞本明实录》第7册，北京：线装书局，2005年，第11页下。
② 《明英宗实录》卷二三四"景泰四年冬十月庚子"条，《钞本明实录》第7册，北京：线装书局，2005年，第96页下。
③ 《明英宗实录》卷二三八"景泰五年二月庚子"条，《钞本明实录》第7册，北京：线装书局，2005年，第116页下。
④ 《明宪宗实录》卷五"天顺八年五月辛未"条，《钞本明实录》第8册，北京：线装书局，2005年，第41页下。
⑤ 《明英宗实录》卷二五二"景泰六年夏四月戊寅"条，《钞本明实录》第7册，北京：线装书局，2005年，第183页上云："直隶霍丘县民赵玉山，自称宋宗后，潜以妖术煽惑流民谋乱。总督漕运左副都御史王竑擒获，以状闻。且言凤阳流民甚众，多为玉山所煽惑。今玉山既就擒，恐其余党忧惶，致生他变，宜及时抚捕"。王竑警忧流民为变之心可见一斑。
⑥ 《明英宗实录》卷二五八"景泰六年九月庚子"条，《钞本明实录》第7册，北京：线装书局，2005年，第212页上。
⑦ 《明英宗实录》卷二五一"景泰六年三月丙辰"条，《钞本明实录》第7册，北京：线装书局，2005年，第180页上。
⑧ 《明英宗实录》卷二六九"景泰七年八月乙卯"条，《钞本明实录》第7册，北京：线装书局，2005年，第252页下。

安庆府知府[①]。

王竑巡抚地方、整顿吏治的思想源自于儒家修身、齐家、治国、平天下的传统理念，认为治国者首先正己，德行正则天下平。他在给明景帝的一篇奏疏中，列举了山东、河南、东昌、开封抵江北徐淮一带的连绵水灾，指出此正是天意对君子小人消长现象的不满反映，继而"伏望皇上共责有位之臣，修厥德，新厥治。修德也，必钦天命，法祖宗，正伦理，笃恩义，戒逸乐，绝异端，广仁爱，厚诚信，释猜疑，务果断，则修有其诚矣；图治也，必进忠良，远邪佞，专赏罚，伸冤狱，宽赋役，溥赈恤，节财用，禁聚敛，却贡献，罢工役，则图治有其实矣。将见源洁流清，功深效速，万事皆得其理，亿兆生灵咸获其福。而天意不回，天灾不息，未之信也。"[②]王竑对景帝囚禁太上皇英宗提出委婉的批评，认为此非"正伦理、笃恩义"之道，要使天意回心，务必"修厥德，新厥治"。[③]所谓图治则以"进忠良，远邪佞"为先，其余如赏罚、冤狱、赋役、赈恤、财用、聚敛、贡献、工役则恰似流水一般，只要源头清澈，何愁天意不回，天灾不弭？

三、总督漕运的文官体制

从制度史角度来说，王竑总漕的最大意义在于打破了明开国以来武人督漕的成例，开创了明代文官主漕的先河。

我们知道，明初的海运、海陆兼运与河运一直置于武人的掌管范围中。

[①]《明宪宗实录》卷八"天顺八年八月庚寅"条，《钞本明实录》第8册，北京：线装书局，2005年，第55页上。

[②]《明英宗实录》卷二三八"景泰五年二月丁未"条，《钞本明实录》第7册，北京：线装书局，2005年，第118页下。

[③] 丘濬云："英庙复辟，权奸用事，左迁公为浙江参政。寻除名为民还江夏，居半年。英庙于宫中阅景泰时臣僚章疏，见公所上疏有'正伦理，笃恩义'诸语。顾左右曰：'竑为朕也。'乃命中官传旨，遣户部官送公归河州。"（丘濬：《重修琼台稿》卷二四《明故进阶荣禄大夫兵部尚书致仕王公神道碑铭》，《四库全书·集部》，第1248册，第499页）《明史》卷一七七《王竑传》亦采信此说。以此观之，南宫复辟后王竑能东山再起，与此疏有莫大的干系。

第一章 惯性与文治：明代总漕的形成

王竑以都察院右佥都御史总督漕运，与武将漕运总兵官徐恭的极力举荐有莫大的关系①。徐恭本为锦衣卫都指挥使，正统初，与刘勉同领锦衣卫事，二人皆"谨饬"，不为王振所喜。"王振用指挥马顺流毒天下，枷李时勉，杀刘球，皆顺为之。"②正统十四年（1449），王竑率众击杀马顺，轰动朝野，自然也给徐恭留下深刻印象。该年九月，徐恭因屡立战功，升为都督佥事，专理漕运。③徐恭行军打仗并无疑问，总督漕运、疏浚河道却非己长。不得已，徐恭奏请王竑共同处理漕运事宜。终景泰之世，徐、王二人在赈灾、浚河、漕运等事情上配合默契，也让朝廷看到了以文官出任总漕的可行性。

文官出任总漕后，漕运总兵官的地位日趋尴尬。一方面，总兵官在品秩上高于总漕。如徐恭以都督佥事兼任漕运总兵官，为正二品；而王竑先以右佥都御史总漕，只是正四品，后来升为左副都御史，也不过正三品，仍与徐恭存在差距。另一方面，总漕与总兵官在职掌上互有交叉，并不统辖，这可从王竑任总漕以来领受的敕书中看出端倪。

王竑于景泰元年（1450）以右佥都御史首任总漕时，其主要执掌在于协助漕运总兵官徐恭管理攒运与漕军，"其把、都指挥等官，私役运粮军者，许即具奏执问"④，地位低下，仅为协从而已，甚至连正规的制文或敕文都未领有。

景泰二年（1451），王竑兼领巡抚淮安、扬州、庐州三府并徐、和二州，领敕文一道：

---

① 《明史》没有徐恭传记，有关徐恭事迹散见于《明史·刑法志三》《明史·食货志三·漕运》《明史·河渠志二》等，《明英宗实录》亦有相关记述。（明）杨宏、谢纯著，荀德麟点校的《漕运通志》卷三《漕职表》云："徐恭，和州人，正统十四年以都督同知充总兵，性尚质素，推贤让能，隐然有方面之重"（北京：方志出版社，2006年，第64页）。蔡泰彬《明代漕河整治与管理》第六章"漕河之管理组织及其演进"（台北：商务印书馆，1992年，第308页）文中亦枚举多条有关徐恭史料，可供参阅。
② 《明史》卷九五《刑法三》，北京：中华书局，1974年，第2342页。
③ 《明英宗实录》卷一八三"正统十四年九月丁酉"条，《钞本明实录》第6册，北京：线装书局，2005年，第339页上。
④ 《明英宗实录》卷一九八"景泰元年十一月壬寅"条，《钞本明实录》第6册，北京：线装书局，2005年，第492页下。

> 凡遇人民饥荒，设法赈济。水势失利，设法修治。农务废弛，及时劝课。城池坍塌，用工修理。官军闲逸，令常川操练。器械损缺，令量宜修备。或有远近盗贼生发，即调官军剿捕，毋或因循，以致滋蔓。仍常宣布朝廷抚安军民之意，振作卫府州县奉公守法之心。官员中有廉勤公谨、致盗息民、安军政修举者，量加奖劝。其贪酷不才、害军害民者，除五品以上及军职具奏区处，民职六品以下，并豪强把持官府，刁泼军民人等，尔即挐问如律。凡有事便军民者，听尔从宜处置具奏。尔为朝廷宪臣，受朕委任，必须宽猛适宜，于是乃克有济，盗息民安，地方宁靖，斯尔之能。若或处置无方，致有乖误，惟尔不任，尔其钦承，朕命毋怠。①

此处强调王竑主要职能在于抚安兵民，整治水利，禁防盗贼，督令所司，已与漕运总兵官的职权有众多重合之处，这也就意味着，明代文官开始接管一直由武人把持的总督漕运大权，漕运职官开始朝文官化方向发展。不过，总漕的权力仍然有限，挐问如律者仅限于民职六品以下，五品以上须具奏区处，这样的权力结构与其都察院正四品的右佥都御史等级是相匹配的。

景泰三年（1452），王竑又兼巡抚凤阳府和滁州，并兼理两淮盐课，其敕文略云："总督运司官吏，督工征办，时常巡历行盐地方，提督缉捕私贩之徒。轻则听尔量情发落，重则械送来京处治，俱没其盐入官。运司及各场官吏若贪图贿赂，不用心提督征办，致亏欠盐课，阻滞客商者，尔即执问，应奏者指实具奏。尤须严禁巡捕之人，不许将贫难小民买盐食用，及挑担易换米粮度日者，一概扰害。尔其钦承朕命。"②巡抚大明朝龙兴之地，兼理盐课，一方面反映出王竑总督漕运有功，赢得了朝野上下的信任；另一方面也可以看出总漕正逐步扩充自己的势力范围与权力版图。

---

① 《明英宗实录》卷二〇九"景泰二年冬十月壬辰"条，《钞本明实录》第6册，北京：线装书局，2005年，第572页下。
② 《明英宗实录》卷二二〇"景泰三年九月庚戌"条，《钞本明实录》第7册，北京：线装书局，2005年，第6页上。

第一章　惯性与文治：明代总漕的形成

景泰四年（1453），王竑因"设法赈济，活人数多；总督漕运，奸贪畏惮；兼理巡抚，军民爱慕"①，升任正三品的都察院左副都御史，直至天顺元年（1457）二月被罢免。天顺七年（1462）三月，王竑东山再起，再次以左副都御史总督漕运。英宗特敕谕王竑：

> 特命尔总督漕运，与总兵官右都督徐恭等同理其事。务在用心规画，禁革奸弊。官军有犯，依尔先会议事例而行。水利当蓄当洩者，严督该管官司并巡河御史等官，筑塞疏浚，以便粮运。仍兼巡抚凤阳、淮安、扬州、庐州，并徐、滁、和府州地方，抚安军民。禁防盗贼，清理盐课，救济饥荒。城垣坍塌随时修理，守城官军以时操练。或有盗贼生发，盐徒强横，即便相机设法抚捕。卫所府州县官员有廉能公正者，量加奖劝；贪酷不才者，从实黜罚。凡事利于军民者，悉听尔便宜处置。尔为朝廷宪臣，受兹简任，须殚心竭虑，输忠效劳。凡百举措，务合事宜。俾粮运无误，军民安妥，贼盗屏息，地方宁靖，斯称委托。如或恣情偏徇，乖方误事，责有所归。②

敕文虽仍有浓厚的诫谕意味，却将总漕职掌以明令形式公布出来：一是与漕运总兵官同理漕运，监管水利，督令所司，二者并无高下之分。二是巡抚地方，禁防盗贼，清理盐课，救济饥荒，此乃总兵官所不具备的大权。三是奖廉罚贪，便宜处理地方军民事宜。

这篇敕文影响极大，后来渐而演变为发给总漕敕文的标准格式，我们可以从《漕运通志》中找到相应的范本：

> 漕运总督领敕一道：皇帝敕谕都察院右都御史某，今特命尔总督漕运，与总兵官某、参将某同理其事，务在用心规画，禁革奸弊。运粮官

---

① 《明英宗实录》卷二三四"景泰四年冬十月甲午"条，《钞本明实录》第7册，北京：线装书局，2005年，第95页。
② 《明英宗实录》卷三五〇"天顺七年三月甲辰"条，《钞本明实录》第7册，北京：线装书局，2005年，第607页下。

军有犯，自指挥以下轻则量情惩治，重则拿送巡按、巡河御史及原差问刑官处问理，照例发落。都指挥有犯，具奏拿问。若刁泼军旗乘机诬告，对证涉虚者，治以重罚。自通州至扬州一带水利有当蓄泄者，严督该官司并巡河御史、管河管洪郎中等官，设法用工筑塞疏浚，以便粮运。仍兼巡抚凤阳、淮安、扬州、庐州四府，徐、滁、和三州地方，抚安军民，禁防盗贼，清理盐课，赈济饥荒，城垣坍塌，随时修理，守城官军以时操练，或有盗贼生发，盐徒强横，即便相械设法抚捕。卫所府州县官员有廉能公正者，量加奖劝；贪酷不才者，从公黜罚。凡事有利于军民者，悉听尔便宜处置。尔为朝廷宪臣，受兹简任，须殚心竭意，输忠效劳，凡百举措务合时宜，俾粮运无误，军民安妥，盗贼屏息，地方宁靖，斯称委任。如或误事，责有所归。尔其钦承朕命，毋忽，故谕。领关防一颗，其文曰："总督漕运关防"。①

从敕书来看，总漕的职责有四：一是与总兵官、参将一起，督运粮储。二是节制运量官兵，可酌情惩治作奸犯科之人。三是监管扬州至通州一带的水利设施。四是巡抚凤阳、淮安、扬州、庐州四府与徐、滁、和三州地方。敕书最后是劝勉与忠告，只有粮运无误，军民安妥，盗贼屏息，地方宁靖，才斯称委任。如若不然，则要承担相应责任。通过与漕运总兵官领受的制书、敕书对比来看，总漕与漕运总兵官在督运粮储、禁革奸弊、惩办运粮官军犯罪行为、治理通州至扬州段运道等方面，权力是一致的。如景泰七年（1456），巡抚山东、刑部尚书薛希琏奏："运粮指挥千百户等官，沿途迁延，且生事扰人。及佥事陈简催攒，仍抗拒不服。诏曰：'此漕运总兵等官号令不严所致也，都察院录其状，以示徐恭、王竑。后若不严，必罪不宥。'"②运粮官军有过，徐恭和王竑均受牵连。所不同者，漕运总兵官更侧重于漕运具体事宜，须亲

---

① （明）杨宏，谢纯：《漕运通志》卷三《漕职表》，荀德麟点校，北京：方志出版社，2006年，第50—51页。
② 《明英宗实录》卷二六八"景泰七年秋七月癸未"条，《钞本明实录》第7册，北京：线装书局，2005年，第247页上。

第一章 惯性与文治：明代总漕的形成

自"攒运漕粮，赴京交纳"。总兵官对淮安地方军民事务仅有限的参与权。而总漕为都察院宪职出身，巡抚包括淮安在内的四府三州，诸凡清理盐课、赈济饥荒、修复城垣、抚捕盗贼、奖劝廉能、黜罚贪酷等地方事宜，均属其职能范围。此时漕运总兵官的权力相比于陈瑄时代，已是大大削弱。①在此背景下，漕运总兵官并不甘心职权旁移。英宗复辟后，石亨、张軏追论王竑击马顺事，王竑被免职。此后，徐恭提出恢复总兵参将的设置，总兵官应依平江伯陈瑄故事，镇守淮安，督理河道，均被英宗拒绝。②至此，总漕与漕运总兵官权力相颉颃，直至天启二年（1622），廷议取消总兵官之职时方休。③

明初罢行中书省，地方上三司分立，虽能防止地方权力坐大，加强中央集权，却不免有官僚机器运转不灵之弊。每遇重大军国之事，常因缺乏强力之领导而不能及时处理。宣德初，本为临时差遣的巡抚逐步转化为一省行政首长的封疆大吏。巡抚之职，本为巡查风纪之官，大都带都察院堂官衔，后亦形成定制。正统初，北方边境蒙古入侵，南方边陲少数民族叛乱，各省巡抚互不相能，地方政事日乱。正统三年（1438）征麓川，以兵部尚书王骥总督军务，以便统一军事职权，此明代文臣任总督之始。不过，朝廷对于掌握一省或数省兵权的总督终究心有疑虑，因而，此时总督只是暂时便宜行事的差遣官，事毕即罢，并无制度上固化的可行性。④

王竑出任总漕，是朝廷在运道淤塞、漕运不继而漕运总兵官又束手无策

---

① 星斌夫考察了几任总漕与总兵官的任命敕书后认为，漕运总兵官执掌漕运内部事务，总漕则主管漕运组织外部事宜。星斌夫没有注意到笔者所引的上述两份制敕，其结论或可商榷。（日）星斌夫：《明代漕運の研究》第二章，東京：日本學術振興會，1963年，第112、140页。
② 《明英宗实录》卷二七五"天顺元年二月丙辰"条，《钞本明实录》第7册，北京：线装书局，2005年，第291页上；《明英宗实录》卷二七七"天顺元年夏四月庚申"条，《钞本明实录》第7册，北京：线装书局，2005年，第310页下。
③ 黄仁宇在考察《罪惟录》卷二七和《明会要》卷二后指出，当漕运总兵官的爵位为"伯"或以上时，他的地位要高于总漕。而嘉靖以后，倭寇劫掠东南沿海，总漕开始负责军事，总兵官的威望和地位进一步降低。总兵官向总漕汇报时，要敬礼，甚至叩头。黄仁宇：《明代的漕运》第三章，张皓、张升译，北京：新星出版社，2005年，第45页。
④ 学界对明代督抚制度研究成果众多，可参阅杜婉言、方志远：《中国政治制度通史·明代卷》第五章，北京：人民出版社，1996年，第206—215页；林乾：《论明代的总督巡抚制度》，《社会科学辑刊》1988年第2期；罗冬阳：《明代的督抚制度》，《东北师范大学学报》（哲学社会科学版）1988年第4期等。

83

情况下施行的权宜之计，其任职与王骥总督军务并无区别。不同之处在于，王竑出任总漕前后积聚起的渊广高华之人脉与声望，对文官总漕体制起到了极大的推动作用。被授予户科给事中时，王竑只不过是负责规谏、稽查户部的一名普通的科道官，品秩仅为正七品。土木堡之变后，英宗被掳，强敌环侍于外，奸臣横行于内，国家处于危难之际。王竑能在群臣噤声之时，率众击杀马顺。俟后又协助于谦等人防守北京，镇守居庸关，屡立战功，其胆识与才略，堪称文臣掌兵的楷模。总漕之际，王竑巡抚江淮，救民百万，朝野之间，一时誉声鹊起。王竑去职后，朝廷逐步意识到，漕运乃国家命脉所系，在漕运总兵官地位日趋下降的历史环境下，一名能统揽漕运事权、兼巡抚运道府县的文官是不可或缺的。然而，王竑离任留下的空白竟无一人可代。天顺年间，王竑复任，俨然众望所归。史载："淮人闻竑再至，欢呼迎拜，数百里不绝。"[1]王竑凭借其巨大的人格魅力和朝野的广泛赞誉，将文官总漕、武将协助的漕运体制固定化。自王竑始，总漕职权明确，驻地固定，有连续的任期。我们通过对王竑两次出任总漕所领敕文的考察，不难发现，总督漕运的领任者完成了由武人向文人的转变。虽然后任者对总漕制度屡有损益，但王竑确立了明代文官总漕体制，应是不争的事实。

　　王竑两任总漕在明清总督制度史上也有重要意义。[2]孙承泽以为，面对正统之后的内外军事困局，各省巡抚多保境自全，不能连属讨伐，其缘由在于抚臣权势相当，缺乏一个强力主局者，是故总督应运而生。总督初置，但为军事而已。两广总督开府梧州，可视为明代总督体制正式形成的标志。[3]孙氏曾闭门著述二十年，对明代朝章典故用力甚勤，颇有见地。他的这一番关于明代总督缘起的论断，此后为治明清督抚史者视作圭臬。然而，孙氏之说

---

[1]《明史》卷一七七《王竑传》，北京：中华书局，1974年，第4707页。
[2] 明代督抚体制研究在制度史学界颇为引人关注，并在20世纪90年代一度掀起高潮。近二十余年来，其研究成果虽无之前满目皆春之势，但新作仍不断涌现，且研究方法与研究思路亦不断推陈出新。可参阅林乾：《近十年来明清督抚制度研究简介》，《中国史研究动态》1991年第2期；覃寿伟：《近二十年来明清督抚研究综述》，《漳州师范学院学报》（哲学社会科学版）2009年第2期。
[3]（清）孙承泽：《春明梦余录》卷四八《总督巡抚》，北京：北京古籍出版社，1992年，第1029—1031页。

第一章　惯性与文治：明代总漕的形成

也有缺憾之处，其将明代总督仅限于军事领域的界定，并未把总漕、总河、仓场（粮储）总督等专任总督囊括在内。究其原因，孙承泽亲历了明末内忧外患的军事危局，自然对崇祯年间遍布天下的临设总督，如陕山总督、凤阳总督、保定总督、河南湖广总督、九江总督、南直隶河南等处总督①印象极为深刻，以致有总督设置但为军事的结论。笔者以为，倘若考虑到明代总督的全部标本，孙氏论断或有商榷之处。两广总督首次任官于成化六年（1470），比起王竑景泰元年首任总漕要晚上 20 年。倘若抛开之前正统四年（1439）麓川之役王骥总督军务、宣德间粮储总督等临设性总督，从制度史的沿革与变迁角度来说，王竑不仅是明代文官任总漕的第一人，也是文官任总督的第一人。以此论之，与其说是总漕成全了王竑，毋宁说是王竑成全了总漕。

本 章 小 结

明代以前的漕运职官制度逐渐向专门化、地方化方向发展，至元代大规模海运的兴起，漕运职官的专门化已在元朝政府中形成共识。明初承袭元制，设京畿都漕运司掌管漕运事宜。然而国都金陵乃国家基本经济区财赋之集中，江淮之间的漕运地位并不受重视，这使得常驻淮安的都漕运使除了履行地方官扶绥百姓的职能之外，几无漕运职事可做。加上主持海运的武将从未把区区的四品都漕运使放在眼里，都漕运司的机构及其领导者的命运也就不复有存在的必要了。雄才大略的明成祖北征蒙古及定都北京，大规模的南北转运随即重新焕发生机。从海运、海陆兼运到河运，平江伯陈瑄发挥了巨大的作用，并也因此成功地将漕运总兵官体制化。不过，这个建立在个人威信和影响力基础上的职位，很快就由于继任者的弱势而受到各方面的质疑与挑战。

---

① 《明史》卷七三《职官二·都察院附总督巡抚》，北京：中华书局，1974 年，第 1773—1775 页。

当仁宣之时文官任总督，节制地方军务的职官制度革新之风吹向漕运时，以文官任总漕，总揽治河、督漕和巡抚地方事权的变化也就应运而生。文官总漕制度是漕运发展史的必然结果，是明代治黄保漕现实困境的时代呼声，更是王竑任总漕取得巨大威望后个体努力获得官方认可的制度确认。

第二章 人群与结构：明代总漕的群体分析

王竑任总漕后，文官总漕体制正式确立。王竑之后，继任者甚众，有必要——加以缕述。此外，总漕总揽一方事权，巡抚四府三州，其人选的出身背景与行政经历向来为明朝统治者重视，并视之为其人任职的重要参考依据；其任职期限与离职去向也反映出明代政府对官员的管理政策及宦场生态。从这几个视角对总漕进行全面考察，可以大致描摹出总漕的任职前后的仕宦沉浮经历，进而分析明廷官员的流动路线。本章主要考察上述两个方面的内容。

第一节 明代总漕群体考述

一、总督漕运与漕运总督

明代总漕有多种称谓，最正式的是"总督漕运兼提督军务巡抚凤阳等处兼管河道"，其属下有十二把总、十二万漕军和十二营京师军队，乃明代综管一方民政、漕运、河务及军事要员，"晚明京师之外最具影响力的职位"[①]。

[①] Ray Huang.*The Grand Canal during the Ming Dynasty：1368-1644*，Ann Arbor：UMI，1964，p.51.

此职衔与职权直至万历七年（1579）才最终确定。[1]然而，总漕之职与衔受到很大限制，如其手下漕军只能用于漕粮转运，当国家有战事兴起（土木堡之变后的北京保卫战、邓茂七起义、嘉靖倭乱）之时，漕军被无偿调用，总漕并不与之；再如成化七年（1471），设总河一职，侵分总漕治河之重任；朝廷还在几个时期试图免除总漕巡抚四府三州的地方性职责，虽然后来因实施结果并不如人意而恢复旧制[2]，但也表明总漕对地方的行政干预权力并非一成不变的。[3]万历年间总漕的名衔只是明代历史上峰值而已，并不具备连贯性的常态性质。

那么，这里有一个最大的问题，总督漕运是否可以等同于总漕？现代汉语的语法已经非常明确，总督漕运乃动宾结构的动词，漕运总督则为偏正结构的名词。总漕倘是官衔，似应为漕运总督的简称，而非总督漕运。如此，总漕当写作"漕总"了。

事实上，总督漕运多数情况下作为动词被使用，如前文所引的王竑以左佥都御史总督漕运，皇帝发给总漕、总兵官甚至漕运参将的敕书中，都有"命尔总督漕运"的字样，可见总督漕运之职责并非总漕之独有，总漕因其名衔中"总督漕运"而简称之说法无论如何都是不成立的。

漕运总督是明代中后期官方对总漕的非正式称谓。作为明代国史的《明实录》第一次出现"漕运总督"字样要追溯到《明世宗实录》正德十六年（1521）载，"总督漕运都御史陶琰等奏……上是其议，乃命漕运总督申明禁例，严加督率，振举漕规。"这是明世宗时期明廷对总漕身份最终认同的表现。其后《明实录》则频频出现漕运总督之称。[4]清人编撰《明史》，在《食货三·漕运》

---

[1]《明史》卷七三《职官二·都察院附总督巡抚》，北京：中华书局，1974年，第1773页。
[2]《明史》卷七三《职官二·都察院附总督巡抚》又载：成化八年（1472），分设巡抚、总漕各一员，九年（1473）复旧。正德十三年（1518）又分设，十六年（1521）又复旧。嘉靖三十六年（1557），以倭警，添设提督军务巡抚凤阳都御史，嘉靖四十年（1561）合并，改总漕漕运兼提督军务。
[3] 本书第三章对此问题将有详细探讨。
[4]《明世宗实录》卷九"正德十六年十二月己卯"条，《钞本明实录》第13册，北京：中华书局，2005年，第451页上。

云："景泰二年始设漕运总督于淮安"，此时间和职官名称表述均不确。①同样的内容在《职官二·总督漕运兼提督军务巡抚凤阳等处兼管河道》则说："至景泰二年，因漕运不断，始命副都御史王竑总督"。②这里的"总督"后应是省略了"漕运"二字。二者表述的矛盾显而易见，《明史》成于众人之手，于细节处未能审慎其文亦可略见一斑。

通过上述考察，我们可以初步得出结论，总漕是明政府对从都察院系统派出，总督漕运兼提督军务兼巡抚凤阳、淮安、扬州、庐州四府及徐州、和州、滁州三州（或监管河道）的文官的正式称谓。总督漕运只是其职责之一，总漕绝不是总督漕运的简称。嘉靖以后，明代督抚体制渐被认可，其体制化、地方化的努力取得很大成效，皇帝、群臣进而以漕运总督代之，文学作品及民间则经常尊之为"漕帅""漕标""漕臣""漕督"。到了清代，漕运总督之称谓已形成朝野共识，总漕之名被提及频率大为降低，督抚体制也翻开了新篇章。

二、总漕群体考

明代总漕群体人数有多种说法，王世贞《弇山堂别集》"总督漕运兼巡抚凤阳等处都御史"年表列出了 71 名总漕，然其记述仅至隆庆五年（1571），且每位总漕任期及前后职衔均付之阙如。③雷礼及其孙《国朝列卿纪》④所记明代总漕年表延至万历十八年（1590），列出了 82 名总漕，且人物有简单传记，是目前所及明代总漕研究最早的概述。黄仁宇统计《淮安府新志》名单

---

① 可参阅本书第一章第四节"王竑与明代文官总漕体制"。
② 《明史》卷七九《食货三·漕运》，北京：中华书局，1974 年，第 1925 页；《明史》卷七三《职官二》，北京：中华书局，1974 年，第 1773 页。
③ （明）王世贞：《弇山堂别集》，魏连科点校，北京：中华书局，1985 年，第 1139—1144 页。魏连科先生还指出，王世贞将第一任、第二任总漕王竑、陈泰记为举人出身，实均为为进士。点校本因改之。
④ （明）雷礼：《列朝国卿纪》卷一〇一，周骏富编：《明代传记丛刊》第 38 册，台北：明文书局，1991 年影印本。

则有 99 名①。近人吴廷燮的《明督抚年表》不提总漕,认为凤阳巡抚总理漕运,兼提督军务,巡抚四府三州,并以耿九畴为第一②。此则大缪,完全颠倒了总漕与凤阳巡抚的隶属关系。张德信《明代职官年表》披荆斩棘,钩沉稽遗,对《明史·明代职官年表》多有匡失辨伪,《总督年表》之"总督漕运"列有 101 位总漕。③张氏之文将总漕等同于总督漕运,未为妥当。其底本为王世贞《弇山堂别集》"总督漕运兼巡抚凤阳等处都御史年表"、《明实录》、《崇祯长编》、《国榷》等书,但对诸书相互抵牾处未加辨别,尤其是万历十六年(1588)前的总漕年表基本上因袭王世贞之说,以致出现多处谬误。

我们要考察明代总漕群体情况,最得力的材料莫过于总漕本身所撰诗文。幸运的是,有两段史料可资参阅。一条是正德年间总漕邵宝所撰的《总督漕运宪臣题名记》,其文略曰:

> 宝承乏宪臣,奉敕总督漕运,始至淮镇。凡百举置,惟故是稽,于是案牍山积。追考前政氏名后先罔属,然其间多名人。宝幼学时已志其略,比官户部,所闻渐悉,乃今得通阅之诸君子者,于是无不载焉。於乎盛哉!仰惟我祖宗列圣简任,诸臣治兹漕事,惟材是属,用底嘉绩,及其登卿宰,进保傅,树勋辅德,表表相望,宝愚何足以继之?窃尝考《禹贡》,以水纪诸州贡道,盖后世漕运之端。然曰逾沔入渭,则取诸陆,曰沿海入淮,则取诸海,其直达帝都者才三之二。若汉以下都关、都洛、都汴间,有直达之漕而为力甚难,为费甚钜,故议者往往右转输焉,其势然也。元都幽燕,海陆并运,国初犹因之。惟我文皇帝肇建两都,始以平江伯陈公瑄、工部尚书宋公礼等建白,浚兹漕渠,海陆是避,万舟亿卒,咸建帅长,仓支道兑,常便具宜,盖有得于转输之意,讲求经画,并历数朝,而漕法大成,国计充预,万世允赖。然其为坝为闸,

---

① 黄仁宇没有说明该府志的成书时代,考明清时期《淮安府志》传世本主要有万历本、天启本、乾隆本、光绪本,其中乾隆本流布最广。黄氏既云"新志",且核其内容,当为光绪本。
② 吴廷燮:《明督抚年表》卷四,北京:中华书局,1982 年,第 322 页。
③ 张德信:《明职官年表》第三册,合肥:黄山书社,2009 年,第 2320—2524 页。

第二章 人群与结构：明代总漕的群体分析

闭启掣挽于水性，不能无拂焉者。是故险虽远避，而劳不多省，群众所聚，蠹病亦从而生。既命元戎专制其事，而提督整理间以命诸卿亚，厥后遂有总督宪臣之命。然其时异势殊，弊由法起，名为转输而渐变直达。既乃公私交征，军疲民困，至使论时务者，复有于海于陆之思，则岂先朝之初意然哉？夫救弊在人不在法，持法在心不在迹，故必通上下而后为平，必体遐迩而后为惠，必均夷险、达经权而后为贞为哲，盖大臣之道如此，漕也者，特一其事也。具是则举，缺是则废，凡兹前政，诸公图艰应遽，保丰持平，若有异道焉。由今而论其世，则固莫之能违矣。承继之责，取监之义，宝虽不敏，于是窃有意焉。故列而刻诸石，如其品藻以伺君子。志漕运者尚有考哉，自河州王公竑以景泰庚午来莅，迄今六十年，为右都御史三人，左右副都御史若干人，佥都御史若干人兼巡抚者若干人，其三人凡再至。统曰宪臣者，重敕词也。谨记。[①]

这段文字的宗旨是将王竑至邵宝以来的总漕姓名、事迹排列出来，"刻诸石""如其品藻以伺君子"，但文字间也透露出若干重要的信息。如治漕事宪臣进九卿及公孤官者不乏其人，"惟材是属，用底嘉绩，及其登卿宰，进保傅，树勋辅德，表表相望"；明代漕运主管经历了由武将向都察院文臣的转变，"既命元戎专制其事，而提督整理间以命诸卿亚，厥后遂有总督宪臣之命"；漕运弊端丛生，非法不善，在于后世漕臣不能"均夷险、达经权"。当然，邵氏之文最有价值之处莫过于指出至正德四年（1509），王竑以来的总漕统为宪臣出身。其中右都御史3人，两任及以上总漕者3人。遗憾的是，本来镌刻此段文字的石碑还有人名及其事迹内容，现在已无法寻觅了。

另一条材料是天启年间的总漕吕兆熊撰写的《总督漕运兼巡抚后题名记》，其文足可与邵宝之文相互印证：

---

① （明）邵宝：《容春堂前集》卷一二《总督漕运宪臣题名记》，《四库全书》第1258册，上海：上海古籍出版社，1987年，第116—117页。按，《（明）杨宏，谢纯：《漕运通志》卷十《漕文》，荀德麟点校，北京：方志出版社，2006年，第322—323页亦收录是文，然该文讹脱四出，不足以观。

正德四年，邵文庄公宝来莅兹土，惧其久而遂湮，不可考也。始鸠王公竑而下至文庄公凡二十四人爵里镌之石，而自为文以祀之，并及漕事大都焉。自文庄迄今又百十余年，所造熊又六十二人，中多入为名公卿。熊不敏，窃尝向往之。今一旦以薄劣代匮，得厕名诸君子末，岂不幸然？旧石不胜载，自王公纪而后遂阙焉未书，所以更茗贞珉，续文庄之举。①

吕氏之文名为《后题名记》，又列邵文在前，则明白无误地表明该文继邵文而作。尽管我们也无法看到吕氏所列举的 86 名总漕名字和事迹，但第 24 位总漕邵宝、第 86 位总漕吕兆熊这两个坐标点已是无可辩驳的事实。这样，我们结合《明实录》《明史》《国朝列卿纪》《明代职官年表》等文献列出表 2-1。

表 2-1　明代总漕统计一览表

序号	姓名	出生地	出身与任前职衔	上任年月	卸任去向	出处
1	王竑	甘肃河州	进士、左佥都御史	景泰元年（1450）十一月、天顺七年（1463）三月	夺门之变后除名兵部尚书、左都御史	《明英宗实录》卷198、350
2	陈泰	福建光泽	进士、右副都御史	天顺八年（1464）八月	成化元年（1465）十月以都察院右都御史致仕	《明宪宗实录》卷8、22
3	滕昭	河南汝州	举人、右副都御史	成化二年（1466）十一月	巡视福建右副都御史	《明宪宗实录》卷36
4	陈濂	浙江鄞县	进士、右副都御史	成化六年（1470）六月、成化八年（1472）十一月	成化七年（1471）丁忧	《明宪宗实录》卷81、101、110
5	张鹏	直隶涞水	进士、左佥都御史	成化七年（1471）正月	巡抚南直隶右副都御史	《明宪宗实录》卷87、125
6	李裕	江西丰城	进士、顺天府尹、右副都御史	成化九年（1473）五月	成化十四年（1478）十月以亲丧去任	《明宪宗实录》卷116、183

---

① （明）吕兆熊：《总督漕运兼巡抚后题名记》，《续修四库全书》第596册，上海：上海古籍出版社，2002年，第177页。

第二章 人群与结构：明代总漕的群体分析

续表

序号	姓名	出生地	出身与任前职衔	上任年月	卸任去向	出处
7	李纲	山东长清	进士、左佥都御史	成化十四年（1478）十月	成化十五年（1479）七月卒于任	《明宪宗实录》卷183、192
8	张瓒	湖广孝感	进士、礼部左侍郎左副都御史	成化十五年（1479）七月	成化十七年（1481）八月卒于任	《明宪宗实录》卷192、218
9	徐英	四川中江	进士、河南左布政使、右副都御史	成化十八年（1482）八月	成化二十年（1484）八月卒于任	《明宪宗实录》卷231、255
10	刘璋	福建延平	进士、浙江左布政使、右副都御史	成化二十年（1484）八月	成化二十一年（1485）七月改抚郧阳	《明宪宗实录》卷267；《明代职官年表》第2356页
11	马文升	河南均州	进士、巡抚辽东左副都御史	成化二十一年（1485）八月	成化二十一年（1485）十一月升兵部尚书	《明宪宗实录》卷269、272
12	李敏	河南襄城	进士、左副都御史	成化二十一年（1485）十一月	成化二十三年（1487）正月以户部尚书致仕	《明宪宗实录》卷272、286
13	丘鼐	江西贵溪	进士、四川右布政使、右副都御史	成化二十三年（1487）二月	弘治元年（1488）正月降用陕西按察司副使	《明宪宗实录》卷287、《明孝宗实录》卷10
14	秦纮	山东单县	进士、福建布政使、左副都御史	弘治元年（1488）二月	弘治二年（1489）三月右都御史总督两广军务	《明孝宗实录》卷11、24
15	李昂	浙江仁和	进士、巡抚江西右副都御史	弘治二年（1489）三月	弘治三年（1490）四月被劾致仕	《明孝宗实录》卷24、37
16	张玮	直隶景州	进士、巡抚宁夏右副都御史	弘治三年（1490）四月	弘治七年（1494）十一月因漕损被治罪，致仕	《明孝宗实录》卷37、94
17	李蕙	（南）直隶当涂	进士、南京右副都御史	弘治七年（1494）十二月	弘治十二年（1499）二月加右都御史，卒于任	《明孝宗实录》卷95、147
18	徐铺	湖广兴国	进士、河南左布政使、右副都御史	弘治十二年（1499）三月	弘治十二年（1499）八月卒于任	《明孝宗实录》卷148、153

续表

序号	姓名	出生地	出身与任前职衔	上任年月	卸任去向	出处
19	张敷华	江西安福	进士、南京兵部右侍郎、右副都御史	弘治十二年（1499）九月	弘治十四年（1501）十月调南京都察院右副都御史	《明孝宗实录》卷154、180
20	张缙	山西阳曲	进士、巡抚宣府右副都御史；南京户部尚书、右都御史	弘治十四年（1501）十一月、正德六年（1511）八月	正德元年（1506）四月调户部右侍郎；正德九年（1514）九月以南京户部尚书致仕	《明孝宗实录》卷181；《明武宗实录》卷12、78、116
21	洪锺	浙江钱塘	进士、巡抚贵州右副都御史	正德元年（1506）五月	正德二年（1507）五月升右都御史，改南京都察院掌院事	《明武宗实录》卷13、26
22	王琼	山西太原	进士、处置两淮盐法右副都御史	正德二年（1507）五月	正德二年（1507）九月迁户部右侍郎	《明武宗实录》卷26、30、33
23	李瀚	山西沁水	进士、顺天府尹、右副都御史	正德二年（1507）九月	正德三年（1508）十二月升左副都御史掌院事	《明武宗实录》卷30、45
24	邵宝	（南）直隶无锡	进士、湖广左布政使、右副都御史	正德四年（1509）正月	正德四年（1509）十二月因得罪刘瑾被勒令致仕	《明武宗实录》卷46、58
25	屈直	陕西华阴	进士、大理寺卿、左副都御史	正德四年（1509）十二月	正德五年（1510）八月以刘瑾余党被勒令致仕	《明武宗实录》卷58、66
26	陶琰	山西绛州	进士、刑部右侍郎、左副都御史；巡视浙江右都御史；户部尚书、左副都御史	正德五年（1510）九月、正德九年（1514）十月、正德十六年（1521）六月	正德六年（1511）八月升南京刑部左侍郎；正德十年（1515）四月以老疾致仕；正德十六年（1521）十月升户部尚书仍兼总漕；嘉靖元年（1522）四月改工部尚书	《明武宗实录》卷59、78、117、123；《明世宗实录》卷3、7、13

第二章 人群与结构：明代总漕的群体分析

续表

序号	姓名	出生地	出身与任前职衔	上任年月	卸任去向	出处
27	丛兰	山东文登	进士、总制军务右副都御史	正德十年（1515）闰四月	正德十三年（1518）五月命专理巡抚	《明武宗实录》卷124、162
28	臧凤	山东曲阜	进士、巡抚顺天右副都御史	正德十三年（1518）五月	正德十六年（1521）正月改巡抚凤阳等处	《明武宗实录》卷162、195
29	许庭光	河南河阴	进士、右佥都御史	正德十六年（1521）正月	未任，改巡抚四川	《明世宗实录》卷3
30	俞谏	浙江桐庐	进士、右都御史	嘉靖元年（1522）四月	嘉靖二年（1523）八月回都察院掌院事	《明世宗实录》卷13、30
31	胡锭	直隶长垣	进士、右副都御史	嘉靖二年（1523）八月	嘉靖三年（1524）六月协理南京都察院事	《明世宗实录》卷30、40
32	李钺	河南祥符	进士、兵部左侍郎、右副都御史	嘉靖三年（1524）六月	嘉靖三年十月（1524）升都察院右都御史，回院理事	《明世宗实录》卷40、52
33	姚镆	浙江慈溪	进士、兵部右侍郎兼右佥都御史	嘉靖三年（1524）十一月	未任，嘉靖三年（1524）十二月改兵部右侍郎	《明世宗实录》卷54
34	高友玑	浙江乐清	进士、南京刑部右侍郎、右副都御史	嘉靖四年（1525）正月	嘉靖六年（1527）七月升南京工部尚书	《明世宗实录》卷47、78
35	郑毅	江西上饶	进士、南京都察院右副都御史	嘉靖六年（1527）七月	未任，致仕	《明世宗实录》卷78
36	唐龙	浙江兰溪	进士、太仆寺卿、左佥都御史	嘉靖七年（1528）二月	嘉靖八年（1529）十月升右副都御史回院理事	《明世宗实录》卷85、106
37	毛思义	山东阳信	进士、浙江左布政使、右副都御史	嘉靖八年（1529）十月	嘉靖九年（1530）二月与陈祥对调	《明世宗实录》卷106
38	陈祥	江西高安	进士、总理粮储兼巡抚应天等处右副都御史	嘉靖九年（1530）二月	未任，被劾听调	《明世宗实录》卷110
39	刘节	江西大庾	进士、巡抚山东右副都御史	嘉靖九年（1530）三月	嘉靖十一年（1532）十月升刑部右侍郎	《明世宗实录》卷111、143

续表

序号	姓名	出生地	出身与任前职衔	上任年月	卸任去向	出处
40	马卿	河南林县	进士、光禄寺卿、右副都御史	嘉靖十一年（1532）十月	嘉靖十五年（1536）二月卒于任	《明世宗实录》卷143、184
41	周金	（南）直隶武进	进士、兵部右侍郎、右副都御史	嘉靖十五年（1536）三月	嘉靖十七年（1538）四月升左副都御史；嘉靖二十年（1541）六月升南京刑部尚书	《明世宗实录》卷185、202、250
42	王杲	山东汶上	进士、户部右侍郎、右副都御史	嘉靖二十年（1541）六月	嘉靖二十一年（1542）九月升户部尚书	《明世宗实录》卷250、266
43	张景华	山东郯城	进士、山东左布政使、右副都御史	嘉靖二十一年（1542）十月	嘉靖二十三年（1544）四月被劾闲住	《明世宗实录》卷267、285
44	周用	（南）直隶吴江	进士、工部尚书、总河、右都御史	嘉靖二十三年（1544）七月	嘉靖二十三年（1544）十月升左都御史掌院事	《明世宗实录》卷288、291
45	王暐	（南）直隶应天句容	进士、户部左侍郎、右佥都御史	嘉靖二十三年（1544）十月	嘉靖二十五年（1546）五月升户部尚书总粮储	《明世宗实录》卷291、310
46	喻茂坚	四川荣昌	进士、刑部左侍郎、右都御史	嘉靖二十五年（1546）七月	嘉靖二十六年（1547）闰九月升刑部尚书	《明世宗实录》卷313、328
47	欧阳必进	江西安福	进士、总理粮储、巡抚应天右都御史、兵部右侍郎	嘉靖二十六年（1547）闰九月	嘉靖二十六年（1547）十月升提督两广军务兼理巡抚	《明世宗实录》卷328、329
48	韩士英	四川南充	进士、户部左侍郎、右副都御史	嘉靖二十六年（1547）十一月	嘉靖二十七年（1548）二月升南京户部尚书	《明世宗实录》卷330、333

第二章 人群与结构：明代总漕的群体分析

续表

序号	姓名	出生地	出身与任前职衔	上任年月	卸任去向	出处
49	胡松[①]	（南）直隶绩溪	进士、总河副都御史	嘉靖二十七年（1548）二月	嘉靖二十七年（1548）九月迁南京户部右侍郎	《明世宗实录》卷333、340
50	龚辉	浙江余姚	进士、右副都御史	嘉靖二十七年（1548）九月	嘉靖二十九年（1550）四月升大理寺卿	《明世宗实录》卷340、359
51	魏有本	浙江余姚	进士、南京刑部右侍郎、右副都御史	嘉靖二十九年（1550）五月	未任，被劾，引疾归	《明世宗实录》卷360
52	何鳌	浙江山阴	进士、总河、右副都御史	嘉靖二十九年（1550）六月	嘉靖二十九年（1550）十二月升南京兵部右侍郎	《明世宗实录》卷361、368
53	应槚	浙江遂昌	进士、兵部右侍郎、右副都御史	嘉靖二十九年（1550）十二月	嘉靖三十年（1551）六月升提督两广军务兼理巡抚	《明世宗实录》卷368、374
54	骆颙	四川富顺	进士、南京户部左侍郎	嘉靖三十年（1551）六月	嘉靖三十一年（1552）三月被劾，听调，后降为河南按察使佥事	《明世宗实录》卷374、383
55	连矿	直隶永年	进士、总河、右副都御史	嘉靖三十一年（1552）三月	嘉靖三十二年（1553）六月谪于外任	《明世宗实录》卷383、399
56	吴鹏	浙江秀水	进士、兵部左侍郎、右副都御史	嘉靖三十二年（1553）六月	嘉靖三十二年（1553）十二月升南都察院右都御史	《明世宗实录》卷399、404

[①] 明嘉靖年间有两个胡松，一为绩溪人，一为滁州人。滁州胡松字汝茂，官至吏部尚书；绩溪胡松字茂卿，由总漕而户部侍郎而工部尚书。见《明史》卷二〇二《胡松传》《绩溪胡松传》。又《明世宗实录》卷三三三"嘉靖二十七年二月乙亥"条云："改总理河道右副都御史胡松总督漕运兼巡抚凤阳。"（《钞本明实录》第16册，北京：线装书局，2005年，第18页上）《明世宗实录》卷五六三云："吏部尚书胡松卒。松，直隶滁州人，嘉靖乙丑进士。初，知东平州。历礼部郎中，出为湖广参议，寻升山西提学副使。会北虏入寇，疏陈边情十二事，进山西参政。无何，褫职归家居近二十年。用荐者言复起，累官右副都御史巡抚江西，以功进兵部侍郎。召回部，改吏部。升南京兵部尚书，复改前职，卒于官。"（《明世宗实录》卷五六三"嘉靖四十五年十月己卯"条，《钞本明实录》第17册，北京：线装书局，2005年，第180页下）两个胡松的仕宦经历不同，易辨之。

续表

序号	姓名	出生地	出身与任前职衔	上任年月	卸任去向	出处
57	郑晓	浙江海盐	进士、兵部右侍郎、右金都御史	嘉靖三十二年（1553）十二月	嘉靖三十四年（1555）四月改吏部左侍郎	《明世宗实录》卷404、421
58	陈儒	锦衣卫籍、交趾	进士、刑部左侍郎、右都御史	嘉靖三十四年（1555）五月	嘉靖三十五年（1556）六月以病乞休，诏回京别用	《明世宗实录》卷422、436
59	蔡克廉	福建晋江	进士、巡抚江西右副都御史	嘉靖三十五年（1556）六月	嘉靖三十六年（1557）三月升户部右侍郎	《明世宗实录》卷436、445
60	王诰	河南西平	进士、南京户部右侍郎、右副都御史	嘉靖三十六年（1557）三月	嘉靖三十六年（1557）十一月卒于任	《明世宗实录》卷445、453
61	傅颐	湖广沔阳	进士、刑部左侍郎、右副都御史	嘉靖三十七年（1558）	嘉靖三十八年（1559）四月迁刑部右侍郎	《明世宗实录》卷471、483
62	章焕	（南）直隶吴县	进士、巡抚河南右副都御史	嘉靖三十八年（1559）	嘉靖三十九年（1560）调督南储谪戍	《明史》卷102
63	何迁	湖广德安	进士、巡抚江西右副都御史	嘉靖三十九年（1560）四月	嘉靖四十年（1561）四月迁南京刑部右侍郎	《明世宗实录》卷483、495
64	胡植	江西南昌	进士、右副都御史	嘉靖四十年（1561）四月	嘉靖四十年（1561）五月提督军务兼巡抚凤阳等处，闰五月调南京光禄寺卿	《明世宗实录》卷495、496、497
65	喻时	河南光州	进士、右副都御史	嘉靖四十年（1561）闰四月	嘉靖四十年（1561）十二月改总制三边	《明代职官年表》第2432页
66	毛恺	浙江江山	进士、右副都御史	嘉靖四十一年（1562）正月	嘉靖四十一年（1562）十一月升左副都御史，回院理事	《明世宗实录》卷515
67	王廷	四川南充	户部右侍郎、右金都御史	嘉靖四十一年（1562）十二月	嘉靖四十四年（1565）四月升户部左侍郎	《明世宗实录》卷516、545

第二章 人群与结构：明代总漕的群体分析

续表

序号	姓名	出生地	出身与任前职衔	上任年月	卸任去向	出处
68	马森	福建怀安	进士、总督仓场户部左侍郎、右副都御史	嘉靖四十四年（1565）五月	嘉靖四十五年（1566）闰十月升南京户部尚书	《明世宗实录》卷546、564
69	张瀚	浙江仁和	进士、兵部左侍郎、右副都御史	嘉靖四十五年（1566）十一月	隆庆元年（1567）改总督两广兼抚广东	《明世宗实录》卷565；《明代职官年表》第2438页
70	方廉	浙江新城	进士、南京大理寺卿、右副都御史	隆庆元年（1567）八月	隆庆三年（1569）三月迁南京工部右侍郎	《明穆宗实录》卷11、30
71	赵孔昭	直隶邢台	进士、户部左侍郎、右副都御史	隆庆三年（1569）四月	隆庆四年（1570）七月还院理事	《明穆宗实录》卷31、47
72	陈炌	江西临川	进士、右副都御史	隆庆四年（1570）七月	隆庆五年（1571）十月被劾，回籍听勘	《明穆宗实录》卷47、62
73	王宗沐	浙江临海	进士、山东左布政使、右副都御史	隆庆五年（1571）十月	万历二年（1574）十一月迁南京工部左侍郎	《明穆宗实录》卷62；《明神宗实录》卷31
74	张翀①	广西马平	进士、兵部右侍郎	万历二年（1574）十二月	万历三年（1575）十一月迁刑部右侍郎	《明神宗实录》卷32、44
75	吴桂芳	江西新建	进士、兵部左侍郎、右金都御史	万历三年（1575）十一月	万历五年（1577）十二月兼总河，升工部尚书，总理河漕提督军务	《明神宗实录》卷44、70
76	江一麟	（南）直隶婺源	进士、户部右侍郎、巡抚南赣右副都御史	万历五年（1577）十二月	万历八年（1580）二月升户部左侍郎、右都御史	《明神宗实录》卷70、96

---

① 《明史》有两个《张翀传》，其一为卷一九二的潼川籍张翀，官户科给事中，嘉靖三年以疏争大礼谪戍，《明史》卷一九二《张翀传》，北京：中华书局，1974年，第5086—5088页。其二为卷二一〇柳州卫马平籍张翀，万历二年任总漕，《明史》卷二一〇《张翀传》，北京：中华书局，1974年，第5565—5567页。

续表

序号	姓名	出生地	出身与任前职衔	上任年月	卸任去向	出处
77	潘季驯	浙江乌程	进士、工部左侍郎、右副都御史（总督漕河）	万历六年（1578）二月	万历八年（1580）二月升工部尚书兼左副都御史	《明神宗实录》卷72、96
78	凌云翼	（南）直隶太仓	进士、南京兵部尚书、左副都御史（总督漕河）	万历八年（1580）六月	万历十一年（1583）二月升兵部协理京营戎政	《明神宗实录》卷101、133
79	傅希挚	直隶衡水	进士、户部右侍郎、左佥都御史	万历十一年（1583）二月	万历十一年（1583）十二月回户部管事	《明神宗实录》卷133、144
80	李世达	陕西泾阳	进士、右副都御史	万历十一年（1583）十二月	万历十二年（1584）六月升南京兵部右侍郎	《明神宗实录》卷144、150
81	王廷瞻	湖广黄冈	进士、总督仓场户部左侍郎、左都御史（总督漕河）	万历十二年（1584）六月	万历十三年（1585）七月升户部尚书兼总督河漕；万历十三年（1585）八月调南京刑部尚书，总督三边御史	《明神宗实录》卷150、163、164
82	杨俊民	山西蒲州	进士、户部左侍郎	万历十三年（1585）闰九月	万历十四年（1586）十二月回户部理事	《明神宗实录》卷166、181
83	杨一魁	山西安邑	进士、户部右侍郎、右佥都御史；工部尚书（总督漕河）	万历十五年（1587）二月、万历二十六年（1598）二月总河漕	万历十五年（1587）十二月被劾调南京别衙门；万历二十六年（1598）四月回户部理事	《明神宗实录》卷183、193
84	舒应龙	广西全州	进士、户部右侍郎、右佥都御史	万历十五年（1587）十二月	万历十八年（1590）三月升南京工部尚书	《明神宗实录》卷193、221
85	周寀	江西安福	进士、兵部右侍郎、右佥都御史	万历十八年（1590）四月	万历十九年（1591）五月迁吏部右侍郎	《明神宗实录》卷222、236

第二章 人群与结构：明代总漕的群体分析

续表

序号	姓名	出生地	出身与任前职衔	上任年月	卸任去向	出处
86	陈于陛	直隶曲周	进士、工部左侍郎	万历十九年（1591）六月	万历二十年（1592）八月改吏部右侍郎	《明神宗实录》卷237、250
87	李戴	河南延津	进士、户部尚书、右副都御史	万历二十年（1592）十月	万历二十二年（1594）八月迁南京户部尚书	《明神宗实录》卷253、276
88	褚鈇	山西榆次	进士、总督仓场户部尚书、右副都御史	万历二十二年（1594）九月	万历二十五年（1597）十二月乞休，回籍调理	《明神宗实录》卷277、卷360
89	刘东星	山西沁水	进士、工部左侍郎（总理河漕）	万历二十六年（1598）六月	万历二十七年（1599）十月升工部尚书、右副都御史仍兼总河漕；万历二十九年（1601）八月卒于官	《明神宗实录》卷323、337、362
90	李颐	江西余干	进士、工部右侍郎、右都御史（总理河漕）	万历二十九年（1601）十一月	万历三十年（1602）三月专理河道，往济宁；四月卒于官	《明神宗实录》卷366、370、371
91	李三才	直隶通州	进士、巡抚凤阳兼右佥都御史（总督漕运）	万历二十七年（1599）	万历三十三年（1605）十一月升左副都御史兼总漕；万历三十七年（1607）正月升户部尚书兼总漕；万历三十九年（1611）二月以病免	《明史》卷232；《明神宗实录》卷370、415、454、480
92	刘士忠	陕西华州	进士、总河右佥都御史兼	万历三十九年（1611）二月	—	《明神宗实录》卷480
93	陈荐	湖广祁阳	进士、南京刑部右侍郎	万历三十九年（1611）	万历四十三年（1615）升户部尚书、右副都御史兼总漕；万历四十五年（1617）六月致仕	《明代职官年表》页2482；《明神宗实录》卷538、556

续表

序号	姓名	出生地	出身与任前职衔	上任年月	卸任去向	出处
94	王纪	山西芮城	进士、户部左侍郎、右佥都御史	万历四十五年（1617）七月	万历四十八年（1620）八月升户部尚书、总仓场	《明神宗实录》卷559；《明光宗实录》卷5
95	李养正	直隶大名	进士、户部右侍郎兼右佥都御史	万历四十八年（1620）八月	天启二年（1622）十月升南京刑部尚书	《明光宗实录》卷5；《明熹宗实录》卷27
96	苏茂相	福建晋江	进士、户部右侍郎兼右佥都御史	天启二年（1622）十月（未任）、天启五年（1625）九月	天启二年（1622）十二月迁兵部右侍郎；天启六年（1626）七月升户部尚书兼总仓场	《明熹宗实录》卷27、29、63、74
97	吕兆熊	直隶邢台	进士、户部右侍郎兼右佥都御史	天启二年（1622）十二月	天启五年（1625）七月升户部尚书总督仓场	《明熹宗实录》卷29、63
98	郭尚友	山东潍县	进士、户部右侍郎兼右佥都御史	天启五年（1625）七月	天启七年（1627）九月加右户部尚书；崇祯元年（1628）二月被劾辞职	《明熹宗实录》卷63；《明崇祯长编》卷2、6
99	李待问	（南）直隶华亭	进士、户部右侍郎兼右佥都御史	崇祯元年（1628）七月	崇祯四年（1631）闰十一月加户部尚书兼总漕；崇祯六年（1633）七月罢	《明崇祯长编》卷11
100	杨一鹏	湖广临湘	进士、户部尚书兼右副都御史	崇祯六年（1633）八月	崇祯八年（1635）二月，因凤阳失事被逮，弃市	《明崇祯实录》卷6、8
101	朱大典	浙江金华	进士、户部右侍郎兼右佥都御史	崇祯八年（1635）二月	崇祯十三年（1640）前户部左侍郎兼总漕；崇祯十四年（1641）二月升总督节制诸侯兵马	《明崇祯实录》卷8、14

第二章 人群与结构：明代总漕的群体分析

续表

序号	姓名	出生地	出身与任前职衔	上任年月	卸任去向	出处
102	史可法	河南祥符	进士、户部右侍郎兼右佥都御史	崇祯十四年（1641）六月	崇祯十六年（1643）七月升南京兵部尚书	《明崇祯实录》卷14、16
103	路振飞	直隶曲周	进士、光禄寺少卿兼右佥都御史	崇祯十六年（1643）秋	崇祯十七年（1644）五月被马士英免职	《明史》卷276

表 2-1 所列内容足可与邵宝《总督漕运宪臣题名记》所记相印证：升迁右都御史者三人，秦纮（1489年3月）、李蕙（1499年2月）、洪锺（1507年5月）；再任者三人，王竑（1450年11月、1463年3月）、陈濂（1470年6月、1472年11月）、张缙（1501年11月、1511年8月）。再与吕兆熊《总督漕运兼巡抚后题名记》所载相比对，邵宝为第24任自无疑问，但吕氏自身任数确需推敲一番。吕氏自称第86任总督漕运兼巡抚，表中所列则为第97任，中间多出11人。其中6人许庭光、姚镆、郑毅、陈祥、魏有本、苏茂相未上任即被免①。此外，万历六年（1578）和万历二十五年（1597），朝廷围绕总漕、总河的设置上曾发生两次大争执，第一次总漕吴桂芳赢得首辅张居正的支持，占据了上风，兼领总河之职，然继任者潘季驯、王廷瞻、凌云翼、杨一魁总督漕河，不再兼领巡抚凤阳等处。第二次争执总河杨一魁压倒总漕褚鈇，不过杨本人随即于该年四月回工部任事，继任者刘东星、李颐以总河兼领总漕，因而《明神宗实录》云："河、漕自有总理，自东星始。"②此外，李三才在万历三十九年（1611）二月以病辞总漕后，总河刘士忠曾短暂代理总漕一职，不过数月后陈荐上任，总漕又复其位。③这三者常驻济宁，与总

---

① 苏茂相两任总漕，第一次在天启二年（1622）十月，未上任即免；第二次则在天启五年（1625）九月，已是吕兆熊卸任后之事了。
② 《明神宗实录》卷三六三"万历二十九年九月癸丑"条，《钞本明实录》第20册，北京：线装书局，2005年，第573页上。
③ 有关万历年间总漕与总河之争，蔡泰彬《明代漕河之整治与管理》第六章第一节有所发微，本书第三章第二节将重点考察。蔡泰彬：《明代漕河之整治与管理》，台北：商务印书馆，1992年，第310—313页。

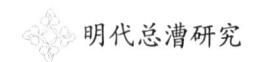

漕驻守淮安的传统相悖,当剔除。综上所述,在吕氏笔下,许庭光、姚镆、郑毅、陈祥、魏有本、苏茂相、潘季驯、凌云翼、刘东星、李颐、刘士忠等11人未能列入明代总督漕运兼巡抚名录中,本表为统计需要,与吕氏意见相左,此亦应为方家所知。

第二节 明代总漕群体结构分析

一、出生地背景

为了叙述方便,本书的总漕统计时间下限为崇祯十七年(1644)年五月,南明弘光及隆武、永历流亡政权未纳入其中。下文主要采取列表 2-2 和数据分析的方式,重点考察明代总漕的任职背景与行政经历,以期勾勒出明代总漕的总体形象,描摹其任职期间的普遍特征,以及总漕演变过程中的带有普遍意义的规律性变化。当然,每一位总漕在历史上都是活生生的个体,其性格、心理、思想及社会关系之复杂程度远不是冰冷的数字和表格所能承载的,这些个性因素往往还对总漕之演变产生重要影响,此又非本节内容所能考量周详了。

表2-2 明代总漕出生地背景一览表　　　　　　(单位:人)

南直隶	直隶	甘肃	陕西	山西	山东	四川	湖广	浙江	福建	江西	广西	河南	交趾	合计
10	11	1	3	9	8	5	7	19	5	12	2	10	1	103

表 2-2 数据表明,首先浙江籍的总漕数最多,占总人数的 18.4%;其次为江西籍12人;再次为直隶,11人;再次为(南)直隶、河南,均为10人;最后为山西、山东、湖广、四川籍,分别有9人、8人、7人、5人。再细分一下,南直隶籍无论上江抑或下江地区总漕,均为江南人,江北人则阙如,这与明代任官回避制度有关。《明史·选举志》云:"洪武间,定南北更调之

第二章 人群与结构：明代总漕的群体分析

制，南人官北，北人官南。其后官制渐定，自学官外，不得官本省，亦不限南北也。"①又据《明太祖实录》："吏部诠选，南北更调，已定为常调。"②"命吏部以北平、山西、陕西、河南、四川之人于浙江、江西、湖广、直隶有司用之；浙江、江西、湖广、直隶之人于北平、山东、山西、陕西、河南、四川、广东、广西、福建有司用之；广西、广东、福建之人亦于山东、山西、陕西、河南、四川有司用之。考核不称职及为事解降者，不分南北，悉于广东、广西、福建汀漳、江西龙南安远、湖广郴州之地迁用，以示劝惩。"③总漕常驻之所南直隶淮安府，为南船北马分界之地，因而总漕任职人选除回避南直隶江北凤阳、庐州、淮安、扬州四府及滁、徐、和三州人外，两京十三省仅广东、云南、贵州南方边陲之地无之，显示出明廷诠选总漕时并无固定的地域思维限定。

再从具体省份来看，总漕来自行漕之省（浙江、福建、湖广、江西、四川、南直隶、山东、河南）者达76人，占总数的73.8%。其人对家乡行漕之事耳濡目染，加上走上宦途后的行政历练，对漕运熟稔于胸，自然成为朝廷选任总漕的优先人选。本来，明代有"南直隶下江人不推总督漕运"④的地区回避，但我们从表2-1所列内容可看出，邵宝、周金、周用、章焕、凌云翼、李待问均为南直隶下江人⑤，可见有关总漕选任的地区回避规定并未严格执行，另外我们可以从凌云翼的任职找到相应的例证。万历八年（1580），吏部以总督漕河缺员，会推山西巡抚高文荐、四川巡抚张士佩。"上以河漕职任繁

---

① 《明史》卷七一《选举三》，北京：中华书局，1974年，第1716页。
② 《明太祖实录》卷七〇"洪武四年十二月丙戌"条，《钞本明实录》第1册，北京：线装书局，2005年，第349页上。
③ 《明太祖实录》卷一二九"洪武十三年正月乙巳"条，《钞本明实录》第1册，北京：线装书局，2005年，551页下。
④ 李默，黄养蒙：《吏部职掌·文选清吏司·缺科》，两淮马裕家藏本。
⑤ 明代关于南直隶上、下江地区的划分可见于万历间增设提学事议中："其在南直隶也，议西自庐、凤连应、安六府，滁、和、广三州属一学臣；东自徐州、淮、扬连镇、常、苏、松属一学臣。"（《明神宗实录》卷五一四"万历四十一年十一月己卯"条，《钞本明实录》第22册，北京：线装书局，2005年，第110页上）大体上今天的安徽省加上南京市属上江，南京以外的江苏则属下江。

重，宜用重臣，乃命凌云翼以兵部尚书兼都察院左副都御史，往同潘季驯经理。"[1]从时间上看，这次任命应出于张居正的影响。张居正乃内阁首辅，对朝廷掌故了然于胸，他否决了吏部会推的另外两个人选，启用前总督两广右副都御史南京兵部尚书、南直隶太仓人凌云翼，显然是出于对总督漕河一职大为看重之考量。此后李待问的任职也大抵如此。

总之，明代关于总漕人选的出生地限定是极为有限的，虽然有不得官本省、南北更调、南直隶下江人不任总督漕运的制度约束，但在实践中，总漕任命除不考虑利害关系极大的南直隶江北籍官员外，包括南直隶江南籍在内的其他省籍历事经验丰富的文官均可被纳入其铨选范围。

二、出身及任前职衔背景

明代 103 任总漕，只有成化年间滕昭为举人出身，其他均有中进士之履历。按明代官员选举大略有学校、科目、荐举、铨选四条途径，"学校以教育之，科目以登进之，荐举以旁招之，铨选以布列之，天下人才尽于是矣"。[2]荐举盛于明开国之初，至成化以后渐趋式微。陈泰举乡第一，被荐举为安庆府学训导，从此走上宦途。[3]国子监监生完成规定的肄业和历事，也可到吏部听调入仕。滕昭正统五年（1440）中举，考进士不中，遂以其父滕霄关系举监，就学国子监。景泰四年（1453），以监生任陕西道监察御史。[4]是为学校入仕一途。明中期之前，"进士、举贡、杂流三途并用，虽有畸重，无

---

[1]《明神宗实录》卷一〇一"万历八年六月辛酉"条，《钞本明实录》第 18 册，北京：线装书局，2005 年，第 528 页上。

[2]《明史》卷六九《选举一·总论》，北京：中华书局，1974 年，第 1675 页。

[3]《明史》卷一五九《陈泰传》。按《明史》不载陈泰中进士之事，据徐纮《皇明名臣琬琰录》卷八（台北：明文书局，1991 年，第 283—289 页）、朱大韶《皇明名臣墓铭》（台北：明文书局，1991 年，第 727—733 页），陈泰永乐二十一年（1423）乡试第一，随即被举荐为安庆府学训导，宣德二年（1427）中进士。如此看来，陈泰入仕在前，获进士出身在后。

[4]（明）雷礼：《国朝列卿纪》卷一〇一，周骏富编：《明代传记丛刊》第 38 册，台北：明文书局，1991 年影印本，第 475 页。

第二章 人群与结构：明代总漕的群体分析

偏废也"。[1]明中叶以后，科目渐成主流，朝廷用人出现了重进士、轻举人的陈规。高拱《议处科目人才以兴治道疏》指出："国初进士、举人并用"，至嘉靖以后，"进士偏重而举人甚轻，至于今则极矣"，"其系进士出身者，则众向之，甚至以罪为功；其系举人出身者，则众薄之，甚至以功为罪"。[2]陆粲云："今有此途（进士）而仕者，虽或治无善状，在上者犹护持之；其人非进士也，则指摘瑕疵，动加摧抑。"[3]中央和地方要职几乎全部由进士占据，庶吉士和一甲进士成为阁臣主体，科举功名已成为决定士子个人前程和朝廷分配政治资源的决定性因素。[4]这样看来，总漕以进士出身为主的局面就不难理解了。

总漕委任前一般都被委以都察院职衔，但也有例外，如骆颙以南京户部左侍郎、张翀以兵部右侍郎、杨俊民以户部左侍郎、陈于陛以工部左侍郎、刘东星以工部左侍郎、陈荐以南京刑部左侍郎兼领总漕，并未在都察院谋得宪臣职务。这几个人的任职时间均发生在嘉靖三十年（1551）至万历四十三年（1615）之间，这期间总漕的职衔变动很大，明廷关于总漕兼领宪职的传统逐渐动摇，不过其后又复其旧，如万历四十三年（1615）陈荐升户部尚书、右副都御史兼总漕，总漕的宪职身份重新得以确认，具体情况见表2-3。

表2-3　明代总漕任前职衔一览表　　　　　　　（单位：人）[5]

官职	任前部门	任前非都察院官职	任前都察院官职
右都御史		—	5
左、右副都御史		—	66
左、右佥都御史		—	26
六部尚书		7	

---

[1]《明史》卷六九《选举一·总论》，北京：中华书局，1974年，第1675页。
[2]（明）高拱：《议处科目人才以兴治道疏》，（明）陈子龙等辑：《明经世文编》卷三〇一《高文襄公文集一》，北京：中华书局，1962年，第3179页。
[3]（明）陆粲：《去积弊以振作人才疏》，（明）陈子龙等辑：《明经世文编》卷二八九《陆贞山集一》，北京：中华书局，1962年，第3046页。
[4] 郭培贵：《明史选举志考论》，北京：中华书局，2006年，第163页。
[5] 由于坟籍湮没，现有材料不能勾勒出总漕任前的详细职衔，表2-3仅就可见的史料大致描摹，挂一漏万，在所难免。

续表

官职 \ 任前部门	任前非都察院官职	任前都察院官职
六部侍郎	42	—
左、右布政使	10	—
其他	4	—
总计	63	97

从表 2-3 可知，总漕任前的宪职身份以左、右副都御史为主，占宪臣总漕总数的 68%；左、右佥都御史次之，占总数的 26.8%；右都御史最少，占总数的 5.2%，左都御史则无。明代官职以左为上，左、右都御史正二品，左、右副都御史正三品，左、右佥都御史正四品，三者均为都察院堂上官。①大约以万历十五年（1587）为界（杨一魁任总漕），之前总漕多兼领右副都御史以上官职，此后则多为右佥都御史，反映了总漕在朝廷中地位的下降。

总漕任职前大都有六部或地方布政司任职经历，其中尤以在户部、兵部、工部任左右侍郎为多，占可统计数的 66.7%；其次为各省布政使、六部尚书；还有些为大理寺卿、太仆寺卿、光禄寺少卿，不过总数极少，且任期短暂。按六部尚书为正二品，左、右侍郎为正三品，各省布政使从二品，其品秩略高于都察院官员。②这般行政经历会磨砺出丰富的宦途经验、老练的处事手法以及对钱粮、军事、水利与地方民政的深刻体认，这对总漕上任后发挥总督漕运、巡抚地方、提督军事、整治河道等职能极有裨益。

三、任职期限

从第一任总漕王竑到最后一任路振飞，经过了 103 任和 194 年（1450—1644），平均每任仅 1.88 年。任职最长的无疑是李三才，近 13 年，引得群臣交章攻之。三才十五次上疏请辞，"久不得命，遂自引去。帝亦不罪也"③。

---

①《明史》卷七三《职官二》，北京：中华书局，1974 年，第 1767 页。
②《明史》卷七三《职官二》，北京：中华书局，1974 年，第 1767 页。
③《明史》卷二三二《李三才传》，北京：中华书局，1974 年，第 6065 页。

第二章 人群与结构：明代总漕的群体分析

最短命的总漕是前文所列的未上任即遭罢免的六位。我们注意到，总漕的任期甚少超过三年，更遑论九年考满。按明代官员考核分为两种，一种是由吏部对任满官员单独进行的任职考核，以九年为限，通考黜陟，其中四品以上及翰林院近侍官、御史、盐运使等五品以上官由皇帝取裁；另一种是由吏部会同有关衙门对内外官员进行定期或不定期的考察。如京官六年谓之京察，外官三年一朝觐，以辰、戌、丑、未岁，察典随之，谓之外察。①明代总漕任期如此短促，与总漕权重事剧有莫大的干系。权重则易引人嫉，是以三年朝觐期限未至，各处攻其有八目②之弊奏章纷至沓来；事剧则易生退心，尤其是治河与督漕并起的年份，总漕焦头烂额之余，犹有攻讦不绝之声。二者效应如此叠加，处于地方权力和河漕事务风口浪尖的总漕，想长任斯职一如孤身涉蜀道，难于登青天（图2-1）。

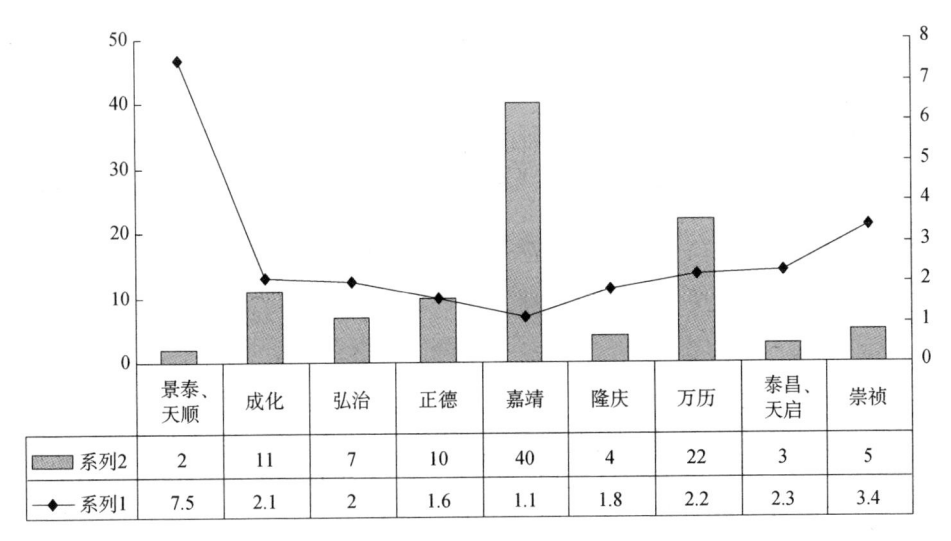

	景泰、天顺	成化	弘治	正德	嘉靖	隆庆	万历	泰昌、天启	崇祯
系列2	2	11	7	10	40	4	22	3	5
系列1	7.5	2.1	2	1.6	1.1	1.8	2.2	2.3	3.4

图2-1 按年号分段明代总漕总数及平均总漕数分布图③（系列1单位：年，系列2单位：人）

---

① 《明史》卷七一《选举三》，北京：中华书局，1974年，第1721—1723页。
② 八目者，贪、酷、浮躁、不及、老、病、罢、不谨也，《明史》卷二三二《李三才传》，北京：中华书局，1974年，第6065页。
③ 说明：任期跨年号者统计为上一个年号内；在一个年号内再任者无需重复统计，唯张缙于弘治十四年（1501）十一月、正德六年（1511）八月两任总漕，本图分算之。

再从图 2-1 来看，明代总漕任职期限以嘉靖为界，呈 V 字形分布。景泰、天顺年间有 2 位总漕，平均任期 7.5 年；成化年间有 11 位总漕，平均任期 2.1 年；弘治年间有 7 位总漕，平均任期 2 年；正德年间有 10 位总漕，平均任期 1.6 年；嘉靖年间有 40 位总漕，平均任期 1.1 年；隆庆年间有 4 位总漕，平均任期 1.8 年；万历年间有 22 位总漕，平均任期 2.2 年；泰昌、天启年间有 3 位总漕，平均任期 2.3 年；崇祯年间 5 位总漕，平均任期为 3.4 年。嘉靖年间，"纷纭多故，将疲于边，贼讧于内，而崇尚道教，享祀弗经，营建繁兴，府藏告匮，百余年富庶治平之业，因以渐替"[1]，国家对江南漕粮和折色的诉求，几如人体之于食粮，一日不得则饥，三日不得则有生命之虞。世宗虽深居大内，但威柄在御，事权略不下移，因而漕运略有不济，即更换总漕，45 年间，竟有 40 位总漕走马灯似地登场。万历初年，御史陈堂批评总漕不能久任之弊："国家之待河、漕二臣，辄复以次叙迁，无所责成。其殚心竭虑，鞠躬尽瘁者，秩不加升；坐视如故者，罪不加罚。卒皆三年之内，侥幸无事，相继弃去，何怪乎河患之日甚一日哉！"[2]神宗在张居正秉政期间，尚能专注河漕，任贤选能。然国本之争后，神宗决计以消极怠工发泄对群臣的不满，"继乃因循牵制，晏处深宫，纲纪废弛，君臣否隔。于是小人好权趋利者驰骛追逐，与名节之士为仇雠，门户纷然角立"[3]，于是就发生了总漕当立而不立，当退而不退的荒唐闹剧[4]。天启、崇祯年间，总漕势不可免地卷入了日趋激烈的党争中，"门户之争固结而不可解"[5]，总漕之人品素质已较嘉靖之前相去甚远。思宗新君即位，即罢免阉党总漕郭尚友，崇祯八年（1635），又以凤阳失守将总漕杨一鹏弃市。此后总漕朱大典的职责由督漕转向抗击农民军上，因而得以长任六年之久。明末的内忧外患危机中，总漕的军事职能逐渐凸显，

---

① 《明史》卷一八《世宗本纪二·赞》，北京：中华书局，1974 年，第 252 页。
② 《古今治河要策》卷四四《论疏》，光绪十四年（1888）嗜古山房刻本，第 9 页。
③ 《明史》卷二一《神宗本纪二·赞》，北京：中华书局，1974 年，第 292 页。
④ 我们从表 2-1 中可以看出，万历年间多次发生前任总漕已致仕，后任总漕尚未会推的现象。甚至于李三才上疏请辞，不得命即退，而皇帝亦不过问。
⑤ 《明史》卷三〇六《阉党列传·序》，北京：中华书局，1974 年，第 7834 页。

第二章 人群与结构：明代总漕的群体分析

但大厦之将倾，以总漕区区之力，又岂能力挽狂澜？一朝大幕落下，总漕之绝世风华，终似浮萍被雨打风吹去。

四、离职去向

明代总漕任职前多被委以宪臣身份，但离职后却未必回都察院理事。从表 2-4 可以看出，真正以左、右都御史或左、右副都御史身份回都察院理事者仅 14 人，占总数的 12.84%；迁为两京六部尚书或侍郎者最多，达 42 人，占总数的 38.53%；以左右副都御史、左右佥都御史或六部尚书、侍郎身份总督军务、巡抚地方的有 15 人，约占总数的 13.77%；也有 3 人任职于大理寺、鸿胪寺等其他与地方军政无关的部门，仅占总数的 2.76%；以都御史、左右副都御史或六部尚书身份致仕的有 13 人，占总数的 11.93%；丁忧者 2 人，但服满后不再任总漕，占总数的 1.83%；降职为其他低级官员与辞免官为白身者 10 人，占总数的 9.17%；值得关注的是，有 9 人以左右都御史、左右副都御史、左右佥都御史或六部尚书的身份勤劳王事而卒于任，有 1 人因防守祖陵和凤阳不力而论死，这样说来，死于任期的也有 10 人，占总数的 9.17%。

表 2-4 明代总漕离职去向一览表　　　　（单位：人）①

去职走向	左右都御史	左右副都御史	左右佥都御史	尚书	左右侍郎	其他高级官	其他低级官	白身	合计
都察院	8	6	—	—	—	—	—	—	14
两京六部	—	—	—	19	23	—	—	—	42
总督、巡抚	—	11	1	2	1	—	—	—	15
其他部门	—	—	—	—	—	3	—	—	3
致仕	1	1	—	4	—	—	—	7	13
丁忧	—	—	—	—	—	—	—	2	2
降职、辞免官	—	—	—	—	—	—	5	5	10
卒于任	2	5	1	1	—	—	—	—	9
论死	—	—	—	—	—	—	—	1	1
合计	11	23	2	26	24	3	5	15	109

① 如张缙、陶琰等再任总漕者，其离职去向依次统计；离职后兼领都察院和六部官职者亦分别统计。

上述表 2-4 统计数字乃总漕离职后以兼官身份回到具体部门的任职走向。很显然，回到六部和都察院任职，或者继续兼任着六部、都察院的职位担任地方总督或巡抚，成为总漕去职后的主流走向，其人数占总数的 65% 以上。加上以左右都御史、六部尚书等身份而致仕者，超过总数的 77%。这些数字可以大致勾勒出这样的景象：都察院或六部成为总漕离职后主要部门归属，这与总漕任职前的职衔背景几乎一致。

再从表 2-4 总漕离职后的具体职务来看，迁为左右都御史的 11 人，占总数的 10.1%；任左右副都御史的 23 人，占总数的 21.1%；任左右佥都御史的 2 人，占总数的 1.8%；迁为两京六部尚书者 26 人，占总数的 23.9%；任六部侍郎的 24 人，占总数的 22%；迁为其他官职或白身的有 23 人，占总数的 21.1%。我们知道，左右都御史和六部尚书均为正二品，忝为明代九卿之列，已是文臣除加官、赠官之外最显要之职位。总漕任职期间虽事剧心烦，任期短促，但其位高权重，引人瞩目，只要能统揽事权保障漕运正常开展，或治河稍有成绩，就能有 1/3 以上的概率位列九卿，身显家荣，为后进者所追慕。此外，左右副都御史和六部左右侍郎均为正三品，左右佥都御史为正四品，此皆为明代高级官职，亦是 45% 以上总漕离职后可获得的归途。

总漕离职后的去向反映了明代官员的流动生态，也体现了政府对官员的管理意图。稍具明代政治制度史常识的都知道，明代官员流动表现为监察与行政轮任，中央与地方互通的制度特征，总漕的流动自然也不例外。唐克军博士对《明实录》所载的明代官员升迁情况进行统计分析，认为地方上右布政使多被迁为左布政使，左布政使多迁为左右副都御史；中央都察院系统中佥都御史升迁的主要路径为副都御史、侍郎、大理寺卿，副都御史则为侍郎、大理寺卿、尚书，都御史则基本为六部尚书；六部官员则基本在部院间流动，右侍郎多升为左侍郎，左侍郎则多升为尚书；尚书要么调任他部尚书，要么迁为左都御史。[1]总漕以左右布政使、都察院或六部兼官身份任职，其升迁路

---

[1] 唐克军：《不平衡的治理——明代政府运行研究》第五章，武汉：武汉出版社，2004 年，第 320—360 页。

线也遵循上述原则。①

当然，也并非所有总漕都能功成身退，晋升高位，有10人在任期间被辞免官，有7人以白身致仕，甚至还有1人因事被逮而弃市，三者占总数的16.5%。从时间上看，上述情况除个别总漕因八目遭弹劾外，大多数发生在嘉靖以后，国家多事之秋，因漕运不济、党争倾轧、农民战争或其他突发事件处理不当而黯然离职者比比皆是。以崇祯朝为例，6名总漕有3人被弹劾而辞免官，1人被圣裁论死，只有朱大典、史可法2人因战事吃紧而晋升兵部，这反映出总漕的督漕职能已不是政府关注的重心，反而是巡抚地方、率军御敌成为总漕的迫切任务。

本 章 小 结

当王竑以左佥都御史的身份总督漕运、巡抚四府三州奔赴淮安，处理因黄河溃堤而导致的生灵涂炭、漕运不畅的危局时，我们有充分的理由认定此为协助漕运总兵官徐恭的救时之举，这与此前临时差遣的其他总督并无二致。然而，充满历史吊诡意味的是，王竑的个人魅力和漕运的艰巨性使得朝廷渐渐认可了总漕的文官体制化，汉唐以来漕运职官专门化的历史惯性终于修成正果。不过，这种违背祖制的大胆革新所遭受的抨击一点也不亚于其他新兴事物所经历的磨难。天顺初期朝廷对总督和巡抚的一刀革除，嘉靖、万历年间总漕和总河之间的相互侵吞，以及天启、崇祯间政治危机所引发的总漕地位下降，终明之世，总漕群体面临的外部压力几如浪涛中的舟艇，一刻也不曾消停。汤因比的挑战—应对理论认为，历史和现实的挑战往往会催生出不同的应对，意志薄弱者在强大的压力面前会一蹶不振，而性格坚强者会迎难而上，创造出新的境地。王竑、陶琰、王宗沐、潘季驯、吴桂芳、李三才等

---

① 对于这种规律性的狭窄的向上流动渠道，我们将在后面详细讨论。

总漕便是其中的佼佼者,正是他们的不懈努力,总漕的文官体制得以长期延续,总漕的文官群体得以代代不息,总漕的权力得以不断扩张。

然而,历史的发展从来就不是直线式的,总漕的权力扩张成为历史发展的主流这一事实,并不排斥阶段性权力销蚀的发生。当总漕被排挤在非主流的官僚群体中时,官方史书对总漕的任免往往语焉不详,甚至仅在其死后履历中一笔带过,这就造成了日后王世贞、雷礼、《淮安府志》的编撰者、吴廷燮、黄仁宇、张德信等学者在统计明代总漕群体人数时的分歧。即便是明代总漕亲任者吕兆熊,也不能准确说出未上任即辞免官的总漕人数。笔者搜遗访佚,寻罗多方,方有表2-1《明代总漕统计一览表》之面世。基于此,不难发现,明代关于总漕人选的出生地限定是极为有限的,虽然有不得官本省、南北更调、南直隶下江人不任总漕的制度约束,但在实践中,总漕任命除不考虑利害关系极大的南直隶江北籍官员外,包括南直隶江南籍在内的其他省籍历事经验丰富的文官均可被纳入其诠选范围;总漕任前的宪职身份以左、右副都御史为主,总漕任职前大都有六部或地方布政司任职经历,其中尤以在户部、兵部、工部任左右侍郎为多;明代总漕任职期限极短,平均仅为1.88年,并以嘉靖为界,呈V字形分布,这与明代政局走向一脉相承;都察院或六部成为总漕离职后主要部门去向,其具体职务基本遵循明代官员升迁路线图,部分辞免官及在任被追论死的总漕则不在其列。

第三章 博弈与演变：明代总漕与其他政府衙门的关系及其发展

唐宋时期称宰相处理政务的治所为政府，如唐李林甫"领吏部尚书，日在政府，选事悉委侍郎宋遥、苗晋卿"①。宋欧阳修"在政府日，与韩琦同心辅政"。②这里的政府，顾名思义，即政事堂，类似于后世中央政府的首脑机关。明代内阁有相职无相名，有相责无相权③，亦相当于唐宋之政府。今天我们讨论明代政府衙门，不应拘泥于古人囿见，其中央内阁、六部、通政司、光禄寺、太常寺、地方三司、府州县衙门等都应算作其中。由于资料缺失，篇幅受碍，我们的讨论不可能穷尽各司衙门，只能有选择性地探讨总漕与漕运总兵官、总河、六部、淮安府等中央、地方衙门之间的博弈关系。博弈本是数学术语，政治学借而用之，认为在权力蛋糕为定量的前提下，参与政治博弈的权力集团呈现为非此即彼或此消彼长的斗争状态，此即为零和性博弈关系，反之则为非零和性博弈关系。毫无疑问，总漕与其他政府衙门的权力博弈当是零和性博弈关系。本章主要考察总漕权力在博弈过程中的消长，并

---

① 《资治通鉴》卷二一五"天宝二年春正月"条，北京：中华书局，1956年，第6857页。
② 《宋史》卷三一九《欧阳修传》，北京：中华书局，1977年，第10379页。
③ 关于明代内阁评价，可参阅谭天星：《明代内阁政治》，北京：中国社会科学出版社，1996年。

以此为基础，借鉴道格拉斯·C·诺思制度经济学理论，从规则、组织与执行角度发微明代总漕权与利的演变。

第一节　总漕与漕运总兵官、漕运参将的轩轾统摄

一、总漕与漕运总兵官

我们在第一章第三、四节中已经讨论过文官体制形成后的总漕与漕运总兵官的职权之分：二者在督运粮储、禁革奸弊、惩办运粮官军犯罪行为、治理通州至扬州段运道等方面权力相当。而漕运总兵官更侧重于具体漕运事宜，须亲自"攒运漕粮，赴京交纳"，其对淮安地方军民事务仅有限的参与权。总漕则以督运为主，巡抚包括淮安在内的四府三州，诸凡清理盐课、赈济饥荒、修复城垣、抚捕盗贼、奖劝廉能、黜罚贪酷等地方事宜，均属其职能范围。然而，这仅是存在于官方文件或法律文书中的区分，在明代历史进程中，漕运总兵官与总漕在漕粮督运、漕军管理、河道治理及地方民政参与方面，一直发生着暗流涌动的权力斗争。

1. 漕粮督运

漕粮督运乃总漕与漕运总兵官共同职责，每年八月总兵官、总漕与其他一干人等均需赴京，商议来年漕运事宜，直至万历十八年（1590）后总漕始告免。《明史》云："初，宣宗令运粮总兵官、巡抚、侍郎岁八月赴京，会议明年漕运事宜，及设漕运总督，则并令总督赴京。至万历十八年后始免。"[①]《会典》云："（宣德）十年，令漕运总兵官八月赴京，会议次年运事。"[②]每年八月的漕运会议决定来年漕运相关事宜，可谓漕运最高决策会议。然总漕兼管

---

① 《明史》卷五五《食货三·漕运》，北京：中华书局，1974年，第1922页。
② 万历《明会典》卷二七《会计三·督运官员》，台北：新文丰出版公司，1976年，第501页上。

第三章 博弈与演变：明代总漕与其他政府衙门的关系及其发展

地方民政，来回奔波委实不易，是以早在嘉靖十八年（1539），就有人提出免除总漕来京议事之奔波。嘉靖十八年（1539），"免漕运都御史周金赴京议事，以地方有事，从巡按御史杨瞻之请也。总兵官赴京如故。"①嘉靖二十四年（1545），又以地方灾异，免总督漕运都御史王暐来京议事。②直至万历十八年（1590），总漕八月不赴京参与漕运会议才成为成例。

然而次年正月开始的漕运，上下人等均须全力以赴。"总漕巡扬州，经理瓜、淮过闸。总兵驻徐、邳，督过洪入闸，同理漕参政管押赴京。攒运则有御史、郎中，押运则有参政、监兑、理刑、管洪、管厂、管闸、管泉，监仓则有主事，清江、卫河有提举。"③总漕、总兵官及其他攒运、押运、监仓及河道官各有分工。这样的分工在嘉靖以后才明确下来。户部回复御史颜鲸有关漕运的条文中，指出："每年正、二月间，令漕运都御史专驻淮安，与总兵官一体经理漕事，俟春汛至日方赴扬州。"④至隆庆四年（1570）又有变动，"漕船起行，都御史坐镇淮安，参将移驻瓜、仪，总兵驻徐州，各分经理催督船粮"。⑤隆庆六年（1572），总漕王宗沐又提出："请于春讯时移驻扬州，料理海防军务兼催瓜、仪之运。二月中还淮安，及粮船悉至，总兵乃出驻邳、徐以北，督催过洪。俟入闸毕，随后管押至京。"⑥朝廷答允，总漕和漕运总兵官的行动路线愈发明晰。

在具体职责分工上，漕粮、漕船的先期准备工作与淮河漕运归总漕负责，非因河梗而致的过徐州洪误期责任则由漕运总兵官承担。"有司米不备，军卫

---

① 《明世宗实录》卷二二九"嘉靖十八年九月壬寅"条，《钞本明实录》第15册，北京：线装书局，2005年，第303页上。
② 《明世宗实录》卷二九九"嘉靖二十四年五月丙戌"条，《钞本明实录》第15册，北京：线装书局，2005年，第559页下。
③ 《明史》卷五五《食货三·漕运》，北京：中华书局，1974年，第1922页。
④ 《明世宗实录》卷五一六"四十一年十二月乙亥"条，《钞本明实录》第17册，北京：线装书局，2005年，第33页下。
⑤ 万历《明会典》卷二七《会计三·督运官员》，台北：新文丰出版公司，1976年，第502页上。
⑥ 《明穆宗实录》卷六五"隆庆六年正月癸未"条，《钞本明实录》第17册，北京：线装书局，2005年，第611页上。

船不备，过淮误期者，责在巡抚（总漕）。米具船备，不即验放，非河梗而压帮停泊，过洪误期因而漂冻者，责在漕司。"①。然而，现实中的漕运梗阻、漕粮飘没甚至漕军死于非命的事故屡有发生，其原因是多方面的，很难断定是哪一方的过错，因而朝廷在追究责任时常常抓小放大，豁免总漕和漕运总兵官，把板子打在下级官吏身上。如《明孝宗实录》载："户科都给事中张九功，以今岁漕运漂流米麦六万四千八百余石，因劾总督漕运都御史李昂、总兵官都督佥事都胜及各把总、管运等官罪。得旨，昂、胜姑贳之，把总、管运并漂流五百石以上者各停俸三月，五百石以下者两月。"②

这一次漕损的主要原因是弘治二年（1489）的黄河大水淤塞了淮北运道，按照条例，本无关总漕和总兵官之事，但户科给事中仍提出弹劾，已属委屈之至，好在孝宗明察秋毫，依照惯例处理此事。又如《明武宗实录》载："户部言，正德七年运粮把总等官完粮违限，及漂流烧毁粮米者共二百五十五人，例当逮问，及停俸。其漕运总兵官镇远侯顾仕隆、参将梁玺、都御史张缙亦难辞责。奉旨，把总等官俱如例问拟，仕隆、玺、缙其宥之，令用心督理，不许怠玩。"③

一句"如例问拟"让惩小放大的问责惯例毕露无遗。不过当属下玩忽职守，酿成重大事故时，朝廷的惩罚也会毫不容情地落下。如弘治九年（1496）的这一次人为漕运损失较大，责罚力度就大得多了："镇江卫指挥同知陆潮督运船至临清潘官屯，所部船中失火，延烧运船五十三只，损正粮万八千余石，军夫死者五人。户部言，潮及本管千、百户并本船军士俱当重治，追陪把总都指挥佥事张勇亦当从重问，拟并劾漕运参将都指挥佥事耿麟、总督漕运都御史张玮、总兵官都督佥事都胜之罪。下刑部覆奏，命俱逮来京治之。"④

---

① 《明史》卷七九《食货三·漕运》，北京：中华书局，1974年，第1922—1923页。
② 《明孝宗实录》卷三〇"弘治二年九月丙子"条，《钞本明实录》第10册，北京：线装书局，2005年，第244页。
③ 《明武宗实录》卷九七"正德八年二月甲寅"条，《钞本明实录》第12册，北京：线装书局，2005年，第544页。
④ 《明孝宗实录》卷九四"弘治七年十一月丙午"条，《钞本明实录》第10册，北京：线装书局，2005年，第522页下。

第三章 博弈与演变：明代总漕与其他政府衙门的关系及其发展

镇江卫指挥同知陆潮督运漕粮发生重大事故，罪及总漕和总兵官。可见，总漕和总兵官在漕运分工上虽有所区分[①]，但其保障漕运顺利抵京的目标是一致的，在发生漕损时所受到的责罚也无太大差别。

2. 漕军管理

从本质上讲，漕军与来自其他卫所的军队并无不同。按照《会典》所载，漕军设南京把总二，各领卫十三；江南直隶把总二，领卫所十九；江北直隶把总二，领卫所十五；中都把总一，领卫所十一；浙江把总二，领卫所十三；山东把总一，领卫所十九；湖广把总一，领卫所十；江西把总一，领卫所十一。共计124个卫，由12个把总指挥。[②]关于漕军的数量，历来说法不一。明初供给辽东的海运，征发官军八万余人。宣德间，营建献陵、缮治王府，以运军助工两万多人。加上郑和下西洋、征伐交趾又调去两万多人，漕军缺伍甚众。宣德四年（1429），平江伯陈瑄会同工部尚书黄福上奏，应补足运军数达十二万，且不允再役使漕军他用，诏可。其后陈瑄又提出于诸卫所中选其少壮者入漕军，其数增至十六万人，以补老弱及逃亡之不足，皇帝驳回。从此漕军十二万的定数被确定下来。[③]《明史》云："漕司领十二总，十二万军，与京操十二营军相准。"[④]亦可为佐证。

陈瑄的时代，平江伯凭借着自身巨大的威望和声誉，以南京后军都督府派遣之漕运总兵官的身份，对漕军施行了有效的统率与管理。如宣德六年（1431）奏准："差给事中、御史于南京各卫，会同该府堂上官，在外会同各

[①] 细细品来，总漕负责的是江淮之间的湖漕，漕运总兵官的工作重心则集中于淮北河漕。涉江之险虽重，但比起以险峻著称的徐州洪，仍有所不逮。故总漕不唯分担了漕运总兵官漕粮督运之权，还夺去了难度较小的湖漕责权，而黄河、淮河的风险一并委于漕运总兵官。

[②] 万历《明会典》卷二七《会计三·运粮官军》，台北：新文丰出版公司，1976年，第502—504页。按，明罢海运后，还存设有"遮洋总"，在天津、德州、徐州设有分队，负责渤海上的短途海运。万历初，以遮洋总分队所属之地分隶十二总，遮洋总裁撤。

[③]（明）何乔远：《名山藏》卷五〇《漕运记·漕军》，张德信等点校，福州：福建人民出版社，2010年，第1379页。

[④]《明史》卷七九《食货三·漕运》，北京：中华书局，1974年，第1922页。

都司、按察司堂上官及中都留守司、直隶卫所点选运军。其管运官员不能抚卹以致逃故者，从总兵官处治。"①自总漕设立始，总兵官对漕军把总及军士的统帅权仅限于漕运时段。而在平时，湖广、山东和江西的把总，接受凤阳的中都留守司和上述省份的都指挥使领导。浙江把总归属于浙江都指挥使司，南京把总则归南京兵部统辖，江南直隶把总、江北直隶把总则由驻扎在北京的中军都督府指挥。②漕运总兵官对漕军军官的节制权渐渐转交给以总漕为首的漕运衙门。如：

> （正德）十四年题准：运粮把总卫所总等官，每三年一次，户、兵二部会同考察，分别去留等第，奏请定夺。千、百户镇抚等官，亦三年一次，漕运衙门考选。南京兵部及各省抚按衙门，遇有申告运官一切患病、年老缘事等项，必须会行漕运衙门勘实，方许替换。若遇考选军政之期，查系户、兵二部原考定者，不得擅为纷更。各处卫所总官有缺，于领运及各卫所佥书、军政等官素有才力者选补。其余管事缺官，不许擅掣运官。其各处运官，如有科扰侵欺等项实迹，悉听漕运衙门、监兑官并巡按御史指实参究黜罚，不在三年考察之限。③

把总三年一次的考察由户部、兵部会同举行，把总以下的千户、百户、镇抚等官则归总漕考选；运官因患病和年老不能赴任，亦有总漕勘实；各处运官的作奸犯科行为，也由总漕会同监兑官、巡按御史参究黜罚。那么，漕运总兵官对漕军上下的考察、勘验、黜罚的权力就所剩无几，这比起陈瑄担任漕运总兵官的时代简直不可同日而语。

当然，也不可高估总漕对漕军的指挥力。这有多方面的缘由。首先，朝

---

① 万历《明会典》卷二七《会计三·运粮官军》，台北：新文丰出版公司，1976年，第504页下。
② 万历《明会典》卷二七《会计三·运粮官军》，台北：新文丰出版公司，1976年，第504页下。又按，Ray Huang.*The Grand Canal during the Ming Dynasty: 1368-1644*, Ann Arbor: UMI, 1964, p.81 也有类似说法，不过其注释表明该材料来自《漕船志》卷六，北京：方志出版社，2006年，第17—18页。考《漕船志》卷六为"法例"，笔者遍览其文，未见类似文字。
③ 万历《明会典》卷二七《会计三·运粮官军》，台北：新文丰出版公司，1976年，第505页下。

第三章　博弈与演变：明代总漕与其他政府衙门的关系及其发展

廷还派有御史、参政、刑部主事等文官参与对漕军的管理，尤其是刑部主事（或刑部员外郎），三年一替，对漕军管理有很大的参与权。宪宗时，"总督漕运兼巡抚凤阳等处右副都御史徐英奏，乞复旧例，专差刑部主事一员，随之。问刑三年而代奏，上命所司知之。"①其次，尽管朝廷一再申明，漕军不能擅改任务，脱离漕运前线，但当国家遇到紧急危机时，漕军也被动员起来奔赴战事集中地。如正统十四年（1449）土木堡之变后，漕军被征调北京，参加北京保卫战；嘉靖三十三年（1554），东南倭乱方炽，南京兵部尚书张经总督江南、江北、浙江、山东、福建、湖广诸漕军打击倭寇，总漕仅被赋予守土之责，而漕运总兵官竟不与之。②还有，漕军设置后的百年间，迅速从一支纪律严明常备军蜕化为军纪涣散、逃亡严重的普通劳动力组织。万历年间，南京兵部尚书黄克缵奏漕粮运丁之累，他认为：

> 京卫运粮船有定额，甲有编签。历年以来，通融掣补卫军之避差，自万历十四年编丁始。有力之家暗通书役，改窜册籍。不为快丁，则为仓户。不为仓户，则为屯丁。日趋月避，仅鹑衣百结者数千人为运军，其中有狡谲无赖、欲衣食于漕粮者，充为旗甲。一经签定，恣意横行。折乾盗卖之弊，种种莫诘，以致贻累运官镌职殒命，而所挂漕粮计积万石。查万历二十二年准户部咨开各卫军士，不分领运、操守、杂差及马船快丁，一概尽审。将有力先尽旗甲，次及别差等。臣今已清出窜丁计三千六百一十八名，悉听临运亲审佥点。伏乞申饬，以后有仍窜名避役者，照纵放军人歇役律，从重究罪，庶漕运不致终累矣。③

---

① 《明宪宗实录》卷二四五"成化十九年十月辛酉"条，《钞本明实录》第9册，北京：线装书局，2005年，第448页。
② 《明史》卷二〇五《张经传》，北京：中华书局，1974年，第5407页。按 Ray Huang. The Grand Canal during the Ming Dynasty: 1368-1644, Ann Arbor: UMI, 1964, p.38 也列举了该事例，不过黄仁宇说张经的职务是"the Commander-in-Chief"，即总督。然此总督非漕运总督，事实上，比照表2-1就可发现，张经也没有做过总漕。而 The Grand Canal during the Ming Dynasty: 1368-1644 的中文译者不明究理，竟然直译为漕运总督，大谬矣！参阅黄仁宇：《明代的漕运》，张皓、张升译，北京：新星出版社，2005年，第54页。
③ 《明神宗实录》卷五四八"万历四十四年八月壬寅"条，《钞本明实录》第22册，北京：线装书局，2005年，第284页。

运丁窜名和逃亡,已构成了漕运的直接危害。星斌夫认为,直隶到南京一线的漕军约有四分之一逃散,负责军官不得不雇佣流民和乞丐弥补空缺。[①] 漕军的大批逃亡主要缘于其待遇低下,难以维持基本生计;惩罚太重,稍有不慎,则倾家荡产。如此的漕军,也就谈不上进行有效的统率,甚至进行简单的管理都极为困难。

3. 河道治理

明代河道治理的症结在于黄、淮、运河的错综复杂关系。洪武年间,黄河决口于河南原武、祥符、中牟等县,地方官向中央汇报时,太祖回道:"此天灾也,今欲塞之,恐徒劳民力,但令防护旧堤,勿重困吾民。"[②] 朱元璋这样的答复令人深思,其究理不外乎天下初定,地方官员当爱惜民力,不宜兴办重大工程。当然,还有一个更深层次的原因,辽东漕粮多通过海运抵达,北方运道对于国计民生来说可有可无。明成祖迁都北京后,这条南北畅通的运道恰如人之咽喉,朝廷不得不以空前的力度加以整治。

明代派遣中央官员治理河患自永乐年间工部尚书宋礼始,之后延及宣德到天顺年间,每当河患深重,皇帝往往沿用永乐故事,指派工部尚书、侍郎或左右副都御史前往治理,但事毕回朝,并没有向地方化、制度化方向发展,如前文提及的徐有贞治河便是一个活例。而黄河安流或河患不重之时,运道的整治与管理便落在总漕和漕运总兵官肩上。根据第一章第三、四节所列举的总漕及总兵官所领诰敕,我们知道二者均被赋予整治通州至扬州运道之职,甚至相关文字表述都完全一样:"自通州至扬州一带水利有当蓄泄者,严督该官司并巡河御史、管河管洪郎中等官,设法用工筑塞疏浚,以便粮运。"[③] 从时间上讲,朝廷创设总漕的目的就在于协助徐有贞整治运道,保障漕运畅通无阻,是以王竑履任后,便渐渐褫夺了总兵官兼理河道之权。天顺初,王竑

---

① (日)星斌夫:《明代漕運の研究》第四章,東京:日本學術振興會,1963年,第229—230页。
② 《明太祖实录》卷一三八"洪武十四年八月庚辰"条,《钞本明实录》第1册,北京:线装书局,2005年,第585页。
③ (明)杨宏,谢纯:《漕运通志》卷三《漕职表》,荀德麟点校,北京:方志出版社,2006年,第50页。

第三章 博弈与演变：明代总漕与其他政府衙门的关系及其发展

因夺门之变去职，总兵官提出依平江伯故事兼理河道。《明英宗实录》云："初，工部奏河道有郎中、主事及巡河御史管理。上敕右都督徐恭专管漕运。至是，恭言平江伯陈瑄总督漕运兼理河道。今若令臣不得兼理河道，恐有误漕运。上从之，令如平江伯故事。"①

相关内容《会典》及《漕运通志》也有记载。"天顺元年，令总兵官兼理河道。"②"天顺元年命总兵官徐恭兼理河道。"③漕运总兵官兼理河道本是成例，但总漕侵夺其权终成事实。星斌夫从《明实录》中辑出多条总漕整治河道的案例，如陈泰补修高邮附近的湖岸，滕昭整治孟渎河港口，陈濂浚治济宁附近的运道，张缙拓宽扬州至淮安的运道，洪锺创设武进白塔湖四闸，邵宝治理黄河运道，刘节疏通河道等，总漕的这些举措，总兵官均不与之。④

然而，总漕对于河道也就仅限于兼理之权，小规模的修修补补没有问题，而对于成化以后水患新情况，总漕就力有不逮了。此际河道旧规日以废弛，河道淤浅，泉源漫伏，粮船转运延迟等问题日趋严重。总漕常驻淮安，对于山东及以北的运道鞭长莫及。太监韦焕向宪宗奏明河道淤浅之状况，请求增派中央官员加以整治。宪宗与户部、吏部官员合议后，决定增设工部郎中，分理部分运道。又改南京刑部左侍郎王恕为刑部左侍郎、总理河道：

> 特命尔总理其事。尔宜往来巡视，严督各官，并一带军卫有司人等。用心整理闸坝，损坏者修之，河道淤塞者浚之。湖泊务谨堤防泉源，毋令浅涩。沿河浅铺树井及一应河道事宜，但系平江伯旧规者一一修复，不许诸人侵占阻滞。凡有便宜方略可举行者，悉听尔斟酌施行。一应官员人等敢有违误者，或量情惩治，或具奏劾问。尔仍须审度人情事势，

---

① 《明英宗实录》卷二八〇 "天顺元年七月戊子"条，《钞本明实录》第 7 册，北京：线装书局，2005 年，第 334 页。
② 万历《明会典》卷二七《会计三·督运官员》，台北：新文丰出版公司，1976 年，第 501 页上。
③ （明）杨宏，谢纯：《漕运通志》卷七《漕例》，荀德麟点校，北京：方志出版社，2006 年，第 125 页。
④ （日）星斌夫：《明代漕運の研究》，第二章，東京：日本學術振興會，1963 年，第 108—109 页。

随其缓急轻重，以为后先。毋急以扰人，毋怠以废事。限以三年务底成绩，如或因循不理，致误国计，责有所归尔。其勉之慎之。①

此总河创设之始也。从此，漕运总兵官和总漕的兼理河道之权旁落他人之手，二者河道治理的权力博弈也就走到了尽头。②

4. 地方民政参与

从总漕和漕运总兵官所领诰敕来看，二者对地方民政的参与范围有极大的差距。漕运总兵官"镇守淮安，抚安军民，修理城池，禁防盗贼。凡事须与总督漕运都御史计议停当而行，务在用心规画，禁革奸弊。"总漕则"兼巡抚凤阳、淮安、扬州、庐州四府，徐、滁、和三州地方，抚安军民，禁防盗贼，清理盐课，赈济饥荒，城垣坍塌，随时修理，守城官军以时操练，或有盗贼生发，盐徒强横，即便相械设法抚捕。卫所府州县官员有廉能公正者，量加奖劝；贪酷不才者，从公黜罚。凡事有利于军民者，悉听尔便宜处置。"③前者仅限于淮安府的镇抚，且须与总漕商议而定；而后者则囊括包括淮安、扬州在内的江北四府三州，举凡清理盐课、赈济饥荒、修复城垣、抚捕盗贼、奖劝廉能、黜罚贪酷等地方事宜，均属其职能范围。二者的权位几乎不可轩轾。

在实际的政治生活中，漕运总兵官并不常驻淮安，其对淮安民政参与的象征意义大于现实意义。④其地位多表现为知府及以下官员礼节性的参拜。《明世宗实录》云："户部集议漕规八事……一督运总兵官开府江淮，事权甚重，

---

① 《明宪宗实录》卷九七"成化七年冬十月乙亥"条，《钞本明实录》第 8 册，北京：线装书局，2005 年，第 492 页。
② 万历间，总漕和总河一度合并，通漕、治河之权又集于一人，但此为总漕和总河权力博弈的一时权宜之计。可参见本章第二节。
③ （明）杨宏，谢纯：《漕运通志》卷三《漕职表》，荀德麟点校，北京：方志出版社，2006 年，第 50—51 页。
④ 《明英宗实录》卷二七七天顺元年夏四月庚申条载，王竑去职后，总兵官徐恭提出依平江伯故事，常驻淮安，被英宗拒绝（《钞本明实录》第 7 册，北京：线装书局，2005 年，第 310 页下）。

第三章　博弈与演变：明代总漕与其他政府衙门的关系及其发展

知府而下参见，礼节宜遵旧规。诏可。"①然而，总漕的权限太广，兼管漕运、民政、河道等庶务也会引发上下猜忌。《明史》载："成化八年，分设巡抚、总漕各一员，九年复旧。正德十三年又分设，十六年又复旧。"②又，《明世宗实录》云："御史刘隅言，江北根本重地，今以总督漕运者兼巡抚，权分地远，势固难兼。况今盗贼、灾伤政务尤剧，请如先年臧凤提督漕运、丛兰专管巡抚故事，仍增官分管为便。兵部覆议，得旨，令督运抚臣高友玑会官审议，以闻。"③

这里的"先年臧凤提督漕运、丛兰专管巡抚故事"即上文提及的"正德十三年（巡抚、总漕）又分设"之事，然而这两次分权终不成功。嘉靖三十六年（1557），"以倭警，添设提督军务巡抚凤阳都御史。"这一次的分权因嘉靖大倭乱而起，当倭乱渐宁，四方干戈次第平息，一切又如旧。"（嘉靖）四十年归并，改总督漕运兼提督军务。"④《明世宗实录》记述得更为详细："巡按直隶御史陈志奏，往时漕运宪臣俱兼巡抚。日者海徼不靖。戎事倥偬，遂以漕臣司转饷，抚臣秉戎麾，此一时军兴特设，非制也。今倭患渐宁，事权宜一。请裁革巡抚，即以漕臣兼之。事下吏、兵二部，覆可。乃以总督漕运都御史胡植兼提督军务巡抚凤阳等处。"⑤

朝廷屡次拆分总漕民政权力的努力均以失败告终，个中原因远不是陈年惯例所能解释得清的。总漕总揽漕运大权，倘若没有地方民政权力作为支撑，一旦事发掣肘，势必影响漕运畅通。事关漕运大计，朝廷不得不做出妥协，一再容忍总漕在地方民政参与权力上的扩张。

综上所述，总漕与漕运总兵官在漕粮督运方面责权相当，漕运通畅时一

---

① 《明世宗实录》卷五四〇"嘉靖四十三年十一月庚申"条，《钞本明实录》第 17 册，北京：线装书局，2005 年，第 104 页下。
② 《明史》卷七三《职官二·都察院附总督巡抚》，北京：中华书局，1974 年，第 1773 页。
③ 《明世宗实录》卷五四"嘉靖四年八月乙未"条，《钞本明实录》第 14 册，北京：线装书局，2005 年，第 57 页下。
④ 《明史》卷七三《职官二·都察院附总督巡抚》，北京：中华书局，1974 年，第 1773 页。
⑤ 《明世宗实录》卷四九六"嘉靖四十年五月甲戌"条，《钞本明实录》第 17 册，北京：线装书局，2005 年，第 587 页下。

同受奖，发生漕损时则一起受罚；非漕运时段，总漕对漕军仅有有限的节制权，而总兵官则无力对漕军施加影响；总漕可以兼理河道，但仅限于小规模的水利建设，大范围的治河工程由总河负责，总兵官名义上也兼理河道，但现实中甚少参与；总漕对包括四府三州在内的南直隶江北地区的民政有相当大的参与权，而漕运总兵官仅对淮安府有名义上的民政参与能力。从明代历史发展来看，总漕对于漕运总兵官渐进式的权力侵夺自无疑义，星斌夫称漕运总兵官为总漕的辅佐官便是这个道理。[①]

然而，从品秩上看，以都督佥事身份任漕运总兵官的正二品，高于以左右副都御史或左右佥都御史职衔任总漕的正三品或正四品，与都察院的最高长官左右都御史相当。此外，漕运总兵官多以侯、伯爵位世袭，地位明显高于总漕。[②]《淮安府志》的编撰者认为："明设文、武漕院，并称帅府，武即漕运总兵是也，领以侯、伯，坐文院上。"[③]不过，正如上文所述，总漕在和漕运总兵官的权力博弈中已明显处于上风，而其时明政坛风气，总督已凌驾于总兵官之上。"先朝公、侯、伯专征者，皆列尚书之上。自建总督后，总兵禀奉约束，即世爵俱不免庭谢。其后渐以流官充总镇，秩位益卑。当督抚到任之初，兜鍪执仗，叩首而出，继易冠带肃谒，乃加礼貌焉。"[④]既然一般的总兵谒见总督都要"兜鍪执仗，叩首而出，继易冠带肃谒"，漕运总兵官拜见总漕也不会相去太远。

有关漕运总兵官的裁撤也颇有争议。天启二年（1622），漕运总兵官临淮

[①]（日）星斌夫：《明代漕運の研究》第二章，東京：日本學術振興會，1963年，第114—115页。
[②] 乾隆《淮安府志》列举了32名漕运总兵官：陈瑄、施文、时禹、王瑜、武兴、徐恭、牛循、杨茂、陈泾、陈锐、王信、都胜、郭鋐、毛锐、陈熊、顾仕隆、杨宏、张奎、刘玺、毛汉、万表、郭琮、方恩、黄印、顾寰、李廷竹、福时、陈王谟、梁继潘、汤世隆、孙世忠、王承勋。这些人中，陈锐、陈熊、陈王谟分别是陈瑄的第四、五、七代孙，顾仕隆和顾寰是父子，均有世袭爵位。此外毛锐、陈泾、毛汉、李廷竹、梁继潘、汤世隆、孙世忠、王承勋也以侯或伯爵莅任漕运总兵官（乾隆《淮安府志》卷一八《职官·明》，北京：中国方志出版社，2006年，第621—623页）。按，这份名单对照《明实录》是不准确的。
[③] 乾隆《淮安府志》卷一八《职官·明》，北京：中国方志出版社，2006年，第620页。
[④]（明）沈德符：《万历野获编》卷二二《督抚·提督军务》，北京：中华书局，1959年，第554页；（清）龙文彬：《明会要》卷四二《职官十四》，北京：中华书局，1956年，第754页。

第三章　博弈与演变：明代总漕与其他政府衙门的关系及其发展

侯李邦镇受言官弹劾，李也以病请辞。户、兵二部商议认为："总兵赘员，竟可裁去。至言者有改流一说，第有激于勋贵恧然，不若流官犹易弹压耳。然质之众论，酌之漕规终，无如一去之为全利也。"①将漕运总兵官改为流官，不若一劳永逸地裁撤。然熹宗认为漕运总兵官乃祖宗旧制，不宜更改，遂驳回阁议。大学士刘一燝等又奏言道：

> 总兵一官，在国初时原为海运而设。嗣后运河既开，漕、河两督臣并置经理，各有司存。即使总兵得人，亦属冗赘，乃其种种弊蠹，如盘查需勒、稽延不前，不惟有病军民，亦且无裨国计。自邦镇被劾四年以来，漕运竣事倍早，则总兵不问世官、流官，应裁可见。倘俯从部议，使数年间军民所畏，苦而惟恐复。中外所翘跂而望亟裁者，一旦报罢，则皇上经制之宜与继述之善并在于斯。因拟票以进，得旨：漕运总兵祖制用勋臣，良有深意，却以一时利病议更。既经两部会奏，依议停推。李邦镇屡次告病，准回京调理。②

至此，漕运总兵官"亦属冗赘"，已为朝野共知。趁李邦镇屡次告病之际，停推下任并裁撤之，可谓"中外所翘跂而望"。至于乾隆《淮安府志》所云漕运总兵官王承勋"以新建伯统武院事，号称职。会有微过，为文院李三才所持，王屈体事之，移坐其下。李旋奏海运久废，武院应裁。自此漕运始专用文职。"③并无其他材料佐证，不足为信。

---

① 《明熹宗实录》卷六"天启元年二月戊申"条，《钞本明实录》第 23 册，北京：线装书局，2005 年，第 72 页。
② 《明熹宗实录》卷六"天启元年二月戊申"条，《钞本明实录》第 23 册，北京：线装书局，2005 年，第 72 页。
③ 乾隆《淮安府志》卷一八《职官·明》，北京：中国方志出版社，2006 年，第 620 页。又，我们从《明神宗实录》中可以找出多条有关临淮侯李邦镇的史料，最明显的一条："（万历四十四年三月癸未）李邦镇提督漕运镇守淮安"（卷五四三，《钞本明实录》第 22 册，北京：线装书局，2005 年，第 266 页下）。《国榷》卷八二也有类似的记述（北京：中华书局，1958 年，第 5097 页）。此足可与天启二年（1622）裁撤漕运总兵官的廷议相互印证。

二、漕运参将的设与废

明代漕运管理机构中，除漕运总兵官外，还有漕运参将协同总漕参与漕运事务。关于漕运参将创设时间，群书记载不一。《明史》中无确切时间，仅云："协同督运参将一人，天顺元年设把总十二人。"又云："景泰二年始设漕运总督于淮安，与总兵、参将同理漕事。"[①]则景泰二年之前漕运参将已问世。《明会典》："（天顺元年）又题准，添参将一员，协同督运。"[②]这里的"添"，增添也，不能理解为创设之义。因而《续文献通考》云："协同督运参将一人，天顺元年设。"[③]是对《明会典》的曲解。我们从《漕运通志》中可以辑取多条天顺之前漕运参将任官的材料："吴亮，滁州人，宣德二年由参将升副总兵""马翔，大名人，正统元年由参将升副总兵，宣德七年以都指挥同知充参将""汤节，高邮人，正统四年以江西都指挥充参将"。[④]《漕运通志》的作者之一杨宏，从正德十六年（1521）到嘉靖九年（1530），担任了整整九年的漕运总兵官，对漕运参将的掌故自然烂熟于胸。杨宏虽未明确指出漕运参将的创设时间，但可从上述史料可推断出不会晚于宣德二年（1427）。其时正是平江伯陈瑄在漕运舞台上大施拳脚之际，区区的漕运参将不被人注意，也在情理之中。又，天顺初，户部奏报："漕运有总兵、参将二员，兼理后因无参将。添差佥都御史一员，今复召回。宜仍设参将督运。上曰："官何必备？永乐间惟总兵一员，督运亦不误事。其只令徐恭管理，但迟误则罪之。""[⑤]

这段材料内涵隽永，信息渊广，读来令人沉思不已。永乐间不置漕运参将，则其创设应在洪熙元年（1425）至宣德二年（1427）之间。景泰初，总

---

① 《明史》卷七六《职官五》，北京：中华书局，1974年，第1871页。
② 万历《明会典》卷二七《会计三·督运官员》，台北：新文丰出版公司，1976年，第501页上。
③ （明）王圻：《续文献通考》卷九五《职官考》，《续修四库全书》第763册《史部·政书类》，上海：上海古籍出版社，2002年，第584页上。
④ （明）杨宏，谢纯：《漕运通志》卷三《漕职表》，荀德麟点校，北京：方志出版社，2006年，第63页。
⑤ 《明英宗实录》卷二七五"天顺元年二月丙辰"条，《钞本明实录》第7册，北京：线装书局，2005年，第291页上。

第三章 博弈与演变：明代总漕与其他政府衙门的关系及其发展

漕横空出世，参将遂罢设。自王竑受夺门之变牵连去职后，总漕空置，总兵官徐恭颇有力不从心之感，遂有复设漕运参将之提议。英宗以为，永乐间总兵官陈瑄独揽漕运事权，亦不误事，今又何必多此一举？然而，锦衣卫出身的徐恭如何能与平江伯轩轾并论？英宗很快就醒悟过来。同年十月，"命漕运参将署都督佥事黄鉴实授前职"[1]，便是对户部奏报的变样答允。此便是群书所载天顺元年（1457）添设漕运参将的由来。

如果说漕运总兵官是总漕的辅佐官，那么漕运参将则是漕运总兵官的副手。我们可以从参将所领敕谕看出其具体职权：

> 皇帝敕谕都指挥使某，今命尔充参将，协同总兵官攒运粮储，循守旧规，提督湖广等都司及直隶卫所官军，各照岁定兑支粮数，作期运至京仓交纳。须关防禁约，不许奸欺作弊，怠惰稽迟。遇有河道淤阻，随即督同委官设法疏理。仍兼守淮安，抚恤军民，城池坍塌，趁时修治，贼寇主（生）发，先机捕灭。尔为朝廷武臣，受兹重寄，凡事须与总兵官及总督漕运都御史同心协力，处置停当而行。尤须持廉奉公，正己率下，务使河道疏通，粮储不误，军民安妥，地方无虞，官军得所，庶不负委任之意。毋或偏私执拗，乖方误事，刻害下人，致生嗟怨，如违罪有所归。尔其敬之慎之。故谕。[2]

此文与发给参将杨茂的敕文几乎一致。敕湖广都指挥同知杨茂曰："今命尔充参将，协同总兵官右都督徐恭偿运粮储，循守旧规，提督湖广等都司，及直隶卫所官军。各照岁定兑支粮数，依期运至京仓。遇有河道淤阻，随即督同委官设法疏理。仍镇守淮安，抚恤军民，修治城池。遇有贼寇生发，先机捕灭。尔为朝廷武臣，受兹重寄，凡事宜持廉秉公，庶不负委任之意。尔

---

[1]《明英宗实录》卷二八四"天顺元年十一月乙亥"条，《钞本明实录》第7册，北京：线装书局，2005年，第353页上。

[2]（明）杨宏，谢纯：《漕运通志》卷三《漕职表》，荀德麟点校，北京：方志出版社，2006年，第51—52页。

其慎之。"①

与皇帝授予总漕、漕运总兵官的诰敕相比,不难发现漕运参将有关提督湖广、直隶等地卫所官军,催督漕运的基本职责和前二者几无二致,其镇抚淮安的职能也与漕运总兵官毫无区别。所不同之处,参将对漕军上下没有节制之权;对漕运突发事件也无便宜处理之权;结尾勉励部分也仅提出公正廉明、不偏不党的人事处理期望,而对总漕、总兵官则提出粮艘畅运、军民安抚等更高要求。这与其作为漕运总兵官的副手身份是一致的。

又如在漕运时节的行程安排上,总漕或常驻淮安,或巡视瓜、仪至淮安的运道,而漕运参将须协同总兵官驻防徐州洪,催督粮储运送至京城。当总漕奔赴扬州,总兵官巡查河道之际,参将独自留守淮安。然参将相较于总漕、总兵位卑言轻,"不便弹压",户部复议此事时,提出"宜量假锦衣卫职衔",被批允。②再如前文所云,小规模的漕损发生时,朝廷依例宽免总漕和总兵,但对参将、把总及以下官吏则给予责罚。嘉靖三十六年(1557),"以漂流漕米至万捌千肆百余石,夺参将王延鹤俸三月。"③

漕运参将作为总兵官的副手,二者的职责有众多的重合之处。参将能做的,漕运总兵官亦能为之,反之则不行。总兵官的职权和影响远逾参将,当总漕和漕运总兵官权力博弈的天平越来越倾向于总漕一边时,漕运总兵官尚且逃不脱被裁汰的命运,漕运参将的结局也就可想而知了。隆庆五年(1571)九月,科道官宋良佐、唐炼劾奏漕运参将顾承勋贪纵不职,朝廷勒令其停职闲住,并借机革除了漕运参将之职,代以文官参政一员。④《明会典》云:"旧有协同漕运参将二员,今革,以一参政领漕务。""又题准,裁革参将,设参

---

① 《明英宗实录》卷三三三"天顺五年冬十月壬申"条,《钞本明实录》第7册,北京:线装书局,2005年,第549页下。
② 《明世宗实录》卷五一六"嘉靖四十一年十二月乙亥"条,《钞本明实录》第17册,北京:线装书局,2005年,第33页下。
③ 《明世宗实录》卷四五一"嘉靖三十六年九月丙子"条,《钞本明实录》第16册,北京:线装书局,2005年,第435页下。
④ 《明穆宗实录》卷六一"隆庆五年九月甲戌"条,《钞本明实录》第17册,北京:线装书局,2005年,第589页上。

第三章 博弈与演变：明代总漕与其他政府衙门的关系及其发展

政一员。每年正月，移驻瓜仪，经理粮船过闸过坝，管押到京。"①参政乃一文官，《通漕类编》云其职权："万历十五年题准，督粮参政，自本年为始，押运到湾，照旧驻扎通州，催儧粮运。起粮完日，免其进京。即便查理空船，编给限票。经由水路，催儧回南。"②其权限比起漕运参将又有不如，对漕运政策只有具体执行权，决策和民政参与权已完全丧失，终沦为总漕行政体系中的一员下属。星斌夫认为，漕运参将革除后，原来的总漕、总兵官和参将的三区域分担漕运的方法，演变为总漕和总兵官的二区域分担制，削弱了总兵官督运之权，大大强化了总漕控制漕运全局的能力。③信如斯言！

第二节 总漕与总河的聚分离合

总河，即总理河道官，乃明代创设的主管黄河、运河的最高官员，署都察院左右副都御史或左右佥都御史衔，接受工部监督。总河的面世，标志着明代漕、河分治的开始。总漕和总河在职权上有众多重合之处，二者矛盾和恩怨从其在明代诞生之日一直绵亘到清代相继消亡之际，其间聚分离合屡有发生，这反映出漕、河治理的复杂情势及其背后复杂的政治斗争背景。

一、总河诞生前的明代河道管理

有关明代前期治河职官演变情况，万历六年（1578）河南道监察御史姜璧有一段简明扼要的叙述：

---

① 万历《明会典》卷二七《会计三·督运官员》，台北：新文丰出版公司，1976年，第502页上。
②（明）王在晋：《通漕类编》卷二《漕运职官》，四库全书存目丛书编纂委员会编：《四库全书存目丛书·史部》第275册，济南：齐鲁书社，1997年，第286页上。
③（日）星斌夫：《明代漕運の研究》，第二章，東京：日本學術振興會，1963年，第119—120页。又，氏著对本节内容启发良多，谨致谢忱。

查得治河之官，自永乐至弘治百五十余年间，原无河道都御史。故有以漕运兼理河渠，如景泰之王竑者；有以总兵兼河道，如天顺之徐恭者。成化七年，因漕河浅阻甚，粮运稽阻，特命刑部侍郎王恕出总其事，事浚改升，自后不复建设。凡遇河患，事连各省重大者，辄命大臣督同各省巡抚官治之，事浚还京。①

姜璧的回顾与本章第一节所述总漕和漕运总兵官在兼理河道方面之权力博弈的内容可谓暗相契合。先是，平江伯陈瑄充任漕运总兵，兼管漕运和河道，有河道淤塞处，则发军民疏浚。②王竑任总漕，兼理通州至仪真一带河道。俟后兼理河道之权渐转归总漕。不过，每有重大河患治理工程，朝廷另派重臣总领，如景泰二年（1451），命工部尚书石璞整治因黄河溃决寿张、沙湾而阻塞的会通河，不效。景泰四年（1453），命佥都御史徐有贞再行治理沙湾决堤。③弘治三年（1490），户部侍郎白昂疏浚河决张秋后的会通河。弘治五年（1492），命工部左侍郎陈政总理河南水道，政未行而病卒。弘治六年（1493），命副都御史刘大夏再治张秋段运河。④这几次的治河工程声势颇大，尤其是刘大夏的这次，断绝了黄河北流，对日后明清历史的走向产生重大影响。然治河官员仍为朝廷临时委派，署工部或都察院衔。唯有成化七年（1494）十月至成化八年（1495）底的王恕被委以"总理河道"之名，不过其事浚还京，就如王竑之前的督抚一般，并无向地方化、体制化发展的趋势。河道的日常管理仍由总漕负责，工部郎中、巡河御史以及各省管河按察副使就所属分理。成化二十一年

---

① （明）潘季驯：《河防一览》卷一三《御史姜璧条陈治安疏》，台北：文海出版社，1971年，第466页。
② 《明宣宗实录》卷一一"宣德元年十月壬戌"条颇能作为佐证："浚仪真、瓜州坝河。先是平江伯陈瑄奏，仪真、瓜州坝下河道年久淤塞，请发附近军民疏浚。上以东作方兴，姑候农隙。至是命镇江、扬州、常州三府，仪真、扬州、镇江三卫，共以军民二万浚疏，仍命瑄董之。"参阅《明宣宗实录》卷一一"宣德元年十月壬戌"条《钞本明实录》第4册，北京：线装书局，2005年，第91页）
③ 可参阅本书第一章第四节。
④ 关于明代黄河改道前后张秋段运河治理，吴缉华有很精深的研究。可参阅吴缉华：《明代刘大夏的治河与黄河改道》，《幼狮学报》1959年第2期；吴缉华：《黄河在明代改道前夕决张秋的年代》，《大陆杂志》1959年第1期；吴缉华：《明代海运及运河的研究》第五章，台北："中央研究院"历史语言研究所，1961年，第146—154页。

第三章　博弈与演变：明代总漕与其他政府衙门的关系及其发展

（1485），工部左侍郎杜谦奉命整治河南、山东运道，奏报：

> 沁、卫二水已经相度缓急修浚，颇有次第。臣今窃究其弊，缘无大臣总理。虽有管河官员多为亲临，上司改委，顾彼失此，不得专于职务。乞如侍郎王恕总理河道事例，增设工部侍郎一员。其沁、卫二河之水，经涉地远，遇有旱涝，人夫浚治无官管摄，乞如山东泉源事例，增设主事一员。及临清以北至德州俱无管河官，乞依临清以南事例，增设管河判官主簿一员。本部议覆。上曰侍郎不必增设，余如所议。①

杜谦指出河道治理的弊端就在于缺少一名能总理事权的大员，以至于管河官员经常被委以他任，"顾彼失此，不得专于职务"。宪宗的答复耐人寻味，沁、卫二水可增设主事，临清至德州可增设管河判官主簿，总河侍郎则断不可设。究其缘由，祖制所无是一方面，更重要的是，自成化七年（1494）王恕治河以来，朝廷将运道分为三段②，各委曹郎、监司专理，漕河安流；且又施行改兑法，漕运通畅，宪宗不再有另设治河衙门的强烈意愿了。

二、总河的设置

励精图治的孝宗皇帝和济世之才的白昂、刘大夏等大臣一起努力，黄河二十余年没有大患，也迎来了孝宗中兴的盛世。然而，凡事兴一利必生一弊，刘大夏治河断绝了黄河北流，保证了山东张秋以北运道的安全，而南下的黄河又要避开明祖陵，于是经徐州、宿迁等地合淮河入海的南支，成为黄河下游的唯一出路。咆哮的黄河水夹带着巨量的泥沙，日积月累，对张秋以南的运道形成了严峻的考验。

弘治末年，黄河合淮河入海的征途上，小规模的泛滥迁徙屡有发生。《明

---

① 《明宪宗实录》卷二六八"成化二十一年秋七月辛未"条，《钞本明实录》第9册，北京：线装书局，2005年，第549页下—550页上。
② 沛县以南为一段，德州以北为一段，中间为一段。

武宗实录》载:"黄河水势自弘治七年修理后,尚在清河口入淮。十八年北徙三百里,至宿迁县小河口。正德三年又北徙三百里,至徐州小浮桥。"[1]黄河入淮口的几次北徙,皆是南下的河道淤塞所致,北上又不可得,于是更大的灾难接踵而至:

> (正德四年六月)又北徙一百二十里至沛县飞云桥,俱入漕河。因单、丰二县河窄,水溢决黄陵冈、尚家等口,曹、单二县田庐实多湮没。九月又决曹县粮进等口,直抵单县。人畜死者、房屋冲塌者甚众。围丰县城郭,两岸相对,阔百余里,盖南行故道淤塞,水惟北趋,渐不可过诸漕运。暨山东镇巡官恐经钜野、阳谷二县故道,则济宁、安平运河难保无虞。各陈疏浚修筑之宜,事下工部议,得旨,河患重事宜即行。各该镇巡官公同相视,用心计处,及时修理,务须停当,不许妄费财力,事完之日,差科道官勘实以闻。[2]

当年刘大夏筑荆隆口、黄陵岗后,黄河绝不能再次北流影响会通河,此已成为朝廷的共识。这一次的黄河北徙引发了朝廷上下对济宁、安平(张秋)段运道安全的极大担忧,山东督漕官员、总漕邵宝、总兵官平江伯陈熊纷纷上奏,希望朝廷"宜访察熟知水利官员,预为堤防,以杜将来之患。"[3]此次河患非得花大力气整治不可。

正德四年(1509)十二月,朝廷下敕文,命崔岩以工部左侍郎兼右副都御史总理河道。[4]此后总河之官,一如总漕,"定设都御史"[5]。崔岩治河

---

[1]《明武宗实录》卷五六"正德四年冬十月癸卯"条,《钞本明实录》第12册,北京:线装书局,2005年,第336页。

[2]《明武宗实录》卷五六"正德四年冬十月癸卯"条,《钞本明实录》第12册,北京:线装书局,2005年,第336—337页。

[3]《明武宗实录》卷五六"正德四年冬十月丁酉"条,《钞本明实录》第12册,北京:线装书局,2005年,第335页下。

[4]《明武宗实录》卷五八"正德四年十二月丙辰"条,《钞本明实录》第12册,北京:线装书局,2005年,第349页上。

[5]《明史》卷七三《职官二》,北京:中华书局,1974年,第1775页。

第三章 博弈与演变：明代总漕与其他政府衙门的关系及其发展

不力，工部右侍郎李堂代之。寻河南匪乱，武宗"遂召堂还京，专以副使领之"。①正德七年（1512），黄河再次决口，朝廷焦头烂额，不得已再派鸿胪寺卿刘恺以都察院右副都御史总理河道。正德十年（1515），升巡抚山东右佥都御史赵璜为工部右侍郎兼左佥都御史，接替刘恺总理河道。嘉靖年间，朝廷赠赵璜太子太保，谥庄靖。史臣评其总理河道作为，认为"总理河道之设，自此始"。②至是，作为明清两代治理黄、运二河的最高长官，完成了其职官制度化的历程。

三、总漕与总河的职权冲突

关于总河的职权，《春明梦余录》有一段表述引用两段敕文，足值探究，其云：

> 总河敕云：今特命尔前去总理河道，其黄河北岸长堤，并各该堤应修筑者，亦要着实用工修筑高厚，以为先事预防之计。如各该地方遇有水患，即便相度防究水源，可以开通分杀，并可筑塞堤防处所。仍严督各该管官员斟酌事势缓急，定限工程，分投用工，作急修理。凡修河事宜，敕内该载未尽者，俱听尔便宜处置，事体重大者奏请定夺。此原敕也，后增入云：近年沛县迤北漕河屡被黄河冲决，已经差官整理，今特命尔前去总理河道，督率管河、管洪、管泉、管闸郎中、主事，及各该三司军卫有司掌印、管河兵备等官时常往来亲历，多方经画，遇有淤塞去处，务要挑浚深广。该此敕亦为黄河冲塞漕河，故有是命，其实专为黄河也。③

---

① 《明武宗实录》卷七二"正德六年二月庚子"条，《钞本明实录》第 12 册，北京：线装书局，2005 年，第 424 页下。
② 《明世宗实录》卷一四四"嘉靖十一年十一月庚戌"条，《钞本明实录》第 14 册，北京：线装书局，2005 年，第 424 页下。
③ （清）孙承泽：《春明梦余录》卷三七《总漕》，王剑英点校，北京：北京古籍出版社，1992 年，第 642 页。

这两段敕文有明显区别,第一段委派总河修河事宜,"严督各该管官员",带有明显的临时差遣性质;第二段则透露出黄河冲击沛县迤北的漕河,整治无效,总河须督率各级官员亲往竣治。按上文,黄河决沛县飞云桥在正德四年(1509)六月,此后崔岩、李堂、刘恺、赵璜接连接任是职。其职权明晰,专为黄河也。孙承泽又云:"于曹州驻扎。河南、山东管河副使则属之,管河郎中、洪、闸主事,不相属也。"①则总河属官有限,职权亦有限。此显然不是后来总河职权扩大后的任职诰敕范本,因而,从普遍意义上描述明代总河共有的职能是比较为难的事,幸而某些样本和前人的研究成果可以作为我们对其总体考察的学术指南。宪宗任命王恕总理河道时,曾提出明确要求:

> 尔宜往来巡视,严督各官,并一带军卫有司人等。用心整理闸坝,损坏者修之,河道淤塞者浚之。湖泊务谨堤防泉源,毋令浅涩。沿河浅铺树井及一应河道事宜,但系平江伯旧规者一一修复,不许诸人侵占阻滞。凡有便宜方略可举行者,悉听尔斟酌施行。一应官员人等敢有违误者,或量情惩治,或具奏挐问。尔仍须审度人情事势,随其缓急轻重,以为后先。毋急以扰人,毋怠以废事。限以三年务底成绩,如或因循不理,致误国计,责有所归尔。其勉之慎之。②

概括起来,王恕负责督查官吏军士,惩办其违误行为,浚治闸坝、河道、湖泊及沿河浅铺树井等相关水利设施。此虽是总河正式创设前的临时差遣,但其日后职权已初见端倪。彭云鹤认为总河的职责为:调集人员物料督率治河;节制管河官员及巡抚三司军卫;提督军务,护运道,缉盗贼等。③王柠则将上述内容进一步具体化:管理黄河与运河河道、管理运河水源、协济粮饷、

---

① (清)孙承泽:《春明梦余录》卷三七《总漕》,王剑英点校,北京:北京古籍出版社,1992年,第642页。
②《明宪宗实录》卷九七"成化七年冬十月乙亥"条,《钞本明实录》第8册,北京:线装书局,2005年,第492页。
③ 彭云鹤:《明清漕运史》第五章,北京:首都师范大学出版社,1995年,第125页。

第三章 博弈与演变：明代总漕与其他政府衙门的关系及其发展

提督军务、巡抚地方、整饬吏治等。①

这些描述性的语句并没有明示总河的管辖范围，试想，总河常驻济宁，河南、浙江漕河足不及遍，目不及睹，南北数千里运道倘遇溃决之虞，州县管河官员汇报于府，府白于道，道白于总河，总河再下命令下达于州县，恐怕已有一月有余了。而汛情瞬息万变，等到命令传达，河患已千倍于前矣！如何解决上述问题？《明史》云："船粮依限，河渠淤浅，疏浚无法，闸座启闭失时，不得过洪过湾者，责在河道"。②对照前文所述的总漕职责，总河负责的部分似在于淮河以北的运道，河渠疏浚与闸坝启闭为其工作重点。倘如此，亦能释去上述疑问。此实则不然。如万历五年（1577），工科给事中刘铉建言在淮、徐间设管河郎中一名。廷议以为总理河道大臣，运河"自张家湾直抵瓜、仪，黄河自河南、山东上源至淮安入海皆其地也。"③万历十六年（1588），巡按御史乔璧星云："正德四年，乃议专设宪臣为总理，河南之开封、归德、山东之曹、濮、临、沂，北直之大名、天津，南直之淮、扬、徐、颍咸属节制。"④前后两种说法略有差异，但河南开封以下的黄河及长江以北的运河区域，乃总河管辖区域应为不争的事实。不久，济宁的总河对于千里之外水患频发的河南运道鞭长莫及的问题，逐步被朝廷认识到。有鉴于此，万历十六年（1588），河南道监察御史王世扬奏请河南巡抚都御史兼理河南运道，其云："河南境内黄河，自潼关至归德、开封等处，奔流二千余里，去总河督臣远甚。利害之切，见闻之近，必先抚臣。宜于抚臣敕书，增兼理河道一条，与督臣协同行事。"⑤

此建议得以批允，总河潘季驯亦赞同此议。如此，河南巡抚兼管河道，

---

① 王柠：《明代总河研究》第三章，湘潭：湘潭大学硕士学位论文，2008年，第26—33页。
② 《明史》卷七九《食货三·漕运》，北京：中华书局，1974年，第1923页。
③ 《明神宗实录》卷六六"万历五年八月戊子"条，《钞本明实录》第18册，北京：线装书局，2005年，第381页下。
④ 《明神宗实录》卷一九七"万历十六年四月甲寅"条，《钞本明实录》第19册，北京：线装书局，2005年，第380页上。
⑤ 《明神宗实录》卷二〇五"万历十六年十一月甲子"条，《钞本明实录》第19册，北京：线装书局，2005年，第412页上。

分担了总河一方责任，总漕则亲自督理南北直隶、山东所属运道，庶几可行。

为了打击四方匪寇，保障运道畅通，隆庆以后，总河添加了提督军务之职衔。隆庆四年（1570），经兵科给事中温纯奏请，总河"加提督军务职衔，以南直隶之淮、扬、颍、徐，北直隶之大名、天津，河南之睢、陈，山东之临沂及添设曹濮道各兵备官属焉。"[①]万历年间，总河刘士忠，以擒获倭寇而受赏。天启年间，总河陈道亨因扑灭山东白莲教而受奖。崇祯年间，总河李若星率领军队入援京师而受赞。[②]

我们看到，总河创设后，总漕河道兼理权即转易他手，总漕的巡抚地方、参与民政、提督军务的权力也遭之侵袭，二者职权上的重合部分大于区分部分。当河患严重，朝廷严令总漕、总河戮力以对时，双方还能维持平安局面，而在河患不太严重的时期，双方的攻讦轮番登场。朝廷考核漕、河二司的标准只有一条，漕运是否畅通。漕运发生延误或出现损船、沉船事故，漕运衙门就借口河道不畅而归罪于河道衙门；而真有河道淤浅行漕不便情况发生时，河道衙门诿过于漕运衙门组织不力。万历初，总河万恭与总漕王宗沐就发生了类似的争执，且愈演愈烈，终于震动了首辅张居正。张居正写信给万恭，云：

> 近有人言公与漕督不协，两家宾客，遂因而鼓煽其间。仆闻之，深以为忧，甚于忧洪水也。夫河、漕皆朝廷轸念者也，二公皆朝廷所委任者也。河政举，漕运乃通；漕运通，何工斯显。譬之左右手，皆以卫腹心者也。同舟而遇风，橹师见帆之将坠，释其橹而为之正帆，帆者不以为侵官，橹师以未尝有德色，但欲舟行而已。二公今日之事，何以异此？[③]

张居正又写信给王宗沐，但这番苦口婆心的劝说并无法消弭二人的矛盾，一来二人个性皆强。二来涉及部门利益，想让万、王向先圣学习，协和克让，

---

① 《明穆宗实录》卷四四"隆庆四年四月乙巳"条，《钞本明实录》第17册，北京：线装书局，2005年，第488页上。
② 参阅蔡泰彬：《明代漕河之整治与管理》第六章，台北：商务印书馆，1992年，第316页。
③ （明）张居正：《张文忠公全集》第四册《书牍八·与河漕万两溪论协和克让》，上海：商务印书馆，1929年万有文库本，第361页。

第三章　博弈与演变：明代总漕与其他政府衙门的关系及其发展

做谦谦君子，自无可能。①因此，朝廷中关于二者聚分离合的议论也就此起彼伏传出。

四、两次合并

明代总漕与总河曾有两次合并，一次发生在万历五年（1577），另一次发生在万历二十六年（1598）②。

1. 万历五年的合并

这次合并缘于运道分管的争论。万历四年（1576）正月，高邮州清水潭发生堤口冲决，时总漕张翀以为修复老堤工程浩大，数年始可成功。恐新运已临，决口未就，不如令漕船暂由圈田里行。而御史陈功则认为圈田浅涩，不便牵挽，且外湖水面阔达四十余里，风有不顺，必至稽阻。工科给事中侯于赵唯恐致漕船过淮逾期，于是建议"以淮南运道尚责漕臣（吴桂芳），而以淮北运道命河臣傅希挚一意经理，务时加挑浚，以图万全"③，朝廷许可。此次争执以总漕、总河平分运道而告终，表面上看皆大欢喜，但分管运道的双方都获得了治河与督漕的建言权，这为双方下一步更大的争执埋下了伏笔。

是年秋，黄河决口于曹县、徐州、桃源，给事中刘铉疏议漕河时，言语中侵犯了总漕吴桂芳。吴抗辩道："草湾之开，以高、宝水患冲啮，疏以拯之，非能使上游亦不复涨也。今山阳以南诸州县水落布种，斗米四分，则臣斯举亦既得策矣。若徐、邳以上，非臣所属，臣何与焉？"④

吴桂芳的疏辩令人忍俊不禁，淮南水已不涨，其灾后布置紧急抢种已属上策，至于徐、邳以上的淮北，"臣何与焉"。大灾之前，推诿责任，

---

① 贾征：《潘季驯评传》第五章，南京：南京大学出版社，1996年，第132—133页。
② 相关研究可参阅拙文《明代万历年间总漕与总问之争述论》，《南昌大学学报》（人文社会科学版）2017年第4期；蔡泰彬：《明代漕河之整治与管理》等六章，台北：商务印书馆，1992年。
③ 《明神宗实录》卷四六"万历四年正月己酉"条，《钞本明实录》第18册，北京：线装书局，2005年，第274页上。
④ 《明史》卷二二三《吴桂芳传》，北京：中华书局，1974年，第5875页。

尤为可笑！更为可笑的是，御史邵陛认为，大臣们"以河涨归咎草湾，阻任事气，乞策励桂芳，益底厥绩，而诘责河臣傅希挚旷职"。①黄河水滚滚而来，岂认得总漕、总河为何物？淮南、淮北为何地？若无是年正月运道分管之事，天下岂有淮北总河旷职、淮南总漕称职之理！看到这种情况，当日主张河道分管的南京湖广道监察御史陈堂也叹道："画地既分，遂成彼己。一设官也，而或去或留；一决口也，而或筑或否。以致有司下吏，彼此观望，迄无成功。无论今日，即臣有知识以来，漕艘迟缓，而曰河道梗阻；河道梗阻，不曰河道而曰漕艘，彼此相推，而卒莫有引咎自反者，大都然也。"②分管运道后的总漕、总河争议更大，此非朝廷当时决策时所能料矣！

次年，黄河再决桃源崔镇，总漕和总河又再起争执。吴桂芳主张冲刷成河，以为老黄河入海之道；傅希挚建议堵塞崔镇决口，束水归漕。二人均坚执己见，一时物议汹汹。职权相当的官员发生争执时，乞灵于权力更大的上峰仲裁，此官场不二法则。首辅张居正闻之，分别给吴、傅去函，试图调解二人纠葛。对吴云：

> 治河之役，朝廷以托付公者甚重，大疏所荐，一一俞允，且章、刘诸君，孤皆素知其才，必有底绩之效也。承示恐流言之摇惑，虑任事之致怨，古人临事而惧，公今肩巨任，事安得不为兢兢。若夫疏议怨谤，则愿公勿虑焉。孤浅劣无他肠，惟一念任贤保善之心，则有植诸性而不可渝者，若诚贤者也。诚志于国家者也，必多方引荐，始终保全。虽因此冒嫌蒙谤，亦无闷焉。顾近一二当事者，其始未尝不锐，至中路反为人所摇，自乖其说，或草率以塞责，或自駴于垂成。此岂庙堂不为主持，而流谤之果足为害耶！子产曰：政如农功，日夜以思之，思其始而图其终，行无越思如农人之有畔。愿公审固熟虑，集思广益，计定而后发，

---

① 《明史》卷二二三《吴桂芳传》，北京：中华书局，1974年，第5875页。
② （明）潘季驯：《河防一览》卷一三《请遣大臣治河疏》，台北：文海出版社，1971年。

第三章 博弈与演变：明代总漕与其他政府衙门的关系及其发展

发必期成。至于力排众议，居中握筹，则孤之责也。使孤得请而归后来之事，诚不可知，若犹未也，则公可无虑矣！①

吴桂芳字子实，新建人，嘉靖二十三年（1544）进士。吴本为张居正改革集团成员之一，对新政一直持大力襄助态度。②张给吴的信函中，首先表示吴之所荐之人——叙用；其次勉励吴勇于任事，不必在意怨谤之言，自己作为吴之庙堂的坚强后盾，会"力排众议，居中握筹"。张氏之文循循善诱，其拳拳切切之情，溢于纸上，读之如闻韶乐，如坐春风。对傅则道："河、漕意见不同，此中亦闻之。窃谓河、漕如左右手，当同心协力，以期共济。如所见不能合，宜亦各陈，以俟宸断，不宜默默而已。国之大事，不妨公议。事君无隐，岂为失忠厚之道。"③

傅希挚任总河是在万历元年（1573）九月万恭被劾之后，其由山东巡抚调任，并无领导大规模治河工程的经验。张居正曾询其治河方略，傅将当时流行的开凿胶莱河、开挖泇口河、疏浚老黄河入海口等治河观念一一罗列，却又不加评论。张居正非常恼火，逼其表态，傅不得不于万历三年（1575）二月建言开泇口河以避黄河之险。④张居正写给傅的这封信，表面上希望其和总漕"同心协力，以期共济"，实则隐含有"失忠厚之道"的批评之义。两份信函一对照，孰亲孰疏，一目了然。

客观地讲，傅希挚急塞崔镇决口的建议，不为漕运计，单为民生考虑，也是眼下必须施行的急务。问题是，傅作为总河，拿不出长远的治河方略，其所谓另开泇河行漕以避黄河之险的建议，实则为放弃黄河治理，完全是从

---

① （明）张居正：《张文忠公全集》第四册《书牍十·答河道司空吴自湖言任人任事》，上海：商务印书馆，1929年万有文库本，第391页。
② 关于吴桂芳为张居正改革群体之一的研究，可参阅冯明：《张居正改革群体研究》第二章，武汉：华中师范大学博士学位论文，2011年，第63页。
③ （明）张居正：《张文忠公全集》第四册《书牍九·答河道傅后川》，上海：商务印书馆，1929年万有文库本，第377页。
④ 参阅贾征：《潘季驯评传》第五章，南京：南京大学出版社，1996年，第133—136页。

部门利益出发的短视之见。[1]吴桂芳提出的冲刷新河成老黄河（大清河）入海之道的方案也行不通。清口早为泥沙淤塞，淮水不出，已决高家堰而去。黄河新刷河道利于行漕，但治理、维护成本极高；且与淮水分流后，黄河入海水势大减，河沙易积，水道难通。后来的治河实践中，潘季驯堵塞了崔镇以下黄河决口，算是部分采纳了傅希挚的建议，否定了吴桂芳的方案。但在当时，在张居正的主持下，傅希挚被调往巡抚陕西，接任者李世达莅任仅三月就改任他职，吴桂芳一身独挑河、漕两事，总漕与总河合二为一。在与总河的权力博弈中，总漕取得了压倒性的胜利。此后潘季驯、凌云翼、王廷瞻、杨一魁陆续以总漕身份兼理河务（见表2-1）。

潘季驯的这次治河，便是历史上大大有名的"束水攻沙"治河理论得以成功验证的实绩体现，徐州以下的黄河暂时安澜下来。然而，徐州以上的黄河由于年久失修，堤防败坏，已经到了临近溃决的危急时刻。万历十五年（1587）秋，河决堤防，直逼开封，飘没人畜无数。自开封、封丘、偃师等处及直隶东明、长垣等地的堤防也被冲决。[2]这时，朝臣中又有人以河南水患为由，建议恢复总河之职。直隶巡按御史乔璧星云：

> 河道冲决为患，请率旧典，复设专官以一事权。盖自古治河止于除害，我国家仰给东南，岁输四百万石，自淮至徐，实藉河利。顾溃决浅涩之患，往往有之。……然理河者不复虑漕，而理漕者亦不复虑河，则亦专设河臣之衅矣。万历五年，偶因两臣意见相左，遂并河于漕，在河南、山东、北直者以巡抚兼领之，责分而官无专督，故修浚之功，急于无事，急于临渴，河患日深。顷者，勘科常居敬亦有专设大臣之议，非

---

[1] 万历三十二年，总河李化龙再提开迦河之议，经舒应龙、刘东星、曹时聘等人锐意经营，终获成功。此后运道避丰、沛、邳、徐等地三百余里的黄河之险，被清人高度赞扬。然则今日思之，迦河开凿后，朝廷就不再考虑此段因黄河泛滥而导致的民生问题。漕运的顺畅是以无数生民的流离失所作为代价的，悲夫！

[2]《明神宗实录》卷一九一"万历十五年冬十月乙亥"条，《钞本明实录》第19册，北京：线装书局，2005年，第352页上。

第三章 博弈与演变：明代总漕与其他政府衙门的关系及其发展

直备官，要在得人。试按嘉靖以来河渐北徙，济宁以下多淤，而刘天和之修复鲁桥，朱衡之开通南阳，潘季驯之浚刷崔镇，河道赖之，此专设得人之明验也。①

乔璧星指出了总漕、总河分置之弊：理河者不复虑漕，而理漕者亦不复虑河。总漕总领漕、河后，虽有地方巡抚兼管所属河段，但缺少专督之河道官后，治河工程多怠于无事，以至于河患日深。乔氏指出，总河之备官，最要紧的是官得人，而非人得官。应该说，乔璧星的奏请是十分中肯的，工部回复表示赞同。其时，张居正已殁，总河重设的最大政治反对者不复存在。神宗认为，总河再设，应以老成才望者充任。工部经反复会推，决定推荐68岁的潘季驯再任总河。②自万历六年（1578）正月裁汰总河至万历十六年（1588）四月重设总河，其间总漕兼领河务约有十年零四个月。③

2. 万历二十六年的合并

潘季驯治河的原则是束水归漕，筑堰障淮，逼淮注黄，以清刷浊，则沙随水去。简单地说，就是黄淮合流，以淮河之清水刷去黄河之浑水。然淮弱敌不过黄河强，万历二十三年（1595）后，徐、泗、淮、扬间水势横溃，无岁不受患，潘氏之策已不验。④总漕褚鈇与总河杨一魁为治河方略再起争议。《神宗实录》云：

> 勘河科臣张企程、总河杨一魁等议欲分杀黄流以纵淮，别疏海口以

---

① 《明神宗实录》卷一九七"万历十六年四月甲寅"条，《钞本明实录》第19册，北京：线装书局，2005年，第380页上。
② 《明神宗实录》卷一九七"万历十六年四月庚午"条，《钞本明实录》第19册，北京：线装书局，2005年，第380页上；《明史》卷八四《河渠志二·黄河下》，北京：中华书局，1974年，第2055页。
③ 按，《明史》卷七三《职官二》，北京：中华书局，1974年，第1775页云："总理河漕兼提督军务一员。永乐九年遣尚书治河，自后间遣侍郎、都御史。成化后，始称总督河道。正德四年，定设都御史。嘉靖二十年，以都御史加工部职衔，提督河南、山东、直隶河道。隆庆四年，加提督军务。万历五年，改总理河漕兼提督军务。八年革。"即为明代总河之演变，不过其关于总河名谓及万历八年（1580）裁革之说均为不经之论。
④ 《明史》卷八四《河渠二·黄河下》，北京：中华书局，1974年，第2058页。

导黄。盖以淮壅繇于河身日高，河高繇于海口不深。若上流既分，则下流日减，清河之口淮无黄遏，则泗之积水自消，而祖陵永保无虞。总漕褚鈇以江北岁遭大侵，民力不堪大役，欲先泄淮而徐议分淮。工部谓导淮、分黄势实相须，不容偏废。宜将导淮分黄并疏浚海口等处工程，逐一举行。其一应工费酌议动支，事完日分别劝惩，悉报可。①

总河杨一魁主张分黄，总漕褚鈇建议导淮，工部主张二者连同疏浚入海口工程逐一举行，但政府钱粮毕竟有限，一齐兴办，恐不敷，须择其善者从之。综合论之，二论不相上下，江北连岁水患之后民力委实难堪大役，总漕之论更趋可行。然而，帝国体制下水利工程考量的第一要务从来都不是民生，政治利益方是其首选。总河杨一魁的分黄之策打出了祖陵安全的旗号，遂受到了朝廷的青睐。

万历二十四年（1596），河决黄堌口，对于此次河患治理，总漕与总河再次意见相左。刑科给事中李应策上奏希望协调二者矛盾，以急国患。工部议道：

> 黄堌口之决而南也，在萧、砀、睢、宿则病于湮没，在徐州至宿迁三百三十余里运道颇艰。故漕臣褚鈇谓黄堌旁泄太多，徐、邳之河几夺，以塞堌口为第一要义。河臣杨一魁谓决口至一千二百余丈，深三丈，两岸沙浮，筑塞固难措手，虽下楗卷筑，犹之无益，河性趋下势不可回咒……惟当于水涩地面，筑草坝、制木闸，引诸湖之水以济。目前浚小河口，增筑边堤，通睢、宿一路之垫，护凤、泗万年之脉。盖漕臣主运，河臣主工，各自为见，而方经赏赉之余，遽为异同之见，故不得不再行折议者也。②

---

① 《明神宗实录》卷二八九"万历二十三年九月壬辰"条，《钞本明实录》第20册，北京：线装书局，2005年，第201页下。
② 《明神宗实录》卷三〇三"万历二十四年十月丙寅"条，《钞本明实录》第20册，北京：线装书局，2005年，第282页上。

第三章　博弈与演变：明代总漕与其他政府衙门的关系及其发展

褚鈇提出的以急塞黄堌口为治河第一要义的初衷，仍是把漕运放在第一位。杨一魁认为决口太大，一时难以成功，不如先浚小河口（小清口），"护凤、泗万年之脉"，当水退之时，再"筑草坝、制木闸，引诸湖之水以济"。二人争论的核心在于一以漕运为先，一以河工居首，均为出自部门利益考量，不过，杨一魁的高明之处在于又竖起了"护凤、泗万年之脉"的利剑，天雷轰轰，一下子让吵成一锅粥的庙堂噤若寒蝉。此后廷议再起，虽未明确谁是谁非，但总漕褚鈇因病乞休获准，胜负不言自明。

总漕去职后，朝中关于河、漕兼并的呼声再起。御史马从聘云："河漕一柄两操，矛盾易生，故归一。"御史杨光训云："河臣杨一魁曾总漕著绩，宜令兼管听其便。"御史周孔教云："倭奴阑入淮扬，南北断绝，河漕宜总一。"[1] 于是，总理河道工部尚书杨一魁兼理总督漕运，总漕裁革不置。然杨一魁万历二十六年（1598）二月总理河、漕，四月及调任工部尚书，接任者刘东星继续总理河漕。《神宗实录》的编撰者在刘东星死后履历中评述道："河漕之有总理，自东星始。"[2]也不无道理。

然而，万历年间河务繁剧，漕事艰涩，实非一人所能为。万历二十九年（1601）八月，刘东星因操持过度病卒于任后，朝中又有漕、河分设之论。吏科都给事中桂有根、河南道御史高举相继倡言并设总漕、总河[3]，但均被否决。万历三十年（1602），吏部尚书李戴回复巡按御史吴崇礼之议，其文略曰：

> 国家大务无过，漕河往年并设总漕、总河二大官，不惟繁剧，各有攸司，抑且艰大，期于共济。顷因导黄、分淮之议所见不同，防海备倭之虞为患孔亟，遂以诘戎专责之巡抚，而以漕运归并之河臣，亦一时权

---

[1] （明）谈迁：《国榷》卷七八"万历二十六年二月乙丑"条，北京：中华书局，1958年，第4807页。
[2]《明神宗实录》卷三六三"万历二十九年九月癸丑"条，《钞本明实录》第20册，北京：线装书局，2005年，第573页上。
[3]《明神宗实录》卷三六五"万历二十九年十一月癸卯"条，《钞本明实录》第20册，北京：线装书局，2005年，第586页下；《明神宗实录》卷三六五"万历二十九年十一月癸丑"条，《钞本明实录》第20册，北京：线装书局，2005年，第588页上。

宜之计，未可以垂久远。况昔之漕运、河道其要在淮扬，故可以一人兼，今漕运于东南，而可决于西，欲以一人之身而东督储、西治河，虽有知巧亦苦于力之不足矣。请覆旧制，将总河道衙门专管河务，仍驻札济宁，往来督理；其总督漕运衙仍兼管凤阳巡抚，防海军务，驻札淮安。咨行各该部，换给敕书，以便行事。诏曰可。[①]

李戴的复议颇有说服力。万历五年（1577）的那次合并时，河务、漕运中心皆在东南，故驻扎在淮安的总河漕能东督江南透来的漕运，西治徐州下泄的黄河。万历二十六年（1598）的合并则不然，驻跸济宁的总河漕面对全面爆发的黄河危机与艰涩难行的漕运困局，安"可以垂久远"？且总漕曾兼巡抚江北四府三州，提督海防军务，又岂是各省巡抚都御史所能统辖得了？于是总理河漕的李颐在万历三十年（1602）三月改为专理河道，此时距万历二十六年（1598）二月计有四年零一个月（见表 2-1）。

万历年间总漕与总河的两次合并，表面上看是出于因治河方略之争而引发的衙门调整，但细细想来，双方的治河理念皆有可取之处，又有明显的不足成分，并无高下之分，此完全不能成为一方吞掉另一方的理由。倘从制度史的发展脉络来看，似还未到鼎革与消融的关键时代。事实上，总河废而复设，总漕罢而又置，方才拉开明清两代近四百年漕、河之争的序幕。那么，这两次的聚合，仅可视为漫长的分离历史中的特例，其背后的推手正是处于斗争漩涡当中的各种政治力量。[②]

万历五年（1577），正是张居正推行以"一条鞭法"与"考成法"为代表的万历新政的高峰期，任何反对力量在张江陵的铁腕面前都会被一拳击倒。漕、河之争，由于牵涉吴桂芳这个改革群体的中坚分子，因而其对立面就变

[①]《明神宗实录》卷三七〇"万历三十年三月辛巳"条，《钞本明实录》第 20 册，北京：线装书局，2005 年，第 616 页下。

[②] 有关总漕、总河万历年间的两次合并，蔡泰彬《明代漕河之整治与管理》第六章亦有详述。不过蔡文对第二次合并的起讫时间之表述与本书不谐，似有舛误；且其文完全忽略了两次合并背后的政治因素，未有深论。详见蔡泰彬：《明代漕河之整治与管理》第六章，台北：商务印书馆，1992 年，第 310—313 页。

第三章　博弈与演变：明代总漕与其他政府衙门的关系及其发展

成阻碍新政的螳臂小丑，部门之间意气之争，一下子上升为改革派与反改革派之间的政治博弈。新政的威势，是总河一方无法承受之重，其非零和性博弈结果，注定让胜者一方获得通吃，而失败的一方将失去一切。此便是万历五年（1577）漕、河之争结局的幕后故事。

同样的道理也适用于万历二十六年（1598）的合并，只不过这一次情况不同。总漕褚鈇的悲剧在于他总是把扶绥黎庶当作水患面前地方官职责的第一要义，将民生艰难、民力未苏作为兴办大型工程的挡箭牌，不知道揣摩维护祖陵的圣意。勘河给事中张贞观曾奏言："祖陵为国家根本，即运道、民生莫与较重。"[①]一旦王气所系的祖陵有危，必将招致雷霆之怒。"时泗陵水患日急，而议者迄无成画……上怒甚……舒应龙著革职为民，科臣陈洪烈、刘弘宝扶同停寝，降亟边方杂职用，张贞观、彭应参以既为民免究"。[②]而总河杨一魁先前曾继王廷瞻之后以总漕兼领河务，丰富的河漕宦途历练，使其对其中的关窍了然于胸。当杨一魁处处祭出"维护凤、泗万年之脉"的利器时，无往而不利的总河推倒处处遭忌的总漕，似乎早就冥冥而定了。具有讽刺意味的是，万历三十年（1602）二月，已升为工部尚书的杨一魁以祖陵冲决，被削籍为民。[③]打人的砖块，不偏不倚，恰好砸在自己的脚上。

第三节　总漕与都察院、六部、淮安府的若即若离

总漕受都察院或六部派遣，但又不完全受其节制；总漕常驻淮安，巡抚包括淮安府在内的江北四府三州，但对淮安府的民政、司法及军事又不完全

---

① 《明神宗实录》卷二四八"万历二十年五月乙亥"条，《钞本明实录》第 20 册，北京：线装书局，2005 年第 4 页上。
② 《明神宗实录》卷二八四"万历二十三年四月戊辰"条，《钞本明实录》第 20 册，北京：线装书局，2005 年第 176 页上。
③ 《明史》卷二一八《沈一贯传》，北京：中华书局，1974 年，第 5757 页云："沈一贯复奏：'今尚书求去者三，请定去留。'帝留户部陈蕖、兵部田乐，而以祖陵冲决，削工部杨一魁籍。"

统领，这种若即若离的上下级关系，乃本节考察之重点。

一、总漕与都察院

正如表2-3如云，明代103名总漕中，有97名为都察院宪臣，占总数的94.2%，这与明代其他督抚所署职衔是一致的，因而《明史·职官志》的编撰者将"总督巡抚"放在"都察院"一栏的附录中。

明初的监察机构仿效元代，分设左右御史大夫、御史中丞及侍御史。洪武十三年（1380）胡惟庸案后，罢设御史台及御史大夫，保留了左、右御史中丞及左、右侍御史，但降低了其品秩。洪武十五年（1382），设都察院，置官监察御史、十二道监察御史。洪武十六年（1383），升都察院为正三品衙门。洪武十七年（1384），又升为正二品衙门。正二品的左右都御史，与六部尚书、通政使、大理寺卿并称九卿。其下有左右副都御史（正三品）、左右佥都御史（正四品）。左右都御史，"职专纠劾百司，辩明冤枉，提督各道，为天子耳目风纪之司。凡大臣奸邪、小人构党、作威福乱政者，劾。凡百官猥茸贪冒坏官纪者，劾。凡学术不正、上书陈言变乱成宪、希进用者，劾。遇朝觐、考察，同吏部司贤否陟黜。大狱重囚会鞫于外朝，偕刑部、大理谳平之。其奉敕内地，拊循外地，各专其敕行事。"①都御史弹劾与监察百官之外，还要会同吏部考察官员，会同刑部、大理寺组成三法司共同审理大案，参与廷议、廷推官员等政治活动。都察院官员外加都御史、左右副都御史、左右佥都御史衔，经受朝廷委派，"巡抚兼军务者加提督，有总兵地方加赞理或参赞，所辖多、事重者加总督。他如整饬、抚治、巡治、总理等项，皆因事特设。其以尚书、侍郎任总督军务者，皆兼都御史，以便行事。"②则已不止监察巡察之权了。对于地方各省官员及中央其他部院的监察，还有改

---

① 《明史》卷七三《职官二·都察院》，北京：中华书局，1974年，第1768页。
② 《明史》卷七三《职官二·都察院》，北京：中华书局，1974年，第1768页。

第三章 博弈与演变：明代总漕与其他政府衙门的关系及其发展

制于宣德十年（1435）的十三道监察御史，每道设七至十一人，计一百一十人，其中涉及总漕巡抚区域的有江西道分管直隶淮安府，山东道分管直隶凤阳府、徐滁二州，河南道分管扬州等。

宪臣出身的总漕，接受都察院的派遣，须获得都察院堂上官的咨取，"故事，御史起官，必都察院咨取"①。且十三道监察御史中的江西道、山东道、河南道的监察区域与总漕巡抚的四府三州亦有部分重叠之处，或可推论出都察院和总漕有明显亲密的上下级关系。

我们无法找到足够的直接证据证实或证伪上述推论，但一些大臣的疏议间接地表达出了反向的史料指向。如《度支奏议》云：

> 请恭候命下臣部，行文吏部及总漕衙门并都察院，转行两淮巡盐御史一体遵奉施行。崇祯二年七月初六日具题，本月初九日奉圣旨：是，钦此。
>
> 恭候命下臣部，移咨漕运督部、都察院转行仓漕御史及各该省直抚按，一体振刷遵行。崇祯二年二月二十九日具题。
>
> 恭候命下臣部，行文工部、总漕、都察院转行各该衙门一体钦遵施行。崇祯三年三月二十一日具题。②

在大臣们的笔下，总漕衙门与都察院、六部是平级机构，而两淮巡盐御史、仓漕御史、各省巡抚巡按等衙门则为其下属部门，中央公文需经其转达。

---

① 《明史》卷二五四《曹于汴传》，北京：中华书局，1974年，第6557页云："先是，诏定逆案。于汴与大学士韩爌、李标、钱龙锡，刑部尚书乔允升平心参决，不为已甚，小人犹恶之。故御史高捷、史𡎆素憸邪，为清议所摈，吏部尚书王永光力荐之。故事，御史起官，必都察院咨取，于汴恶其人，久弗咨。永光愤，再疏力争。已得请，于汴犹以故事持之，两人遂投牒自乞，于汴益恶之，卒持不予。两人竟以部疏起官，遂日夜谋倾于汴。"是时曹于汴官左都御史，以职权之便，阻挠阉党余孽御史高捷、史𡎆起官，足可为之佐证。

② （明）毕自严：《度支奏议》第五册《题覆两淮新盐院邓启隆条陈三款疏》，《续修四库全书》第483册《史部·诏令奏议类》，上海：上海古籍出版社，2002年；（明）毕自严：《度支奏议》第七册《题覆总漕李待问从新整饬漕粮疏》，《续修四库全书》第483册《史部·诏令奏议类》，上海：上海古籍出版社，2002年；（明）毕自严：《度支奏议》第七册《河道浅阻乞亟疏通疏》，四库全书存目丛书编纂委员会编：《续修四库全书》第483册《史部·诏令奏议类》，上海：上海古籍出版社，2002年。

此外，我们从表 2-3 中可看出，总漕离职后，真正以左右都御史或左右副都御史回都察院掌院事的仅 14 人，加上以都御史职衔兼任其他地方督抚、任职南北六部、致仕、卒于官及论死的也只有 36 人，尚不足总数的 1/3。

质言之，总漕衙门绝非都察院的下属部门，二者之间也没有关于监察地方官、巡抚属地、提督军务等方面亲密的合作关系。总漕署都察院都御史职衔任职，为明代督抚体制的惯例，并不意味着总漕掌理都察院院事。离职后，回都察院任职仅为其宦途选项之一。

二、总漕与六部

明代官制，仿汉唐旧制而有所损益。初设四部于中书省，分掌钱谷、礼仪、刑名、营造等事务。洪武元年（1368）置六部，设尚书、侍郎、郎中、员外郎、主事等官。洪武十三年（1380）废丞相制，仿周官六卿之制，分中书省之权归六部，尚书任事，侍郎佐之，其吏、户、兵三部之权最重。永乐年间，内阁创设，至仁宣之时阁权渐重。然大臣虽居内阁，官必以尚书为尊。至明世宗时，夏言、严嵩当政，俨然真宰相，阁臣朝位班次，均在六部之上。[①]

六部以吏部为首，其尚书"掌天下官吏选授、封勋、考课之政令，以甄别人才，赞天子治。盖古冢宰之职，视五部为特重"[②]。吏部文选司负责班秩升迁、改调之事，与总漕关系最大。按，三品以上官员，九卿及金都御史、祭酒，廷推上二人或三人。总漕之位有缺时，由吏部文选司会同都察院及其他各部院廷推二至三人，以供皇帝选择。如万历八年（1580），"吏部以总督漕河员缺，会推山西巡抚高文荐、四川巡抚张士佩。上以河漕职任繁重，宜用重臣。乃命凌云翼以兵部尚书兼都察院左副都御史，往同

[①]《明史》卷七二《职官一》，北京：中华书局，1974 年，第 1729—1734 页。
[②]《明史》卷七二《职官一》，北京：中华书局，1974 年，第 1734 页。

第三章 博弈与演变：明代总漕与其他政府衙门的关系及其发展

潘季驯经理。"①又如万历三十年（1602），吏部尚书李戴提出"请覆旧制，将总河道衙门专管河务，仍驻扎济宁，往来督理；其总督漕运衙仍兼管凤阳巡抚，防海军务，驻扎淮安"②。文选司经常会同户科、工科或兵科给事中，对总漕的年资、督漕、治吏、升迁等情况分别提出荐举、起废或弹劾意见。

户部掌天下户口、田赋之政令，"以支兑、改兑之规利漕运"③。户部下辖十三司分掌各省及其他中央与地方贡赋、粮饷、盐课、仓储、钞关等事务，其云南司分派监仓户部主事，监管临清、德州、徐州、淮安、天津运河五大水次。又条为四科：民科、度支、金科、仓科，其仓科主漕运、军储出纳科粮。万历十八年（1590）之前，总漕须每岁赴京，与户部商议来年漕运事宜。次年，总漕将民运至五大水次的粮储催督漕军攒运至京，与仓科核对钱粮数目。漕运迟缓，则有云南司移文户部，催督总漕。《度支奏议》有载：

> 题为料理新运事，云南清吏司案呈奉本部，送该总督漕运户部右侍郎兼都察院右佥都御史李待问。题前事，奉圣旨：这漕运日迟，亟须挽正。奏内督押移驻，及责任监兑粮储等款，并奏外未尽事宜，着该科集议参酌，精心设法，期于漕务有裨确当，速奏。漕、储、道臣加衔久任，吏部即与覆行，钦此。钦遵到部送司，案呈到部，除漕储道臣周鼎加衔久任一节，移咨吏部。另覆外又用手本移会户移，烦为细加酌议，运务如何设法催攒，方能挽迟为速。并奏内诸款及奏外未尽事宜，速期确当，以便酌覆。④

漕运"日迟"，圣驾惊动，下圣旨于户部云南清吏司仓科及监兑户部主

---

① 《明神宗实录》一〇一"万历八年六月辛酉"条，《钞本明实录》第18册，北京：线装书局，2005年，第528页上。
② 《明神宗实录》卷三七〇"万历三十年三月庚辰"条，《钞本明实录》第20册，北京：线装书局，2005年，第616页下。
③ 《明史》卷七二《职官一》，北京：中华书局，1974年，第1743页。
④ （明）毕自严：《度支奏议》第七册《题覆总漕料理新运挽迟为速疏》，《续修四库全书·史部》第483册，上海：上海古籍出版社，2002年。

事，望其集体参议，设法改进，以期"挽迟为速"。云南司案呈户部长官，户部以上谕移文总漕衙门，要求总漕提出整改意见，以便回复圣旨。这里，户部以皇帝的名义催督总漕攒运，并负责接收漕粮仓储的职责不言而喻。六部中，户部与总漕衙门的关系最为紧密，以两京户部尚书或侍郎身份接任总漕者达28人，占总数的27.2%；离职后任职户部或兼领户部尚书、侍郎衔的有32人，占总数的29.4%（见表2-1）。

工部掌天下百官、山泽之政令，下隶营缮、虞衡、都水、屯田四清吏司。其都水司下的水利部属主要负责转漕与灌田。工部在分配水资源时也要突出漕运这个中心："舟楫、砲碾者不得与灌田争利，灌田者不得与转漕争利。"[①]工部派官（船）厂工部主事二人，驻清江浦。派管河工部郎中二人，一驻安平，分管济宁以北运道；一驻高邮，协理济宁以来河渠。又派管洪主事二人，分驻徐州洪和吕梁洪。又派管闸主事二人，分驻沛县和济宁。又派官泉主事一人，驻宁阳。举凡造船、治河、管洪、管闸、管泉等与工部有关的漕运工作，皆由工部官员负责。每有重大河患发生，朝廷多派工部尚书或侍郎出任总河或总漕。以工部尚书或侍郎衔出任总漕的有5人，占总数的4.9%；离职后任职工部或兼领工部尚书、侍郎的总漕有10人，占总数的9.7%（见表2-1）。

刑部掌天下刑名、徒隶、勾覆、关禁之政令，其下辖十三司分掌各省及兼领所分京府、直隶之刑名。[②]与都察院十三道监察御史一样，其江西、河南、山东诸司亦分别监管总漕所巡抚的四府三州之刑名事宜。此外，刑部还派出理刑主事（或刑部员外郎）二人，驻扎淮安，分管漕军司法事务。[③]以刑部尚书、侍郎衔出任总漕的有4人，占总数的3.9%；离职后任刑部尚书或侍郎的有6人，占总数的5.5%（见表2-1）。

兵部掌天下武卫官军选授、简练之政令，其下辖武选、职方、车驾、武库四清吏司。兵部派提举二人，一驻临清，一驻清江浦，催运粮储。总漕对

---

① 《明史》卷七二《职官一》，北京：中华书局，1974年，第1761页。
② 《明史》卷七二《职官一》，北京：中华书局，1974年，第1755页。
③ 可参阅本章第一节"漕军的管理"。

第三章 博弈与演变：明代总漕与其他政府衙门的关系及其发展

十二万漕军有有限的节制权，嘉靖倭乱后，又被赋予提督军事之权。在中外寇贼方扰，干戈四起之时，总漕多从两京兵部尚书或侍郎中选任。以两京兵部尚书或侍郎出任总漕的有 12 人，占总数的 11.6%；离职后会兵部任职的仅 2 人，占总数的 1.8%（见表 2-1）。

礼部掌天下礼仪、祭祀、宴飨、贡举之政令，总漕不与焉。

总漕人选，由吏部与其他部院推选；总漕部属，多由工部调任；总漕攒运，户部负责交兑；总漕治军，刑部派主事协理刑名，兵部派提举监理调集；总漕任前背景和离职去向也多与六部有关。总漕和六部的关系，既相互派生，又远远地划清距离。

三、总漕与淮安府

淮安，取淮水安澜之意，初名于南齐武帝永明七年（489）。《南齐书》载光禄大夫吕安国引北兖州民戴尚伯等六十人诉云："旧壤幽隔，飘寓失所，今虽创置淮阴，而阳平一郡，州无实土，寄山阳境内。……东平既是望邦，衣冠所系。希于山阳、盱眙二界间，割小户置此郡，始招集荒落。使本壤族姓，有所归依。"于是更立阳平郡，寄治山阳，领泰清、永阳、安宜、丰国四县；立东平郡，领寿张、淮安二县。"寿张，割山阳官渎以西三百户置；淮安，割直渎、破釜以东，淮阴镇下流杂一百户置。"[①]此淮安之名始见于史，亦明清之淮安府治地（图 3-1）。宋理宗宝庆三年（1227），以李全之乱，改楚州名淮安军，从此淮安之名至今不改。

春秋时，吴王夫差筑邗沟北上争霸，其末端即为今淮安之末口，淮安遂成为列强争夺之焦点。战国时属楚。秦置郡县，淮安属九江郡淮阴县。西汉淮安属临淮郡，郡属徐州。三国魏属东海郡，郡属徐州。晋属广陵郡，郡属徐州。晋元帝侨置江南，安帝义熙七年（411）复以其地置山阳县，山阳之名

---

① 《南齐书》卷一四《州郡志上》，北京：中华书局，1972 年，第 257 页。

于是始名。按，山阳得名于境内山阳渎。刘宋时属山阳郡、南东海郡、临淮郡，俱属徐州。北魏时属山阳郡、淮阴郡，郡属淮州。隋时属江都郡与东海郡，分属扬州与徐州。唐楚州淮阴郡属淮南道，泗州临淮郡属河南道。宋楚州山阳郡属淮南东路。元时为淮安路，属淮东道宣慰司。明代改为淮安府。《明史》云："淮安路，太祖丙午年四月为府，领州二、县九。"[①]即海州（领县赣榆）、邳州（领县宿迁、睢宁）二州；山阳、清河、盐城、安东、桃源、沭阳、赣榆、宿迁、睢宁九县。洪武二十六年（1393），编户八万六百八十九，口六十三万二千五百四十一。弘治四年（1491），户二万七千九百七十八，口二十三万七千五百二十七。万历六年（1578），户一十万九千二百五，口九十万六千三十三。[②]

图 3-1 淮安府署

淮安地处襟吴带楚的南北要冲之地，黄、淮、运交汇之所，既为兵家必争之地，又是治水与督漕的中心所在。明太祖取淮安，命淮安侯华云龙为指挥使。以后设淮安、大河两卫指挥，俱以勋爵子孙世袭，共有 89 人，《淮安府志·勋爵》均有题名，并以华云龙为明代淮安职官第一，列在总漕部院之

---

① 《明史》卷四〇《地理一》，北京：中华书局，1974 年，第 915—916 页。
② 《明史》卷四〇《地理一》，北京：中华书局，1974 年，第 915 页。

第三章　博弈与演变：明代总漕与其他政府衙门的关系及其发展

前。有明一代，淮安府漕、河、盐、榷、驿衙门林立，为全国漕运指挥中心、漕船制造中心、漕粮指挥中心、盐运集散中心。从山阳县城至清江浦区区三十里地，除总督漕运部院、淮安知府、山阳县令衙门外，尚有：

> 漕运镇守勋爵总兵衙门，永乐三年设，天启二年革。
>
> 漕运镇守参将衙门，洪熙至宣德初设，隆庆五年革。
>
> 漕储道参政衙门，隆庆六年设。
>
> 淮海道衙门，天启二年设。
>
> 漕运刑部主事（员外郎）衙门，成化十九年设。
>
> 两淮运司批验盐引所，正德十年，由淮南迁至淮北河下大绳巷。
>
> 淮北盐运分司署，正德年间迁至淮安河下。
>
> 淮安管仓户部监清江浦常盈仓衙门，驻清江浦。
>
> 淮安清江厂工部督治漕船衙门，驻清江浦。
>
> 淮安钞关（南京户部）衙门，驻板闸。
>
> 淮安府清军贴堂同知衙门，专管清军、驿传、马政，驻扎本府。万历八年，移驻甘罗城，兼管清河、桃源、并山阳、高家堰、柳浦等处河道。万历十一年，复驻本府，兼柳浦、海口等处河道，余如故。
>
> 山清河务同知衙门，万历间题设，管山阳、盐城、清河、桃源河务，及高家堰、永济河、清江浦里外河，及柳浦湾、云梯关海口各处河道。
>
> 淮安府海防同知衙门，万历二十二年以新建庙湾城防倭添设，专管海防、捕粮、税课等事务。
>
> 淮安府东河船政同知衙门，万历四十年题设，管理东河船政，驻扎清江浦，督造漕船。
>
> 淮安府通判衙门，成化九年增设，弘治八年裁，嘉靖十六年复设。专管捕盗、缉私盐。正德间添设一员，兼管水利，后裁去。驻扎淮安府城。[①]

[①] 乾隆《淮安府志》卷一八《职官·明》，北京：中国方志出版社，2006年，第602—643页。

上述衙门叠加起来竟达 20 个之多，为全国省级以下地方政府所在地罕见。这其中，漕运的中转为南北商品的交流带来了广袤的商机，盐运的暴利促发了大批商人移居淮安城，给淮安城商品经济带来了前所未有的"古典式繁荣"[1]。然而，与花团锦簇般兴盛的城市经济形成鲜明对照的是，明代淮安农村饱受水患之苦，城内行舟、禾苗荡然、人畜漂溺等凄凉现象时有发生。万历《淮安府志》认为"淮自昔称沃土，乃今瘠矣"。由于水患频频，"仓廪每每告匮""老羸乞讨，填门塞途，仅能慰谕而已"。[2]商业虚华的繁荣没有强大而稳固的农业、手工业实体经济作为支撑，一旦漕运易道，盐运改境，就很快陷入无可奈何花落去的颓境中。

作为淮安城内等级最高的政府衙门，总漕漕运部院周围聚集了大量的依赖漕运生存的寄食群体，他们是淮安商业繁荣的见证者和参与者。在这个权力关系极为复杂的小城内，总漕无疑占据了权力金字塔的最上层，对淮安城的建置、民政、人事等方面均拥有相当的发言权。

如嘉靖年间总漕章焕对淮安城的改造。淮安旧城原在邗沟古末口一带，元末兴起的新城则在北辰坊附近，明初运河穿两城自南向东而西。陈瑄筑清江浦，运河改走城西由清江浦入黄河，新旧两城之间的地利尽失。嘉靖三十九年（1560），总漕章焕为抵御倭寇，获准在新旧城之间建联城，又称夹城，淮安三城遂连为一体。[3]

如淮安府奏请减免淮安地方税粮，并以淮安板闸钞关所收钱钞抵补本地官吏、旗军、师生俸粮。"先是，以直隶淮安府连年荒歉，减免秋粮数，多从都御史秦纮奏。令本府板闸钞关所收钱钞，以米代之，每钞一贯收米一升，以给本处官军俸粮，以后仍旧。至是，都御史李昂奏荒歉未复，仍乞折收米

---

[1] 此类研究甚多，如江太新，苏金玉：《漕运与淮安清代经济》，《淮阴工学院学报》2006 年第 4 期；赵明奇，韩秋红：《运河之都淮安及其历史地位的形成》，《江苏地方志》2006 年第 4 期；尹钧科：《从大运河漕运与北京的关系看淮安城的历史地位》，《学海》2007 年第 1 期。
[2] 万历《淮安府志》卷三《建置志》，万历元年（1573）刻本。
[3]《明世宗实录》卷四九〇"嘉靖三十九年十一月甲子"，《钞本明实录》第 16 册，北京：线装书局，2005 年，第 568 页上。

第三章 博弈与演变：明代总漕与其他政府衙门的关系及其发展

一年为便。从之。"弘治三年（1490），"命淮安府板闸钞关船料钱钞再折米一年，以充官军师生之给，从巡抚都御史张玮言也。"弘治五年（1492），"总督漕运兼巡抚都御史张玮奏直隶淮安府灾，乞将本府钞关所收钱钞，折收粮米一年，以给官吏旗军月粮，户部覆议从之。"①至此，淮安府以淮安钞关所收抵补因减免税粮而引发的地方官吏、军士俸禄亏欠，成为惯例。还有将加耗剩余当作来年卫所借贷之资，损有余而补不足。如弘治九年（1496），"命漕运每年加耗折银，除还太仓外，尚有余者，贮于淮安府库来年有缺价卫所，许其贷支，令次年偿之，著为令。从总督漕运都御史李蕙等奏也。"②

再如纠劾官吏贪墨不职，荐举官员擢任他官。天顺八年（1464），"升直隶淮安府通判沈和为直隶安庆府知府。……巡抚淮扬都御史王竑荐于朝，故有是命。"（总漕徐镛）在淮安时，"稔知纲运之弊。于是，以法绳下劾不职、察邪慝，军民稍息。"万历六年（1578），"淮安府通判王弘化、水利道佥事杨化降南河郎中，施天麟调外任，以潘季驯疏参耽误河工故也。"③

然而，也不宜高估总漕对淮安府民政、人事的参与权，其巡抚淮安，主要在于"抚安军民，禁防盗贼，清理盐课，赈济饥荒，修理城垣"等兼理事宜。毕竟，县有知县，府有知府，省有布政使，中央有江西道监察御史，事有所归，政有所属，总漕"殚心竭意，输忠效劳"，凡百举措终结目的还是

---

① 《明孝宗实录》卷三六"弘治三年三月丁卯"条，《钞本明实录》第10册，北京：线装书局，2005年，第373页下；《明孝宗实录》卷四五"弘治三年十一月庚寅"条，《钞本明实录》第10册，北京：线装书局，2005年，第306页下；《明孝宗实录》卷六一"弘治五年五月丁丑"条，《钞本明实录》第10册，北京：线装书局，2005年，第373页下。
② 《明孝宗实录》卷一一七"弘治九年九月丁巳"条，《钞本明实录》第11册，北京：线装书局，2005年，第37页下。
③ 《明宪宗实录》卷八"天顺八年八月庚寅"条，《钞本明实录》第8册，北京：线装书局，2005年，第55页上；《明孝宗实录》卷一五三"弘治十二年八月乙卯"条，《钞本明实录》第11册，北京：线装书局，2005年，第200页上；《明神宗实录》卷七七"万历六年七月乙卯"条，《钞本明实录》第18册，北京：线装书局，2005年，第434页下。

"俾粮运无误"。《明实录》中也记述总漕干预淮安府民政之事，多发生在天顺至正德年间，嘉靖以后则多为督漕、治河之事。总漕与淮安府，既亲密地融合，又刻意地疏离。双方的关系，敏感而微妙。

第四节　明代总漕体制的动态演变

诚如前言，总漕在与漕运总兵官、漕运参将、都察院、六部及淮安府等官员或衙门的权力博弈过程中，逐渐完善了自身的组织架构、官场职能、管辖范围等制度性属性。或言之，外部的压力是总漕体制演变的诱因之一，那么，如何认识总漕体制演变的内部动力？在制度的动态演变中，其组织、规则及执行层次呈现出怎样的变迁？本节试图回答这两个问题。

一、道格拉斯·C·诺思的制度变迁理论

道格拉斯·C·诺思是美国经济学家，他因为"用经济理论和数量方法来解释经济和制度变迁，从而在经济史方面开创了新的研究"之成就，从而与福格尔一起获得了1993年度诺贝尔经济学奖。

道格拉斯·C·诺思首先厘定了制度的含义，制度不等同于法规，它是人类设计出来的用以形塑人们相互交往的时候减少不确定性的所有约束，这些约束包括正式的和非正式的。正式的限制乃人类有意创造出来的，譬如法律；非正式的限制则是随着时间推移而演化出来的，譬如习惯、风俗、礼仪等。制度约束包括禁止人们从事某种活动和在某些特定条件下某些人可以被允许从事某种活动。若以一场团体竞技体育比赛而言，正式规则、非正式规则、实施的形式与有效性一起决定了一项竞赛的整体特征。我们分析制度时，可以借鉴上述理论，从球队组织构成、正式及非正式的规则、比赛的执行成效

第三章　博弈与演变：明代总漕与其他政府衙门的关系及其发展

三个部分入手。[①]

制度变迁在边际上可能是一系列规则的、非正式约束、实施的形式及有效性变迁的结果，因而其过程是渐进式，不间断性的。人类历史的核心问题在于解释历史变迁路径中的巨大差异。根据古典经济学理论，不同经济体经过长时间的商品、劳务和生产要素交易后，基于人类自利心和市场机能的调节，效率低下的制度会被淘汰，人类的制度会渐渐趋于一致。但吊诡的是，世界正演化为在宗教、种族、文化、政治和经济都迥然相异的社会。许多已被证明毫无效率的制度，却被一些政府继续采用。这里，道格拉斯·C·诺思引入了经济学家科斯（Ronald Coase）的交易成本理论，指出作为结果的制度变迁路径由制度和组织之间共生关系而产生的锁入效应（lock-in），以及人类对变化的感知和反应所组成的回馈过程（feedback process）所决定。具体说来，统治者设立政府统治人民，过高的交易成本会降低所得，因而统治者往往不愿改进现有的制度，反而任由垄断性的无效率的制度长久存在。道格拉斯·C·诺思称这种现象为路径依赖（path dependence），并指出了路径依赖在经济学上的局限性。制度变迁的压力来自于价格的改变，组织和制度间产生新的互动，正式的规则、非正式的限制以及执行成效也随之发生改变。

道格拉斯·C·诺思的制度变迁理论极为复杂，我们只需借鉴其组织、规则、执行三章互动的动态过程之说即可。要言之，统治者创建制度，乃是根据现有的条件限制，组成为达到某种目的的组织并执行特定目的的行为，其对效率的要求取决于统治者的统治需要而非市场的需要。当组织长期负责某项任务时，组织和制度之间的锁入效应，逐渐因路径依赖产生自身利益，从而阻碍制度向更有效率的方向演进。同样，在制定各项规则时，统治者不得不考量与利益集团的妥协。当执行规则时，作为强制执行者的政府与利益集团的自私心会相互冲突，规则不时会被违犯，此时制度能否继续存在的关键

[①]（美）道格拉斯·C·诺思：《制度、制度变迁与经济绩效》第1篇，杭行译，上海：格致出版社，2009年，第4—6页。

在于是否建立了纠错惩罚机制。倘若制度的交易成本高居不下，制度不能够被充分而严格地执行，那么，它就进入了重大变革的门槛。[1]

道格拉斯·C·诺思教授的制度变迁理论影响甚广，在中国经济学界也有众多的追随者，出现了三个版本的中译本。[2]21 世纪以后，一部分历史学者试图以该理论解释中国历史上制度变迁现象，并引起了一定的学术关注，如李顺民的博士论文《清代漕运的"制度变迁"研究》。关于明代总漕及放大化的明清督抚体制研究，历来的方法无非是从典章制度中寻觅其制度变迁的过程，并辅以人事与法规构成的经纬线，勾勒其制度的全貌及其在权力金字塔结构中的地位。这种平面而静态的描述既不能将制度演变中活生生的参与个体的贡献体现出来，又不能将制度演变的动态过程刻画清楚，因而受到越来越多的学者诟病。本书探讨明代总漕，前文重点从人物的比较研究出发，现不吝菲薄，以李氏大作为范本，考察明代总漕体制的动态演变过程。

二、总漕组织架构的演变

明代漕粮起征、运输、交仓是一个极为庞杂的系统，从地方税民、粮长、府州县衙门、总漕总河衙门、中央各部院及皇帝都牵涉其中，其组织架构亦相当繁复。总漕组织在漕运系统中无疑占据中心地位，但它不是孤独的存在，在与其他部门或官员的交往联系中，一方面有权力博弈的争斗；另一方面也有为漕运畅通而进行的通力协作。基于此，总漕组织架构中体现出兼容开放与保守僵化的双重特征，这正是明代总漕体制长期演变的结果。

总漕组织架构的兼容开放特征可以从其所兼领衙门或官员中寻觅得某些

---

[1] 参阅（美）韦森：《再评诺思的制度变迁理论》，（美）道格拉斯·C·诺思：《制度、制度变迁与经济绩效》代译序，杭行译，上海：格致出版社，2009 年，第 4—52 页；李顺民：《清代漕运"制度变迁"研究》第一章，台北：台湾师范大学博士学位论文，2000 年，第 10—13 页。

[2] 韦森《再评诺思的制度变迁理论》一文中提及到三个中译本，台湾"清华大学"刘瑞华翻译的台湾时报文化出版公司本、刘守英翻译的上海三联书店本、杭行翻译的上海格致出版社本。笔者浅陋，未能睹得刘守英本真容。

第三章 博弈与演变：明代总漕与其他政府衙门的关系及其发展

端倪。从朝廷设置都漕运使、漕运总兵官对漕运进行专职化管理尝试，到总漕的文官体制化，再到总漕融摄漕运总兵官和漕运参将，总漕组织在万历年间臻于峰值：总督漕运兼提督军务巡抚凤阳等处兼管河道都御史。然而，总漕作为明代漕运的最高长官，与六部、都察院、总河、总督仓场、地方府县等衙门中涉及漕运的部门却不是权力金字塔上完全意义的上下级关系。总漕有属吏，无属官，其节制官员多为其他部院委派，这种奇怪的组织形式如表3-1所示。

表 3-1 总漕组织架构表

	职能	所领衙门或官员	所属衙门	
总漕	巡抚地方	淮安、凤阳、扬州、庐州四府，徐州、和州、滁州三州	省、道、府、州、县衙门，江西、山东、河南道巡察御史（都察院）	
	提督军事	淮安提举、漕运总兵官、参将、把总、漕军	兵部、卫所都指挥使、五军都督府	
	兼管河道	巡河御史	都察院	总河
		管河工部郎中、管洪闸泉工部主事	工部	
		管河按察副使、佥事、管河布政参议	省按察使、布政使	
		管河同知、通判，官泉同知等	工部	
	漕运	巡漕御史	都察院	
		管漕刑部主事（员外郎）	刑部	
		监仓户部主事	户部云南司、仓科	
		总督仓场	户部	
		淮安钞关、两淮盐运司	户部	

总漕与其他衙门之间既竞争又合作的关系，使得其在明代历史上不断地被赋予或被褫夺某些职权，组织架构在外部压力下不断地吐故或者纳新，其兼容开放性组织特征也就表现得愈发明显。都察院、户部、工部、刑部、兵部、地方府县都在总漕组织架构中找到自己的位置，总漕与这些机构实际上处于一种平面分工状态。漕粮从征收、运输到交兑，横跨地方政府、漕运、河务、仓场等数个部门，而它们又分归都察院、六部、省府县的垂直管理。作为名义上的漕运部门最高领导，要应对复杂的漕运程序，从稽查漕船、巡视运道到调度闸坝，无不需要总漕的亲力亲为。总漕既要树立在各部门的权

威形象，又要在几千里的运道上来回巡察，实行动态管理，还要履行巡抚地方、提督军事的职能，当真是勉为其难矣！总漕的唯一解决途径便是扩大组织架构，完善上情下达的管理体制。由于不能增设属官，那么属吏、随从、门客等就成为总漕组织架构中不可或缺的部分。

然而，正如一项新制度随着时间的延续而出现边际效应递减、成本上升、效率递减的绩差预期一样，总漕体制在明代嘉靖以后日趋完善化后，其组织架构保守僵化性的特征也慢慢呈现出来。从道格拉斯·C·诺思的理论中不难发现，总漕组织架构在长期的演变过程中，表现出配置效率不断降低，锁入效应（lock-in）日益强化。这两个特性紧密互动，继而成为造成制度保守僵化的主要因素。

所谓的配置效率，即组织所能产生的利益与其投资之间的关系，也就是组织得以合法存在的基本理由。明代中后期，总漕组织规模不断扩张，依靠漕运生存的寄食群体恶性膨胀，政府用于维护河道及漕运的开支越来越多，而每年向北京漕运的粮储自万历后期就很少超过300万石，远低于此前的400万石的正常值。[①]尽管有水患频繁的因素，但总漕组织的配置效率日益低下确是不可推卸的原因。

当组织的外部特性日益僵化后，其内部演化就会顺着某种特定的路径发展，并逐步出现锁入效应（lock-in），对可能提高配置效率的改进技术弃之不顾，整个组织架构趋于完全的固化状态，即所谓的路径依赖（path-dependence）。一旦出现这种模式，统治者往往考虑到既有的投入，另起炉灶会花费更多的资源，于是便丧失了壮士断腕的决心，不得不继续向该僵化的组织继续投入资源，以支持其继续运转。嘉靖以后的总漕任职人选多来自工部或户部，占同时期总人数的87.6%以上（见表2-1），便反映了总漕

---

① 参阅吴缉华：《明代海运及运河的研究》第八章，台北："中央研究院"历史语言所，1961年，第300—342页。又，鲍邦彦认为，正统、景泰、天顺之时明漕粮额数稳定在400万—450万石左右，成化八年（1472）始定额每岁400万石。这个额数稍高于历代漕运数，但实际征收时往往又多而无多。嘉靖年间，漕粮改折几占一半，本色和折色相凑方勉强达到额数。详见鲍邦彦：《明代漕运研究》，广州：暨南大学出版社，1995年，第14页。

第三章　博弈与演变：明代总漕与其他政府衙门的关系及其发展

组织架构的保守性逐步加强，体制逐步僵化。另外，总漕与总河的几次部门争议及两次合并，均反映出漕运部门利益至上的思维定势。再有，总漕一向以稳定的漕粮运输额而炫功于朝廷，反对对其组织进行哪怕是象征性的变革。据黄仁宇统计，朝廷每年需要的漕粮300万石就足矣，然除天启、崇祯年间之外，明代漕粮的定额一般固定在400万石左右。北京和通州的粮仓直至1644年才露出仓底，其余年份都府库充盈，陈陈相因，至少能维持北京两年的需要。存粮流通缓慢，就不可遏止地腐烂下去。尽管朝廷中加大折征比例的呼声很高，但一直未能彻底实施，这与总漕组织中强大的反对意见有莫大的关系。[1]漕弊日重，漕运日减，却没有阻挡住朝廷对漕运投入的巨大热情。明廷不断完善以总漕为中心的漕运组织，在屯田、加耗、造船等项目上给予财政支持。为提高河运效能，每年都投入大量钱粮修缮河道，将运河沿线的许多地方官员担任催漕事务上去。此便是在对总漕组织架构陷入路径依赖的背景下，明廷面临的漕运配置效率低下与漕运投入不断高昂的双重困局。

三、漕运规则的演变

明代漕规之繁复缜密，为前代之所无，唯继之而起的清代差可比拟。清代自雍正起，每十年颁布官方的《漕运全书》，明代缺乏类似的漕规文献。不过，我们从《明史·食货志·漕运》、万历《明会典·漕运》以及私人修撰的《漕运通志·漕例略》《通漕类编·漕运》《漕乘》等典籍中也可找出明代漕规演变的大致过程。

1. 关于运法

明初除海运为军运外，河运、陆运皆为民运。永乐间陈瑄提出了施行支运法的建议。规定各省农民将税粮就近运至运河沿岸淮安、徐州、临清、德

---

[1] Ray Huang. *The Grand Canal during the Ming Dynasty: 1368-1644*, Ann Arbor: UMI, 1964; 黄仁宇：《明代的漕运》第四章，张皓、张升中译，北京：新星出版社，2005年，第99—112页。

州与天津五大水次之一，然后由运军分程接力，运至北京、通州二仓。支运法中，民运所占比重不足一半。宣德五年（1430），周忱等人建议推行兑运法，令民夫运粮至瓜州、淮安交与漕军兑运。河南漕粮则民运至大名府小滩，由遮洋总海运至京。山东税粮于济宁交兑。此法施行，民运大为缩短，军运相对延长。税民须按照路程远近付给漕军脚费耗米。开始二法并行，其后兑运法逐渐流行开来。正统初年，运粮之数达450万石，兑运者280余万石，淮、徐、临、德四仓支运者仅占十之三四。至成化七年（1471），总漕滕昭又开始推行改兑法，即长运法或直达法。运军直接远赴江南水次交兑，农民不必参与漕运，但除额外交付脚费耗米外，每石税粮还须付给运军一斗渡江费。长运法问世后，明廷逐步取消了天津以外四大水次的支运，将之推广至全国。此后，除江南白粮仍为民运外，漕运用漕军长运成为定制。①

2. 关于期限与责任追究

成化年间立运船至京期限：北直隶、河南、山东五月初一日；南直隶七月初一日，如有过江支兑者，延长一月；浙江、江西、湖广九月初一日。正德年间列水程图格，按日次填行止站地，违限之米，安顿在德州诸仓，曰寄囤。嘉靖年间定过淮期限，江北十二月，江南正月，湖广、浙江、江西三月。万历时又改至京师期限，五月者缩一月，七八九月者递缩两月，后又通缩一月。神宗初，定十月开仓，十一月兑竣，大县限船到十日，小县五日。十二月开帮，二月过淮，三月过洪入闸。漕米验收时皆先以样米呈户部，运粮到日，比验相同才收。②

明代漕运关于过淮、过洪、过闸有严格的时间期限，皆为避开黄河汛期对漕运的威胁。对于总漕、漕运总兵官、总河三者的职责也有明确的界定："有司米不备，军卫船不备，过淮误期者，责在巡抚。米具船备，不即验放，

---

① 《明史》卷七九《食货三·漕运》，北京：中华书局，1974年，第1922页；万历《明会典》卷二七《会计三·漕规》，台北：新文丰出版公司，1976年，第513页下。
② 《明史》卷七九《食货三·漕运》，北京：中华书局，1974年，第1922页。

第三章 博弈与演变：明代总漕与其他政府衙门的关系及其发展

非河梗而压帮停泊，过洪误期因而漂冻者，责在漕司。船粮依限，河渠淤浅，疏浚无法，闸坐启闭失时，不得过洪抵湾者，责在河道。"① 而对于下级官吏，则依情节轻重分别给予不同惩罚。嘉靖十四年（1535）规定，"若正月终，有司无粮、军卫无船者，府州县掌印管粮官、领运指挥千百户，行巡按提问，各住俸半年。二月终无粮无船者，各提问、住俸一年。其船粮不到之数，俱以三分之一为限，仍先各革去冠带、待罪催攒。若三月终船粮不到，各提问、降二级。四月终粮船不到，不分多寡，连布政司、掌印管粮官、领运把总、通行提问，各降二级。文职起送吏部别用，军职发回原卫，带俸差操。又题准，五月终船粮不到水次者，并参卫所掌印官。"隆庆四年（1570）又有变动，"十月开仓，十二月终兑完开帮。如十二月终，有司无粮、军卫无船，粮道与府州县掌印管粮官及领运把总、指挥千百户住俸半年。违正月终限者，各住俸一年。违二月终限者，各降二级，布政司掌印官降一级。"②

3. 关于加耗与折征

加耗是民运传军运后征收的漕粮运费，最早由平江伯提出："令民补脚价，在淮安水次者，每正粮一石加五斗；在瓜州水次者，每正粮一石加五斗五升。"③ 此支运法之加耗也。兑运法加耗视路程远近予以加减。宣德六年（1431），明廷颁布运军兑运民粮的"加耗则例"，每石税粮所加耗粮：湖广为八斗，江西、浙江为七斗，南直隶为六斗，山东、河南为三斗。运至淮安仓兑与运军的加四斗。不愿兑者听其自运。耗例为"二米一他物"。宣德年间的加耗则例，初步奠定了明代漕粮加耗的基础，以后历代不断加以完善。成化年间推行改兑法后，又加征过江米，原来的"二米一他物"的耗例改为全征本色。除此之外，还有许多名目繁多的耗外之耗，如两尖米、 耗米、补湿补润米、筛飏米。据鲍邦彦推算，明代东南各地征收的加耗相当于正粮

---

① 《明史》卷七九《食货三·漕运》，北京：中华书局，1974年，第1923页。
② 万历《明会典》卷二七《会计三·漕规》，台北：新文丰出版公司，1976年，第514页上。
③ （明）王在晋：《通漕类编》卷三《轻赍耗脚》，四库全书存目丛书编纂委员会编：《四库全书存目丛书·史部》第275册，济南：齐鲁书社，1997年，第308页下。

的一倍或以上，这还是州县负担的大致平均数，州县以下胥吏的营私舞弊尚不考虑在内。[①]倘若再算上漕船通过关津闸坝的加税和建造漕船的料银摊派，漕粮加耗远就不止此数了。

折征指以布帛或白银作为税赋，以代替漕米本色。每年八月，由户部召集，总漕或漕运总兵及各地巡抚等官员参加的漕运会议，决定来年漕粮本色和折色事宜。其折征数额，一般根据顺天府尹、各地巡抚、总漕衙门回报的各地灾情，以及京、通二仓和五大水次积储情况而酌情编派，还可根据在京官、军俸粮以及兵荒、民困等特殊情况做出临时编派。地方分派则遵循被灾轻重、粮多粮少、先改兑后正兑、酌量地之远近、听民自便等原则。明代漕粮折征的形式由布帛为主、银布并征转变为成化八年（1572）以后的白银为主，货币折征逐步取代实物折征，这是明代商品经济发展的必然产物。从数量上看，成化以后的折征从 10 余万石一路攀升，至嘉靖年间超过 100 万石，甚至高达 210 万石，[②]占全国漕粮半数以上。至隆庆年间，为稳定京师米价，朝廷确立了岁折 100 万石的定例[③]，终明之世，大体未变。[④]

以上罗列的内容仅为明代漕规演变的冰山一角，不过作为我们考察明代总漕体制演变的又一个范本，已绰绰有余。规则在制度中的价值，在于以明确的规定达到降低信息传播、行政监督和人为执行的成本，也就是说，规则

[①] 参阅鲍邦彦《明代漕粮制度》，《明代漕运研究》，广州：暨南大学出版社，1995 年，第 54—57 页。

[②]《明世宗实录》卷一四五"嘉靖十一年十二月壬寅"条云："是岁……漕运米四百万石内改折二百一十万石，实运米一百九十万石。" 参阅《明世宗实录》卷一四五"嘉靖十一年十二月壬寅"条，《钞本明实录》第 14 册，北京：线装书局，2005 年，第 589 页上。

[③]《明穆宗实录》卷七〇"隆庆六年五月乙酉"条云："户科右给事中栗在庭言：顷者，漕臣以运船漂溺过多，请改折五十余万石，且尺岁折百万石以为常，此为一时权宜之术则可，非百世经久之计也。……请令漕司自年仍复运额，报可。"参阅《明穆宗实录》卷七〇"隆庆六年五月乙酉"条，《钞本明实录》第 17 册，北京：线装书局，2005 年，第 637 页上。但从吴缉华的统计来看，万历以后明代漕运本色很少超过 300 万石，改折百万，朝廷亦习以为常，详见吴缉华：《明代海运及运河的研究》第八章，台北："中央研究院"历史语言研究所，1961 年，第 300—342 页。

[④] 鲍邦彦：《明代漕粮折征的形式及原因》，《明代漕运研究》，广州：暨南大学出版社，1995 年，第 90—125 页；鲍邦彦：《明代漕粮折征的数额、用途及影响》，《明代漕运研究》，广州：暨南大学出版社，1995 年，第 90—125 页。

第三章 博弈与演变：明代总漕与其他政府衙门的关系及其发展

减低了制度中的模糊地带，促成人们之间的各种交换。[1]明代漕规不可谓不严密，处罚不可谓不严厉，但明代漕运中的贪腐现象层出不穷，自成化以后愈演愈烈，以至于万历年间就有人视漕运规则为明弊政之一，欲以海运代之[2]，其缘由在于理想的规则在演变过程中渐渐异化为蠹民和弊政的凶器。

譬如运法的三次变革，从平江伯陈瑄到总漕陈泰、滕昭，都对其给予了异乎寻常的关注，并亲自厘定规则，免除税民的运役，以期能改变过去由粮、里长负责征收押解漕粮而引发的民怨。但军运并不意味着农民的负担因此而减轻，相反，漕粮额外的加耗、官吏运军的敲诈勒索成为预料外的重负。

又譬如加耗则例，朝廷希望用法令的形式固化住因军运而增加的运费开支，然官吏和小民在掌握则例信息上的不平等，使得则例反而成为官吏额外增加编派的法律依据。漕规政出多门，户部、工部、都察院、总漕、总河等衙门都有自己的机构负责解释、实施、纠察其条文，朝廷本义让它们相互监督、相互制衡，然而在漕运巨大的蛋糕面前，利益的多样化往往促成组织内部的结盟，结果监督的规则异化为分赃的依据，耗外之耗、关津闸坝的加税等名目繁多的课敛，在各个衙门的默许之下如飞蛾般纷纷扑向税民和运军这一丝亮色。

再譬如折征，明中期以后改折的规模越来越大，以至于隆庆以后岁折百万石为常，这一方面反映出明商品经济的冲击使得实物地租难以为继；另一方面也看出明代以总漕为首的传统漕运体制遇到了前所未有的危机。东南地区苛重的赋役和严重的灾伤，造成了乡村经济的萧条和凋敝，其作为天下财赋中心的位置已不可靠。加上运道的艰涩、漕船的缺失、漕军的逃亡，原来的 400 万石漕运本色目标愈发可望而不可即。折征，是总漕制度演变的绝望"春药"，用之有一时之便，但终将成为其走向衰落甚至灭亡的加速器。

---

[1] （美）道格拉斯·C·诺思：《制度、制度变迁与经济绩效》第 1 篇《制度·正式约束》，杭行译，上海：格致出版社，2009 年，第 65—67 页。
[2] 《明史》卷二二三《王宗沐传》，北京：中华书局，第 5877 页云："（王宗沐）极陈运军之苦，请亟优恤。又以河决无常，运者终梗，欲复海运。"

四、漕运制度执行的演变

总漕每年执行的最重要的任务便是巡察漕河、催督漕运。户部回复御史颜鲸有关漕运的条文中规定:"每年正、二月间,令漕运都御史专驻淮安,与总兵官一体经理漕事,俟春汛至日方赴扬州。"①至隆庆四年(1570)有变动,"漕船起行,都御史坐镇淮安,参将移驻瓜、仪,总兵驻徐州,各分经理催督船粮。"②隆庆六年(1572),总漕王宗沐又提出:"请于春讯时移驻扬州,料理海防军务兼催瓜、仪之运。二月中还淮安,及粮船悉至,总兵乃出驻邳、徐以北,督催过洪。俟入闸毕,随后管押至京。"③朝廷答允。扬州—淮安一线是总漕重点巡察区域,万历年间一度兼管河道,徐州以下的黄淮运道亦要巡察。我们从《明实录》中可以辑出多条总漕巡察和治理运道的事例,如陈泰补修高邮附近的湖岸,滕昭整治孟渎河港口,陈濂浚治济宁附近的运道,张缙拓宽扬州至淮安的运道,洪锺创设武进白塔湖四闸,邵宝治理黄河运道等。④对于总漕巡察、督漕职责的执行情况,我们很少看到有巡漕御史弹劾其渎职的书面奏报。

然而,这并非说总漕巡察、督漕工作毫无瑕疵,事实上,每年的南北奔波正是总漕与其他督漕官员进行利益妥协与瓜分的最好时节。姑举一例,地方州县将漕粮交兑给运军后,运官将本帮全部资料填在备单上,包括兑粮数额、耗米银数额、开兑开行日期、过淮抵通期限,由地方官盖印为凭证,船帮方可开船北上。如有米色纠纷,未上船时归州县负责,上船后则归咎于运官和运丁。一切环节发生的纠纷,统送与总漕仲裁。总漕依据陋规,一律认定漕米润湿,须缴纳筛飏费。总漕丛兰曾云:"交兑之际有补润也,各省军民

---

① 《明世宗实录》卷五一六"四十一年十二月乙亥"条,《钞本明实录》第 17 册,北京:线装书局,2005 年,第 33 页下。
② 万历《明会典》卷二七《会计三·督运官员》,台北:新文丰出版公司,1976 年,第 502 页上。
③ 《明穆宗实录》卷六五"隆庆六年正月癸未"条,《钞本明实录》第 17 册,北京:线装书局,2005 年,第 611 页上。
④ (日)星斌夫:《明代漕運の研究》第二章,東京:日本學術振興會,1963 年,第 108—109 页。

第三章 博弈与演变：明代总漕与其他政府衙门的关系及其发展

交兑，或因天时阴雨日久，或因水乡地方窄狭，无从晒扬，恐误限期，议加数升，以补亏折之数，或因而在船蒸伤太甚，或因而到仓晒扬太重，或以易换太高，绳缆之需，得少费多，以致往往挂筹。今若不将此物取而还债，人情何堪！"[1]其实此中情形，户部早有知晓："纳粮米务要照依原样干圆洁净，糠枇粗碎者俱要晒扬，不知后因何例免其晒扬，于是又有补湿补润之耗由领兑之说，盖欲军得脚价之费也。"所谓补湿补润米俨然一块唐僧肉，众多部门群而分之，"至于湿润之说，尤为百弊之源，何者？耗以湿润为名，则未决已不堪矣。就使尽数，必然亏折。况各该运官不虞后患，止利目前，一得湿润之粮，遂为附于己物，易卖银两，上下交侵，把总则每船提取，卫总则每事铢科。及至上纳不足，未免借债挂筹，年累一年，弊日益弊。"前文所说的加耗及耗外之耗也是如此，没有总漕的默许或者题奏是很难推行下去的。

再如有关过淮、过洪期限，朝廷和总漕衙门一再下令须严格执行，甚至还画出水程日数列为图格。过淮抵京时，地方官日填一格，事完送回总漕衙门销缴。此则例从总漕邵宝时就开始了，其制缜密如斯，令人叹而服之。然而，在实际漕运中，船帮很少能按时交兑，其缘由在于地方府县征收时就已违限，"每每延至四五月间，官军加耗之讲，又复多求，往往致争，殴讼人命。民料其运迫，必插和然后肯加。军挟其米低，必加多然后肯兑，愆期误运，损民害军，其流之弊已至于此。"船帮行至淮安时，需将限单交与总漕，总漕衙门核收后再开新限单。问题在于，船帮倘不缴纳各种隐形费用，从总漕衙门领回的限单上时限是无论如何也实现不了的。

我们从《漕运通志》卷八《漕例略》中读到的漕弊种种，当真令人大开眼界。这还是嘉靖时期的文献，万历以后漕弊更有火上添油之势。仔细看来，这些漕弊的归结点还是在于总漕的放纵和懈怠。那么，都察院有巡漕御史、巡河御史，工部有管河郎中，刑部有管漕主事，这些官员对漕运的监督稽查

---

[1] (明) 杨宏，谢纯：《漕运通志》卷八《漕例·十四年议借盐银偿还粮运宿债》，荀德麟点校，北京：方志出版社，2006年，第180页。

又在哪里？诚如前言，在巨大的利益蛋糕面前，作为独立监察的第三方是很难抵制住共同贪腐的诱惑。况且明代漕运惩罚机制建立在层层的具结和严厉的连坐处分之上，漕运环节环环相扣，从地方州县官、粮道、监兑官、押粮官到总漕、总河都牵涉其中，一损俱损，一荣俱荣，只要没有外部强大的问责压力（如户科给事中），组织内部自劾贪渎的概率几近于零。个别强出头者，很快被组织抛弃。其想打破组织体制的愿望与唾手可得的眼前利益本是矛盾的对立面，但此时反而融聚为一体，一齐消散，其人也成为组织成员引以为戒的反面典型。

明代总漕体制执行上的弊端很显然是当初制度制定者所万万不能预料的，借用道格拉斯·C·诺思的契约履行理论或可有所解释。一项制度的执行效能即为该规则所形成的契约被信守程度，也就是说规则被组织接受并遵守的程度代表了该制度的效用。总漕体制中的各项规则是否被信守，成为衡量总漕体制效率高下的关键。这里涉及三个问题，第一，该契约是否被明确无误地告知给总漕组织内所有成员？第二，是否存在能自动监督纠错的公正的第三方？第三，处罚机制是否能有效地被执行？[1]从总漕体制的执行演变来看，嘉靖之前尚可称善，嘉靖中期，河道大坏，倭乱不已，而总漕的职权日益扩大，总漕组织成员呈逐步膨胀之态势，被默认或题准的新漕规遂不断流布出来。然而信息流通渠道的不畅，使得下层官吏和小民无法获得足够有利于自身的信息，上层和下层之间处于信息掌握的失衡状态，而规则的解释权又归总漕组织的上层所有，因而社会资源朝着以总漕为首的漕运上层团体流动，成为必然的规律。以巡河御史、巡漕御史、刑部主事（郎中）代表的监督第三方，一方面受总漕节制；另一方面又分享到漕运的巨大利益，从而失去了制衡和稽查总漕衙门的勇气与力量。明代针对总漕群体的处罚机制是高高举起，轻轻放下，最终被追究责任的往往是运官和运军，且责罚也不过是

---

[1] （美）道格拉斯·C·诺思著：《制度、制度变迁与经济绩效》第1篇《制度·实施》，杭行译，上海：格致出版社，2009年，第76—83页；李顺民大作：《清代漕运"制度变迁"研究》，台北：台湾师范大学历史研究所博士学位论文，2000年。这两本书对本节写作启迪良多，谨谢之。

第三章　博弈与演变：明代总漕与其他政府衙门的关系及其发展

住俸数月，这样的损失比起贪墨所得不过九牛一毛而已，因此，发生漕损时的处罚好比茶壶里的风暴，听闻而已。张瀚说："迩来弊增于积习之后，政隳于姑息之余。军卫有司，人持异见，兑运交纳，挂欠迟违，则漕务宜议。"①

综上所述，我们可以很明确地回答本节引言部分的两个问题：明代总漕体制演变的内部动力绝不是为了提高漕运效率而进行的资源合理化配置，相反，追逐组织权力和利益的最大化才是其动态演变的根本诱因。从组织、规则、执行来看，总漕组织逐步陷入投入不断加大而配置效率日益低下的怪圈，总漕创设的很多漕运规则演变为害民蠹政的工具，总漕体制的执行渐而演变为上层组织在漕运利益盛宴前的狂欢。

本章小结

总漕自创设始，就和其他各司衙门发生了千丝万缕的联系，从权力竞争角度讲，博弈双方呈现出你进我退的非零和性关系。具体说来，总漕与漕运总兵官、漕运参将一度在漕运督运、河道治理、漕军管理、地方民政参与等领域都有权力轩轾，但随着总漕的权力扩张，漕运总兵官、漕运参将的职权最终被成功地统摄进总漕的权力系统中，进而其名衔也被取消。总漕和总河在职权上有许多重合之处，二者的矛盾和恩怨从其在明代诞生之日一直绵亘到清代相继消亡之际，其间聚分离合屡有发生，最有代表性的要数万历五年（1577）与万历二十六年（1598）的两次合并，这充分反映出漕、河治理的复杂情势及其背后复杂的政治斗争背景。总漕与都察院、六部是平面的权力关系，虽说总漕的任职背景和离职去向均与都察院、六部有莫大的联系，总漕所节制的河漕官员也多来自其间，但这种相互派生的紧密联系，在权力和利

---

① （明）张瀚：《松窗梦语》卷八《漕运纪》，（明）陈洪谟，张瀚：《治世余闻·继世纪闻·松窗梦语》合订本，北京：中华书局，1985年，第159页。

益的博弈面前，远远地划清了距离。同样的情势也发生在总漕与淮安府之间，淮安府大小衙门林立，总漕对淮安城的建置、民政、人事等方面均拥有相当大的发言权，但在行政隶属上，双方又刻意地疏离。在与其他衙门的权力博弈中，总漕逐渐完成了自身的体制演变，其动力来源于组织追逐权力和利益的最大化，与提高漕运配置效率无关。在这样的演变趋势下，总漕组织逐步陷入了投入不断加大而配置效率日益低下的怪圈，其设置的很多漕运规则完全从部门利益出发，渐而变成难以消解的弊政，而总漕体制的执行遂成了组织内部分享权力和利益瓜分的盛会。

第四章　著述与经世：明代总漕学术思想初探

明代总漕多有著述传世，其诗文鲜以名显，唯邵宝、张瀚之作略具性灵之气。总漕于王学良知之论，亦有涉猎，然其荦荦大端者，务在经世，举凡折征、治河、保漕、海运、恤军等思想领域之创见，于明代实学思潮中颇具影响。本章从考察总漕著述入手，探讨其经世之论。

第一节　明代总漕著作考略

明代著作大规模的整理，始于万历年间焦竑修撰《国朝献征录》时辑录之《经籍志》。不过当时内阁大库所藏，焦氏无从遍览，且前人编撰，全凭记忆所录，故《明史·艺文志》评其曰："区区掇拾遗闻，冀以上承《隋志》，而赝书错列，徒滋讹舛。"清人修《明史·艺文志》，下笔谨慎，"凡卷数莫考、疑信未定者，宁阙而不详云"。[1]时至今日，其所著录经籍又因多种原因而散佚甚众，实为学术研究一大憾事。以明代总漕著作为例，《明史·艺文志》所载其著作名录与可见之明清刻本，亦有不小的差距，如表4-1所示。

---

[1]《明史》卷九六《艺文一》，北京：中华书局，1974年，第2344页。

表 4-1　明代总漕著作表

序号	姓名	《明史·艺文志》所载著作	可见明清刻本
1	陈泰	《拙庵集》二十五卷	—
2	李裕	《分类史钞》二十二卷	—
3	刘璋	《明书画史》三卷	—
4	马文升	《西征石城记》一卷、《兴复哈密记》一卷	《端肃奏议》十二卷，文渊阁四库全书本；《马端肃公三记》即《西征石城记》《抚按东夷记》《兴复哈密记》，明金声玉振集本；《马端肃公诗集》，明万历十八年（1596）马烝刻本
5	王琼	《双溪杂记》二卷、《漕河图志》八卷、《王琼奏议》十四卷	《双溪杂记》一卷，明万历刻今献丛言本；《西番事迹》一卷；《北房事迹》一卷；《晋溪本兵敷奏》十四卷，明嘉靖二十三年（1544）刻本；《漕河图志》八卷，文渊阁四库全书本；《掾曹名臣录》一卷、《续集》一卷，明正德刻本
6	邵宝	《左觿》一卷、《简端录》十二卷、《学史》十三卷、《漕政录》十八卷、《许州志》三卷、《容春堂全集》六十一卷	《容春堂全集》六十一卷，文渊阁四库全书本；《学史》十三卷，文渊阁四库全书本；《简端录》十二卷，文渊阁四库全书本；《大儒奏议》，文渊阁四库全书本；《漕政举要录》十八卷，文渊阁四库全书本；《慧山记》三卷，文渊阁四库全书本
7	姚镆	《姚镆文集》八卷	《姚东泉文集》八卷，文渊阁四库全书本
8	唐龙	《易经大旨》四卷、《康山群忠录》一卷、《二忠录》二卷纪王祎、吴云事、《渔石集》四卷	《渔石集》四卷，明嘉靖刻本；《群忠录》二卷，文渊阁四库全书本
9	刘节	《春秋列传》五卷、《梅国集》四十一卷、《广文选》八十二卷	《声律发蒙》五卷，明万历二十一年（1593）刻本；嘉靖《南安府志》三十五卷，明嘉靖刻本；《广文选》八十二卷，文渊阁四库全书本；《梅国集》四十以卷，文渊阁四库全书本；《宝制堂录》二卷，文渊阁四库全书本；《春秋列传》五卷，文渊阁四库全书本
10	周用	《读易日记》一卷	《周恭肃公集》十六卷，明嘉靖二十六年（1547）刻本
11	胡松[①]	—	—
12	应槚	《大明律释义》三十卷	《大明律释义》三十卷，明嘉靖刻本

---

① 按，《四库全书总目》载署名胡松的著作有《唐宋元名表》四卷、《滁州志》四卷、《胡庄肃集》六卷、《别本胡庄肃集》八卷等，此皆为滁州胡松之作，非曾任总漕之绩溪胡松所撰。（清）永瑢：《四库全书总目》卷一八九《集部四二·总集类四》，北京：中华书局，1965年，第1717页；（清）永瑢等：《四库全书总目》卷七四《史部二六·地理类存目三》，北京：中华书局，1965年，第642页；（清）永瑢等：《四库全书总目》卷一七七《集部三三·别集类存目四》，北京：中华书局，1965年，第1585页。

第四章 著述与经世：明代总漕学术思想初探

续表

序号	姓名	《明史·艺文志》所载著作	可见明清刻本
13	郑晓	《郑晓奏疏》十四卷、《文集》十二卷、《尚书考》二卷、《禹贡图说》一卷、《吾学编》六十九卷、《今言》四卷、《征吾录》二卷、《吾学编馀》一卷、《删改史论》十卷、《直文渊阁表》一卷、《典铨表》一卷	《郑端简公奏议》十四卷，明隆庆五年（1571）项氏万卷堂刻本；《古言》二卷，明嘉靖四十四年（1565）项笃寿刻本；《名异姓诸侯传》二卷，明嘉靖间刻本；《澹泉笔述》十二卷，清抄本；《今言》四卷，明嘉靖四十五年（1566）项笃寿刻本；《端简郑公文集》十二卷，明万历二十八年（1600）郑心材刻本；《吾学编》六十九卷，明隆庆元年（1567）郑履淳刻本；《吾学编馀》一卷，明抄本
14	陈儒	《芹山集》四十卷	—
15	马森	《书传敷言》十卷、《春秋伸义辨类》二十九卷、《学庸口义》三卷、《马森文集》二十卷	—
16	张瀚	《吏部职掌》八卷、《张瀚诗文集》四十卷、《明疏议辑略》三十七卷	《奚囊蠹馀》二十卷，明隆庆六年（1572）刻本；《皇明疏议辑略》三十七卷，明嘉靖年间刻本；《松窗梦语》八卷，清抄本；《台省疏稿》，明万历八年（1580）吴道明刻本
17	王宗沐	《宋元资治通鉴》六十四卷、《海运志》二卷①、《江西大志》八卷、《南华经别编》二卷、《王宗沐奏疏》四卷、《文集》三十卷	《宋元资治通鉴》六十四卷，明吴中珩刻本；《敬所王先生文集》，万历元年（1573）刘良弼刻本；《江西省大志》，万历陆万垓增修本
18	张翀	《张翀文集》二十卷	《浑然子》一卷，文渊阁四库全书本
19	吴桂芳	《吴桂芳奏议》十六卷、《文集》十六卷	《师暇衷言》十二卷，文渊阁四库全书本
20	江一麟	《安吉州志》八卷	
21	潘季驯	《河防一览》十四卷、《宸断大工录》十卷、《潘季驯奏疏》二十卷、《文集》五卷	《潘司空奏疏》七卷，文渊阁四库全书本；《河防一览》十四卷，文渊阁四库全书本；《两河经略》四卷，文渊阁四库全书本；《留馀堂集》四卷，文渊阁四库全书本
22	杨俊民	《河南忠臣集》八卷、《烈女集》五卷	
23	褚鈇	《汇古菁华》二十四卷	
24	苏茂相	《临民宝镜》十六卷、《名臣类编》二卷	
25	郭尚友	—	《缮部纪略》一卷，明万历年间任家相等刻本
26	史可法	—	《史忠正公集》四卷，清乾隆年间刻本

① 笔者未见到王宗沐《海运志》及《皇明名臣言行录》之明清刻本，据樊铧《政治决策与明代海运》第383页参考文献记载，美国国会图书馆摄制北平图书馆善本书胶片收录上述二种。

据笔者多方搜罗，明代 103 名总漕中，有 26 人的著作流传于世，然时至今日，仅 16 人著作的明清刻本流布或存目。现据传世版本，考略如下：

一、马 文 升

马文升，字负图，别号约斋，又号三峰居士、友松道人，河南钧州人，谥端肃。景泰二年（1451）中进士，成化二十一年（1485）任总漕，曾官至兵部尚书、吏部尚书。马文升政体练达，能决大事，与王恕、刘大夏皆一时之望。马文升传世《三记》即《西征石城记》《抚按东夷记》《兴复哈密记》，此乃记述其在固原之土达、哈密之维吾尔及东北女真的边事功绩。《端肃奏议》十二卷收录其奏议五十五篇，乃嘉靖二十六年（1547）其孙马天祐所编次，以《恩命录》及行略、墓志等文附之。所论多为军国大事，如《增课钞以瞻军用》《恤军士以蓄锐气》《存远军以实兵备》《禁通番以绝边患》《修饬武备以防不虞事》《禁伐边山林以资保障事》《成造坚利甲兵以防边患事》《处置银两以济边饷事》等均为整饬军务之论，为研究明代边防史之重要参考资料。不过，该书未收集马文升巡抚辽东、总督漕运之奏议，颇为憾事。近年来，有学者从南京图书馆搜集到《马端肃公诗集》，明万历十八年（1590）马悫刻本（明毛在序，清丁丙跋），是书对研究马文升仕宦经历及明代科技史、风俗史亦有相当的史料价值。[①]

二、王 琼

王琼，字德华，太原人，成化丙戌进士，官至吏部尚书。王琼为官以

---

① 《明史》卷一八二《马文升传》，北京：中华书局，1974 年，第 4838—4843 页；(清) 永瑢等：《四库全书总目》卷五五《史部一一·诏令奏议类》，北京：中华书局，1965 年，第 498 页。相关研究可参阅马建民：《马文升三记及〈端肃奏议〉研究》，银川：西北第二民族学院硕士学位论文，2007 年；马建民：《〈马端肃公诗集〉刊刻、流传及价值初考》，《西北第二民族学院学报》2008 年第 6 期。

第四章 著述与经世：明代总漕学术思想初探

干略敏练著称，其督漕、督边及荐王阳明平朱宸濠之乱，功不可没。著作《西番事迹》《北房事迹》即为记其总督三边时奉命讨伐吐鲁番、蒙古之事。《双溪杂记》未署名，考焦竑《经籍志》载《双溪杂记》二卷，王琼撰，《续说郛》所载亦题曰王琼。是书所述并自署其名曰琼，与二书所载合。《双溪杂记》多为王琼见闻之作，所载朝廷故事，于弘治之前颇有稽核，可与正史相参。不过，王琼素与杨廷和、彭泽不和，所记二人多诋诬之词，尤其是大礼议一事，曲徇世宗之意，悉归其过于杨廷和。所著《晋溪本兵奏议》，皆其任兵部尚书时所奏，故又名《本兵敷奏》。晋溪为其退官后所筑园舍之名。全书分地为卷，以《杂行类》终篇，共十四卷。《明史·艺文志》作四卷，误。《掾曹名臣录》及《续集》乃王琼任南京户部侍郎时，采集明兴以来由掾曹而列名臣者，以示劝勉，计十三人。《漕河图志》为王琼于弘治九年（1496）任工部郎中管理河道时作，此前王恕曾作《漕河通志》十四卷，琼因恕之书而增损之。是书首在漕河全图，次记河之脉络源委，及古今变迁，修治经费，甚至奏议碑记，罔不具悉。继任者案稽之，不爽毫发。王琼于是以敏练称于朝，便是其书之切于实用之故。可惜原本八卷，清刻本止存三卷，非完帙矣。[①]

三、邵　宝

邵宝，字国贤，号二泉，成化二十年（1484）进士，官至南京礼部尚书，谥文庄（图4-1）。邵宝著作颇丰，堪称一代大儒。其所撰《慧山记》又名《九龙山志》，所记慧山即惠山，在无锡界，局狭而气秀，地近而景幽，号为佳

---

① 《明史》卷一九八《王琼传》，北京：中华书局，1974年，第5231—5235页；（清）永瑢等：《四库全书总目》卷五六《史部一二·诏令奏议类存目》，北京：中华书局，1965年，第504页；（清）永瑢等：《四库全书总目》卷六一《史部十七·传记类存目三》，北京：中华书局，1965年，第550页；（清）永瑢等：《四库全书总目》卷七五《史部三一·地理类存目四》，北京：中华书局，1965年，第650页等。相关研究可参阅孙彩霞：《〈明武宗实录〉所塑王琼奸佞形象考》，西安：陕西师范大学硕士学位论文，2007年；黄阿明：《王琼〈双溪杂记〉的版本及其文献价值》，《晋阳学刊》2006年第5期等。

境。此书仿贺知章会稽洞、郭子美罗浮山之例，搜辑旧事遗文而作。《学史》十三卷，邵宝尝为江西提学副使，是书为其提学时所作。书中取自周迄元史事，分条论列，言简意赅，笔力颇遒健。《容春堂集》分《前集》二十卷、《后集》十四卷、《续集》十八卷、《别集》九卷，其文边幅少狭，而高简有法，要无愧于醇正之目。《明史·儒林传》称："其学以洛、闽为的，尝曰：'吾愿为真士大夫，不愿为假道学。'其文典重和雅，以李东阳为宗。而原本经术，粹然一出于正。"殆非虚美。其诗清和淡泊，尤能抒写性灵。顾元庆《夷白斋诗话》极称其《乞归终养上疏不允》一篇，谓其感动激发，最为海内传诵，盖其真挚不可及云。《左觿》一卷乃邵宝读《左传》所记，杂论书法及注解，亦《简端录》之类也。其中精确者数条，顾炎武《左传补注》已采之。《简端录》十二卷乃邵宝读书有得即题释简端，积久渐多，其门人天台王宗元抄合成帙，因以"简端"为名。凡《易》三卷，《书》二卷，《春秋》三卷，《礼记》一卷，《大学》《中庸》合一卷，《论语》《孟子》合一卷。其所札记，虽皆寥寥数言，而大旨要归于醇正。《大儒奏议》六卷取宋二程子及朱子奏议汇抄成帙，盖邵宝督学江西时所刊。《漕政举要录》十八卷乃正德时邵宝任总漕所作。卷一至卷六为《河渠之政》，卷七为《舟楫之政》，卷八为《仓廒之政》，卷九为《卒伍之政》，卷十、卷十一为《转输之政》，卷十二为《统领之政》，卷十三至卷十五为《纪载之政》，卷十六为《稽古之政》，卷十七为《准今之政》，卷十八以《杂录》终。[①]

[①]《明史》卷二八二《儒林一·邵宝传》，北京：中华书局，1974年，第7244—7246页；（清）永瑢等：《四库全书总目》卷七六《史部三二·地理类存目五》，北京：中华书局，1965年，第659页；（清）永瑢等：《四库全书总目》卷八四《史部四〇·政书类存目二》，北京：中华书局，1965年，第721页；（清）永瑢等：《四库全书总目》卷八八《史部四四·史评类》，北京：中华书局，1965年，第755页；（清）永瑢等：《四库全书总目》卷一七一《集部二四、别集类二四》，北京：中华书局，1965年，第1494页；（清）永瑢等：《四库全书总目》卷三〇《经部三〇·春秋类存目一》北京：中华书局，1965年，第246页；（清）永瑢等：《四库全书总目》卷三三《经部三三·五经总义类》北京：中华书局，1965年，第274页；（清）永瑢等：《四库全书总目》卷五六《史部一二·诏令奏议类存目》，北京：中华书局，1965年，第512页。相关研究可参阅韩鹏程：《邵宝及其〈容春堂集〉研究》，长沙：湖南大学硕士学位论文，2012年。

图 4-1 邵宝像

四、姚 镆

姚镆,字英之,浙江慈溪人,弘治六年(1493)进士,官至右都御史、兵部尚书。所撰《姚东泉文集》八卷分《序记》二卷、《奏疏》四卷、《杂文》一卷、《学政事宜》一卷。文皆啴缓,尤多吏牍之辞,盖姚镆本以武略见长,作文为短。①

五、唐 龙

唐龙,字虞佐,浙江兰溪人,正德三年(1508)进士。嘉靖七年(1528)任总漕,奏罢淮西官马种牛,寿州正阳关権税,通、泰二州虚田租及漕卒船料,民甚德之。唐龙著《群忠录》二卷记明太祖征陈友谅时诸臣名姓行实,又附载孙燧等五人,皆殉朱宸濠之难,后赐祀于旌忠祠者。又题旌各疏并祭

---

① 《明史》卷二〇〇《姚镆传》,北京:中华书局,1974年,第5277—5279页;(清)永瑢等:《四库全书总目》卷一七六《集部二九·别集类存目三》,北京:中华书局,1965年,第1565页。

谒诗文附于后。《渔石集》四卷乃集其所著《黔南集》《江右集》《关中集》《晋阳集》《淮阳上集》而成，陕西提学佥事王维贤刻本刊印。其文颇具浩瀚之气，诗尤长于五言，朱彝尊《静志居诗话》曾摘引数联。①

六、刘 节

刘节，字介夫，号梅国，江西大庾人，弘治十八年（1505）进士，官至刑部侍郎。所作《春秋列传》所载列国诸臣，类次行事，各为之《传》。始祭公谋父，终蔡朝吴，凡二百有二人。不过全本旧文，无所考证。《声律发蒙》五卷，元祝明撰，潘瑛续，刘节校补。其书每一韵先列韵字与注，而后列杂言对属之语，为初学发蒙而作。《广文选》六十卷补萧统《文选》之遗，前有王廷相、吕柟二序，皆称八十二卷，而此本实六十卷。不过此书颠舛百出，难与萧统比肩。《梅国集》四十一卷凡诗十二卷，附以诗馀、杂文二十九卷。其作明白条畅，能尽所欲言。不过往往下笔不能自休，故不免稍伤于蔓衍。《宝制堂录》二卷乃刘节任总漕时，其子鲁掇拾杂稿而成，其曾孙一翼等重刻之，可补《梅国集》之未全。②

七、周 用

周用，字行之，南直隶吴江人，弘治十五年进士（1502），官至吏部尚书，谥恭肃。《周恭肃集》十六卷为其子国南所编，凡诗九卷，诗馀一卷，文六卷。

---

① 《明史》卷二〇二《唐龙传》，北京：中华书局，1974年，第5327—5328页；（清）永瑢等：《四库全书总目》卷六一《史部一七·传记类存目三》，北京：中华书局，1965年，第552页；（清）永瑢等：《四库全书总目》卷一七六《集部二九·别集类存目三》，北京：中华书局，1965年，1572页。

② （清）永瑢等：《四库全书总目》卷六一《史部十七·传记类存目三》，北京：中华书局，1965年，第551页；（清）永瑢等：《四库全书总目》卷一三七《子部类四七·类书类存目一》，北京：中华书局，1965年，第1164页；（清）永瑢等：《四库全书总目》卷一九二《集部四五·总集类存目二》，北京：中华书局，1965年，第1744页；（清）永瑢等：《四库全书总目》卷一七六《集部二九·别集类存目三》，北京：中华书局，1965年，第1568、1569页。

其诗古体多啴缓之音，近体音节颇宏整，文则平实坦易，纵其笔之所如。[1]

八、应 槚

应槚，字子材，号警庵，浙江遂昌人，明嘉靖五年（1526）进士，官至兵部左侍郎、总督两广军务。应槚精刑律，善决狱，兼长赋役、水利、养马之政，尤以治军果敢闻名。嘉靖二十九年（1550）十二月，槚任总漕，督理淮上漕政，凿五里沟，引泗水入淮。嗣后调任兵部左侍郎总督两广军务，绥靖地方，病卒于广西苍梧军次。赠兵部尚书衔。[2]其作甚多，流传于世的唯《大明律释义》三十卷。是书有嘉靖二十二年（1543）作者自刻本、嘉靖二十九年（1550）济南知府李迁重刊本、嘉靖三十一年（1552）广东布政使司刻本。今《续修四库全书》（第863册《史部·政书类》）据嘉靖三十一年（1552）刻本影印。

九、郑 晓

郑晓，字窒甫，浙江海盐人。嘉靖元年（1522）进士，官至刑部尚书。谥端简。郑晓任总漕时，发帑金数十万，造战舸，筑城堡，练兵将，积刍粮，破倭于通州，连败之如皋、海门，袭其军吕泗，围之狼山，前后斩首九百余。郑晓谙悉掌故，博洽多闻，兼资文武，所在著效，不愧为一代名臣。[3]

郑晓著述宏富，传世作品甚多。《禹贡说》一卷自总图以下分图者凡三十，旁缀以说，仍载《禹贡》经文于后。其中精核可从者，胡渭《禹贡锥指》每

---

[1]《明史》卷二〇二《周用传》，北京：中华书局，1974年，第5330—5332页；（清）永瑢等：《四库全书总目》卷一七五《集部二九·别集类存目三》，北京：中华书局，1965年，第1568页。
[2]《明世宗实录》卷四〇四"嘉靖三十二年十一月庚午"条，《钞本明实录》第16册，北京：线装书局，2005年，第276页下。
[3]《明史》卷一九九《郑晓传》，北京：中华书局，1974年，第5271—5274页。

征之。《禹贡说》一卷诠释《禹贡》之文。其门人徐允锡作《跋》，称受业于晓数月，因出此帙授之，曰子能了此，《禹贡》无难矣。《四书讲义》一卷，乃其为南京太常寺卿时所作，以授其子履准。万历己酉，其孙心材始刊之。其说皆随文阐意，义理异同之处亦间有论辩。《吾学编》乃记载明洪武至正德年间史事的纪传体史书，该书仿正史之体，分记、表、述、考，凡十四篇，六十九卷。全书叙事原委毕具，取材宏富，考证精详。今存隆庆元年（1567）刻本及万历年间重刻本。《今言》四卷记明代洪武至嘉靖年间国政朝章、兵邦戎计之大政，是书可补正史之缺佚，纠正史之谬误。如第122、128、326条所记漕运之事，以其本人治河与理漕经历，评述古今治河成败。第264条专言漕折色之弊端，颇具史料价值。该书于明嘉靖四十五年（1566）二月，由其外甥项笃寿刊行于世。《征吾录》二卷乃撮《吾学编》与《今言》之要，体例略与纪事本末相近，凡三十一篇。然事迹本繁，而篇帙太简，此虽左氏、司马之史才，恐亦不能综括也。《古言》二卷为郑晓随笔成文，议论时有偏僻，引据亦不免疏舛。如谓公孙弘胜司马光，谓王安石远过韩、范、富、欧，谓王通胜董仲舒，谓柳宗元胜韩愈，谓张子胜程子，甚至谓尧、舜非生知安行，皆务为高论而不近理。又谓佛言空，道家言虚，儒言太极，只一个空圈，为学只要还此本体。谓吾儒格致诚正工夫与佛、老无甚异，但二家不归于修身，谓老佛、莫可系绊，天理完固。又欲以老子、周子、文中子别为三子，其他如前劫、后劫无不毁之天地，岂有不亡之国，不败之家，不死之身云云。提唱二氏之说，不一而足，尤不可为训。至于以《竹书》纪伊尹事误为《逸周书》，以《大禹谟》为《今文尚书》之类，小小笔误，又不足言矣。《端简文集》十二卷，第一卷为《说经》，第二卷为"诗"，第三卷至八卷为"杂文"，第九卷至十二卷为"奏疏"。于奏疏中又分三类，首"淮扬"，次"兵部"，再次"刑部"。晓熟谙典故，通达国体，志在经世，于韵语颇不多作，其文亦直抒所见，不以辞藻求工，前有万历庚子彭梦祖《序》，称晓著作甚富，殁后

第四章 著述与经世：明代总漕学术思想初探

惧累异火，存者未及什一，其孙敬仲始为蒐集付梓。[1]

十、张　瀚

张瀚，字子文，浙江仁和人，嘉靖十四年（1535）进士，官至吏部尚书，谥恭懿。所著《台省疏稿》八卷分门编次，一卷曰《贺谢类》，二卷、三卷曰《前后关中类》，四卷、五卷曰《漕运类》，六卷、七卷、八卷曰《两广类》，皆当时案牍之文。其《漕运类》价值尤丰。《明疏议辑略》乃瀚任大名知府时，督学御史阮鹗以世所行《名臣经济录》《名臣奏议》二书去取猥杂，因属瀚别加删补，以成此本。略仿《宋名臣奏议》之例，然当时有所避忌，所载亦不能尽备也。《奚囊蠹馀》十八卷分赋一卷，诗九卷，记一卷，杂著一卷，墓志二卷，行状、行略一卷，祭文一卷，书二卷。张瀚于万历中以忤张居正罢归，颇著风节。其诗文庄严典则，归之尔雅，然集中酬赠牵率，十居六七，虽平正无瑕，而殊少酝酿。其《自序》谓：奔走四方二十余年，每以一囊自随，凡所得简札、诗帖，俱纳其中。积久蠹蚀，因取其字画稍全，章句可读者，录出成帙，故名曰《奚囊蠹馀》云。[2]张瀚传世之作《松窗梦语》乃其晚年追忆一生见闻之作，凡八卷，三十三纪。《宦游纪》述其为官举措，《南游》《北游》《东游》《西游》四记分记宦游所历之地的风物人情，是书多为作者亲历，所记颇为真切，具有较高史料价值。不过此书流传不广，《明史·艺

---

[1] （清）永瑢等：《四库全书总目》卷一三《经部一三·书类存目一》，北京：中华书局，1965年，第109页；（清）永瑢等：《四库全书总目》卷三七《经部三七·四书类存目》，北京：中华书局，1965年，第310页；（清）永瑢等：《四库全书总目》卷五〇《史部六·别史类存目》，北京：中华书局，1965年，第455页；（清）永瑢等：《四库全书总目》卷一二五《子部三五·杂家类存目二》，北京：中华书局，1965年，第1074页；（清）永瑢等：《四库全书总目》卷一七七《集部三〇·别集类存目四》，北京：中华书局，1965年，第1582页。相关研究可参阅唐丰娇：《郑晓的史学研究》，北京：中央民族大学硕士学位论文，2007年；陈美玲：《郑晓与〈吾学编〉》，呼和浩特：内蒙古师范大学硕士学位论文，2007年；杨巧娣：《郑晓与〈今言〉》，呼和浩特：内蒙古师范大学硕士学位论文，2010年等。

[2] 《明史》卷二二五《张瀚传》，北京：中华书局，1974年，第5911—5912页；（清）永瑢等：《四库全书总目》卷五六《史部一二·诏令奏议类存目》，北京：中华书局，1965年，第507页；（清）永瑢等：《四库全书总目》卷一七七《集部三〇·别集类存目四》，北京：中华书局，1965年，第1589页。

文志》与《四库全书总目提要》未予著录，郡县艺文志也不列其名。光绪二十三年（1897），丁丙据此道光抄本将《松窗梦语》刊行于世，收入所编丛书《武林往哲遗书》之中。①

十一、王 宗 沐

王宗沐，字新甫，浙江临海人。嘉靖二十三年（1544）进士，官至刑部左侍郎。王宗沐任总漕时，倡言复明初海运，并尝试运米十二万石自淮入海，抵天津。然言官以人舟漂没为由劾之，事遂寝。②王著《海运详考》一卷、《海运志》二卷，乃隆庆六年（1572）二月至七月，王宗沐任山东布政使时议开海运而作，所载皆其议事呈文，并附有《海运图》《海运路程》等。清人评价王宗沐云："盖掇拾丘濬《大学衍义补》之陈言，以侥倖功名。不知儒生纸上之经济，言之无不成理，行之百无一效也。观于宗沐，可以为妄谈海运之炯戒矣。"③明清之际学者囿于河运陈见，不思革新，可为一叹！其书今世所不传，美国国会图书馆摄制北平图书馆善本书胶片尚可一阅。《敬所王先生文集》三十卷自一卷至十卷，为序、颂、书、启，曰《内编》；十一卷至二十卷为诗、论、碑、赋、说、传、书后、约、策问、祭文、行状、铭志、讲义，曰《别编》；二十一卷至三十卷，为奏疏、杂著、文移，曰《外编》。《明史·艺文志》载："宗沐奏疏四卷，文集三十卷，此本止三十卷，而奏疏在焉，卷首题门人张位选集。然则史所载者其全集，此为位所编定欤？抑其奏疏，又有集外别行之本，史并载之也？是书有万历元年刘良弼刻本传世。"④《宋元资治通鉴》乃元明时

---

① 参阅（明）张瀚：《松窗梦语·序》，萧国亮点校，上海：上海古籍出版社，1986年；郭朝辉：《张瀚之〈松窗梦语〉成因》，《安徽文学》2011年第12期。
② 《明史》二二三《王宗沐传》，北京：中华书局，1974年，第5876—5878页。
③ （清）永瑢等：《四库全书总目》卷八四《史部四〇·政书类存目二》，北京：中华书局，1965年，第722页。
④ （清）永瑢等：《四库全书总目》卷一七七《集部三〇·别集类存目四》，北京：中华书局，1965年，第1594页。

期第一部依通鉴体例的续作,然其更强调史学的借鉴与资治功能,文字贫乏,比起薛应旂的《宋元资治通鉴》犹有不足,不为学者重视。《江西省大志》为王宗沐于嘉靖三十九年(1560)任江西按察使所辑录,俟后陆万垓增修而成。是著为明代省志之典范,共七卷。其卷七"陶书",分建置、砂土、人夫、设官、回青、窑制、供亿、匠役、柴料、颜色、解运、御供及料价等十三节,对于研究嘉靖一朝官窑瓷器的分期及明代景德镇御窑厂极有价值。①

十二、张 翀

《明史》有两个张翀,一在卷一九二,一在卷二一〇。此张翀在后,字子仪,柳州卫马平人。嘉靖三十二年(1553)进士,官至刑部右侍郎。其作《浑然子》一卷凡十八篇,曰神游论、曰田说、曰樵问、曰将、曰明心、曰士贵、曰体用论、曰兴废、曰祸福、曰忠孝、曰变化、曰穷理、曰求知、曰弭盗、曰用材、曰强弱、曰臣道、曰高洁。皆设为主客问答,旁引曲证,以推明事物之理,大抵规仿刘基《郁离子》也。②

十三、吴 桂 芳

吴桂芳,字子实,江西新建人。嘉靖二十三年(1544)进士,官至工部尚书。《师暇衷言》十二卷乃其任两广总督时自编,时吴方御倭,故题曰《师暇衷言》。其文平正通达,无钩章棘句之习,而亦无警策。盖犹沿台阁旧体,诗力摹唐调,亦颇宏敞,而有学步太甚者。③

---

① 参阅裘樟松:《王宗沐生平考辨》,《东方博物》2004年第8期;左桂秋:《经世视野下的"资治"与"明道"——明代王宗沐与薛应旂续〈通鉴〉异同之探讨》,《山东社会科学》2006年第1期;陈殿:《王宗沐纂与陆万垓增修〈江西省大志·陶书〉的比较研究》,《东方博物》2012年第6期等。
② 《明史》卷二一〇《张翀传》,北京:中华书局,1974年,第5565—5567页;(清)永瑢等:《四库全书总目》卷一二五《子部三五·杂家类存目二》,北京:中华书局,1965年,第1074页。
③ 《明史》卷二二三《吴桂芳传》,北京:中华书局,1974年,第5873—5875页;(清)永瑢等:《四库全书总目》卷一七七《集部三〇·别集类存目四》,北京:中华书局,1965年,第1594页。

十四、潘季驯

潘季驯，字时良，浙江乌程人。嘉靖二十九年（1550）进士，官至总督河道、工部尚书兼右都御史。其著《潘司空奏疏》六卷凡《巡按广东奏疏》一卷、《督抚江西奏议》四卷、《兵部奏疏》一卷。奏疏之前有李迁、万恭二人的序。潘季驯以治河显，且其所至皆有治绩，如《查议弓兵工食》及《损益南京兵政》诸疏，皆足补《明会典》所未备。《查解兵卫存留粮饷济边》诸奏，亦深切时弊，足与史志相参考。潘季驯在嘉靖、万历年间，凡四奉治河之命。在事二十七年，著有成绩。尝于万历七年（1579）工成时，汇集前后章奏及诸人赠言，复加增削，辑为《河防一览》十四卷。是书首《敕谕图说》一卷，次《河议辨惑》《河防险要》《修守事宜》各一卷，再次《河源河决考》一卷，最后《前人文章之关系河务及诸臣奏议》凡八十余篇，分为九卷。潘氏生平规画，以束水攻沙为第一义，此后永为河渠利赖之策，后虽时有变通，而言治河者终以是书为准。又有《两河管见》三卷，乃其巡抚广东时，值两河水决，再以右都御史督理河道之所建白也。首卷为图说，冠以敕谕，二卷治河节解，三卷为修守事宜。其大旨与所撰《河防一览》相同。又有《两河经略》四卷。万历初年，河决高家堰，淮、扬、高、宝皆为巨浸。季驯建议筑堤防，疏淤塞。论水势之强弱，复黄河之故道。条上六事，诏如议行。书中所载，皆其时相度南北两河奏疏。潘季驯诗文见著于《留馀堂集》四卷，是书诗一卷，文三卷，皆不见所长。《千顷堂书目》作五卷，或尚佚一卷。[1]

---

[1]《明史》卷二二三《潘季驯传》，北京：中华书局，1974 年，第 5869—5871 页；（清）永瑢等：《四库全书总目》卷五五《史部一一·诏令奏议类》，北京：中华书局，1965 年，第 500 页；（清）永瑢等：《四库全书总目》卷六九《史部二五·地理类二》，北京：中华书局，1965 年，第 612 页；（清）永瑢等：《四库全书总目》卷七五《史部三一·地理类存目四》北京：中华书局，1965 年，第 651 页；（清）永瑢等：《四库全书总目》卷一七八《集部三一·别集类存目五》，北京：中华书局，1965 年，第 1569 页。相关研究不甚枚举，代表性的有马雪芹：《大河安澜：潘季驯传》，杭州：浙江人民出版社，2005 年；贾征《潘季驯评传》，南京：南京大学出版社，1996 年等。

第四章 著述与经世：明代总漕学术思想初探

十五、郭 尚 友

郭尚友，字善儒，号瞻月，山东潍县人。明万历二十九年（1601）进士，官至户部尚书。其著《缮部纪略》，乃郭尚友卸任工部营缮清吏司郎中所作。郭于工部任职三年，颇有理财心得，所述二十条经验之谈，均为所有行过事迹，可备后来参考者。任家相为之作《序略》，比之为范蠡、陶侃。工部尚书刘元霖奏保郭尚友云：去百务浮滛之蠹，随事节裁，有难枚举。公评腾誉，卓绩罕俦。《缮部纪略》有万历四十二年（1614）刻本传世，国家图书馆馆藏。民国《潍县志稿》云郭尚友还有著述《漕抚奏疏》八卷、《爱劳轩答问草》一卷，惜乎世之不传。[①]

十六、史 可 法

史可法，字宪之，河南祥符人。明亡之际，代朱大典总督漕运，巡抚凤阳、淮安、扬州，劾罢督粮道三人，增设漕储道一人，大浚南河，漕政大厘。拜南京兵部尚书，参赞机务。《史忠正公集》四卷乃清人史山清辑录而成，收录史可法所著诗文、奏疏数十篇。书首有史公小像并史忠正公祠墓原图。有清乾隆刻本传世，丛书集成初编本重印。1984年上海古籍出版社又订编，以《史可法集》刊行。[②]

上述十六人中，仅王琼、邵宝、王宗沐、潘季驯留下有关漕运或运河专门著述。另外，张瀚、郑晓亦有部分论述，《漕运通志》《漕河图志》《明经世文编》中留下了唐龙、马卿、周用、胡松、王宗沐等人的部分经世奏疏、

[①] 乾隆《潍县志》卷六《艺文志》，台北：成文出版社，1976年；民国《潍县志稿》第四函卷一八《职官列传》，1941年刻本。
[②]《明史》卷二七四《史可法传》，北京：中华书局，1974年，第7015—7016页；（清）张纯修编辑，罗振常校补：《史可法集》，上海：上海古籍出版社，1984年。相关研究可参阅江贻隆：《为〈史可法集〉再补〈词臣殉难疏〉一篇》，《黑龙江史志》2010年3月；阳正伟：《史可法与"顺案"——以史可法三份奏疏为中心》，《古典文献研究》2009年7月等。

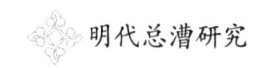

诗文。这些便构成了我们研究明代总漕经世思想的主要文献依据。

第二节　漕、河之争的另一个视角：陈瑄与宋礼在明代漕运史上的地位升降

陈瑄和宋礼都是明代里河运、漕运制度确立的大功臣，然而，陈瑄死后仅八年，朝廷便在清江浦、临清、徐州等地为之设恭襄侯祠，春秋祭祀。其子孙得以世袭平江伯之爵，可谓哀荣备至，世所艳羡。而宋礼直至九十年后（1512）方获承认，于济宁南旺入祠享祭。此后在明代漕、运官员的碑铭中，宋礼的缺点渐被掩饰，功劳不断放大，宋礼本人占据了明代重构漕运记忆舞台的中心位置，陈瑄反而鲜有人提及。个中缘由，河、漕官员建构自身的衙门偶像当是主要因素，陈瑄后人不肖的成分也不可忽略。河、漕偶像之争的背后，凸显出两个衙门对最高长官得人与久任的经世诉求。

一、天下之望与小节有亏

陈瑄和宋礼分别病逝于宣德八年（1433）九月和永乐二十年（1422）六月，我们从《明实录》的相关记载中就可以看出时人看待二人的态度：

> 平江伯陈瑄卒。瑄字彦纯，直隶庐州合肥县人。自少机警有智略、善骑射。初，随父官成都，以舍人参侍大将，屡试以事，甚见奖重。袭父职为成都右卫指挥同知，率所部兵。会云南兵讨小百夷，力战败贼。复讨番寇贾哈剌，主将使瑄将轻兵从间道袭贼，砦击破之，获其酋，械送京师。升四川行都司都指挥同知，寻升右军都督佥事。建文中命瑄总舟师江上防御。太宗皇帝举兵靖内难至江北，瑄以舟迎济，授奉天翊运宣力武臣，特进荣禄大夫柱国，封平江伯，食禄一千石，赐白金、钞币，

第四章 著述与经世：明代总漕学术思想初探

追封其三世。永乐中岁董漕事。初，率舟师由海道运粮百万石以给北京及辽东，又建百万仓于直沽，筑天津城。四年归，至沙门岛遇倭寇，追剿至金州白山岛，后数备倭海上。十年，复领海运。十一年，筑通州捍海堤。时朝议以海运艰险，浚山东旧河通北京。瑄建议造平底浅舟以运，人便之，岁增运至三百万石；又建议于淮安城北开清江浦，由管家湖入鸭陈口以达清河，免度坝及风涛之患；又缘管家湖筑堤十余里，以畜水益河，且便行者；于清江浦河上及徐州、临清、通州皆置仓受粮，以次转运；疏仪真瓜洲坝下渠，凿吕梁、徐州洪傍乱石；于刁阳湖、南望（旺）湖皆筑堤，缘河多置闸，以时闭泄，利舟楫。凡所经营，具有条理。洪熙初，言经国利民七事：曰重基本、择贤良、苏民力、兴学校、整军伍、谨边备、定漕运，仁宗皇帝嘉之，降敕奖谕，赐钞币，令子孙世袭伯爵。至是有疾，上敕赐慰谕，遣名医往视。瑄自知不起，封上所授制命及漕运印，遂卒。讣闻，上悼惜之，辍视朝一日，追封平江侯，谥恭襄，赐祭，命有司治丧葬。①

这段史料的底本来自于杨士奇撰写的《平江伯追封平江侯谥恭襄陈公瑄神道碑铭》，略有削减。②全文计534字，将陈瑄一生宦途经历从随父参军、靖难投北到海运御倭、督漕修河、建言献策等事迹逐一罗列，甚至患病治丧之事亦有详细描摹，其笔触之细密，在《明实录》中并不多见。③而关于宋礼

---

① 《明宣宗实录》卷一〇六"宣德八年九月丙寅"条，《钞本明实录》第4册，北京：线装书局，2005年，第629页。
② 杨士奇：《东里文集》卷一三《平江伯追封平江侯谥恭襄陈公瑄神道碑铭》，《四库全书》第1238册《集部·别集类》，上海：上海古籍出版社，1987年，第8页。
③ 杨士奇曾多次经过陈瑄的治所淮安，对陈瑄的政绩并不全然褒奖，也曾颇有微词，如在其纪中说："初九日五鼓，至清河，遂过青口驿。信圭追送余赴山阳，同舟度淮。罗文振出清江浦见迓，亦同舟行。过五闸至西湖，两人指示余，常盈仓及湖中十里长堤为公私往来之便。二人又言，比年淮溢郡城，内外官府军民庐舍俱湮，独仓址高，水不及。余叹平江之功，因访及其素所行。李、罗皆言老成有谋虑，诚难得。如众皆欲开白塔河，平江初坚执不从，众遂造谤蔑之飞语，达北京。平江不敢止，既开，卒无利有害。其他之功尚多，但不应兼守淮安，而为小人所罔，行事往往不纯耳。"陈瑄为舆论绑架，开设白塔河却有害无利；守备淮安为小人蒙蔽，行事有私念。杨士奇：《东里续集》卷四九，《四库全书》第1238册《集部·别集类》，上海：上海古籍出版社，1987年。

之死，其云：

> 工部尚书宋礼卒。礼字大本，河南永宁人。洪武中由太学生擢山西按察司佥事，坐事左迁户部主事，升刑部员外郎。上即位，命署礼部，遂升礼部右侍郎，后升工部尚书。初，营建北京，命取材川蜀，伐山通道，深入险阻，还朝，特被嘉赏。复再入蜀采木，得风疾，久弗治，遂卒。礼有才干，然驭下严刻，小过辄绳以法，在蜀数年民苦其酷云。①

全文仅126字，寥寥数笔而已。尤令人不解的是，作为盖棺定论的评述，对宋礼的政绩似仅限于两次蜀中采木，而对其一生最大的成就——疏浚会通河全然不提。倒是前文陈瑄传中提到"时朝议以海运艰险，浚山东旧河通北京"。按，此处山东旧河即为会通河，所谓"朝议"乃济宁州同知潘叔正提议，宋礼实地考察后大力倡言后通过，且筑南望（旺）湖长堤完全由宋礼经办，陈瑄仅协助而已。②撰者隐约将其功劳归于平江伯头上。《明太宗实录》与《明宣宗实录》的这种书法，绝非编撰者无意的疏漏，应为当时人的刻意褒贬。

《明太宗实录》的修撰工作始于洪熙元年（1425）五月，直至宣德五年（1430）五月方才大功告成，其监修为张辅、蹇义、夏元吉，总裁为杨士奇、黄淮、杨荣、金幼孜、杨溥③，这其中，杨士奇着力甚多。毫无疑问，《明太宗实录》的纂写秉承了仁宗和宣宗的旨意，皇帝的喜与恶直接决定了其笔法。《明史》记述了这样一件事颇能说明问题：解缙居翰林时，成祖命解缙评价十名大臣之短长，缙评李至刚和宋礼云："李至刚诞而附势，虽才不端""宋礼戆直而苛，人怨不恤"。后仁宗即位，拿出解缙所疏示杨士奇曰："人言缙狂，观所论列，皆有定见，不狂也。"④解缙，字大绅，吉水人。成祖时置内阁，

---

① 《明太宗实录》卷二五〇"永乐二十年六月乙亥"，《钞本明实录》第3册，北京：线装书局，2005年，第461—462页。
② 朱玲玲：《明代对大运河的治理》，《中国史研究》1980年第2期，第38—47页。
③ 《明仁宗实录》卷一〇"洪熙元年五月癸酉"条，《钞本明实录》第3册，北京：线装书局，2005年，第590页上。
④ 《明史》一四七《解缙传》，北京：中华书局，1974年，第4122页。

第四章 著述与经世：明代总漕学术思想初探

解缙居首。解缙才高，"任事直前，表里洞达。引拔士类，有一善称之不容口。然好臧否，无顾忌，廷臣多害其宠。"终因定储之事而被汉王所嫉，于永乐十三年（1415）被纪纲所杀。解缙对朱瞻基的"好圣孙"的评语，让成祖"颔之"，为之一动，此后朱高炽的太子地位几度风雨飘摇，但终不因废，与解缙的警语提醒有莫大关系。[①]仁宗即位，对解缙是心怀感激的，因而才有"观所论列，皆有定见，不狂也"的评语。仁宗的这番话无疑对杨士奇有极大的警醒作用，也就奠定了其日后书写李至刚墓表的基调。其文略云："无几，为侍郎宋礼所间见疏，岁余，降仪制郎中，然遇剧务必以属公。解缙素厚公，既遭谗出，又以公言其怨望后召下狱，而并下公。仁庙嗣位，念公旧宫臣，复以为通政。数月，又念其老不任朝，悉改知兴化府。"[②]李至刚诞而附势，虽才不端，诚小人也，太宗早已洞悉。仁宗虽对其建白多不用，但念想到李曾为东宫旧臣，且因事牵连下狱十余年，遂心存怜悯，即位后释放出李志刚，并拜之为左通政，后又改为兴化府知府。[③]

杨士奇给解缙写的墓碣铭旧事重提：

> 太宗尝与论群臣，御笔书蹇义等十人名命，各疏于下。十人者，皆上所信任政事之臣，亦多与公善。而具以实对，于义曰："其资厚重，而中无定见"；于夏原吉曰："有德有量，而不远小人"；于刘隽曰："虽有才干，不知顾义"；于郑赐曰："可为君子，颇短于才"；于李至刚曰："诞而附势，虽才不端"；于黄福曰："秉心易直，确有执守"；于陈瑛曰："刻于用法，好恶颇端"；于宋礼曰："憨直而苛，人怨不恤"；于陈洽曰："疏通警敏，亦不失正"；于方宾曰："簿书之才，驵侩之心"。

[①]《明史》一四七《解缙传》，北京：中华书局，1974年，第4121页。
[②] 杨士奇：《中顺大夫兴化府知府李公墓表》，《四库全书》第1239册《集部·别集类》，上海：上海古籍出版社，1987年，第13页。
[③]《明史》一五一《李至刚传》，北京：中华书局，1974年，第4182页。又，仁宗对东宫旧臣的大力加封，一方面是对其忠于王事、致君尧舜的政绩褒奖；另一方面更是对昔日同心协力、共度难关的情感回报。可参阅拙文《〈明史·职官志一〉"三公三孤考辨"》三，《江海学刊》2013年第1期。

既奏，上以授仁宗曰："李至刚朕洞烛之矣，余徐验之。"仁宗因问公建文所用诸人，对曰："此皆洪武中人才，往事不足论已。"遂问尹昌隆、王汝玉，对曰："昌隆君子而量不宏，汝玉文翰不易得，所惜者，市心耳。"后十余年，仁宗出其所奏十人者，示士奇且谕之曰："人率谓缙狂士，缙非狂士。向所论皆定见也。"①

李至刚和宋礼交恶的原委，我们已经无从查清，由此也不能得出仁宗因李至刚因素而对宋礼心怀芥蒂的结论。不过，解缙好评之人蹇义、夏原吉、黄福在洪熙、宣德朝荣登高位，备极臣崇的事实，可看出仁宗不仅在口头上肯定了解缙的评语，还在现实中付诸实践。而对于宋礼严苛御下之事，言官早有攻击："刑科右给事中耿通等言：'旧制，轮班工匠役满即遣归。今有满役一岁，工部仍留不遣，使之栖栖，饥寒道路。此皆尚书宋礼等不体朝廷恤下之意所致，请罪之。'"②此事仁宗在太子时就早已有耳闻，联想到解缙的定谳，一向标榜仁厚的仁宗对"憨直而苛，人怨不恤"的宋礼不予好评也就不难理解了。

陈瑄故去后，"士大夫闻公讣者，无问内外，识与不识，交与不交，皆为公赋哀挽之诗"③。据樊铧统计，当朝大学士杨士奇、杨荣、金幼孜和未来的大学士陈循都为之赋诗作文，以志纪念。④加上宣宗也给予陈瑄以莫大的尊荣，现藏于江苏淮安的一方谕祭碑就充分地说明了这一点。该碑高 3.1 米，宽 1.2 米，厚 0.31 米。碑文 12 行，楷书 231 字（图 4-2）。全文略云：

> 维宣德八年岁次癸丑十月庚戌朔，越十五日甲子。皇帝遣行在礼部

---

① 杨士奇：《前朝列大夫交址布政司右参议解公墓碣铭》，《四库全书》第 1238 册《集部·别集类》，上海：上海古籍出版社，1987 年，第 19—25 页。
② 《明太宗实录》卷一一二"永乐九年正月己丑"条，《钞本明实录》第 3 册，北京：线装书局，2005 年，第 209 页下。
③ 陈循：《芳洲文集》卷三《平江恭襄侯挽诗序》，《续修四库全书》第 1327 册《集部·别集类》，上海：上海古籍出版社，1987 年，第 47 页。
④ 樊铧：《政治决策与明代海运》第四章第一节，北京：社会科学文献出版社，2009 年，第 199 页。又，此节部分文字受樊文启发良多，谨谢之。

第四章 著述与经世：明代总漕学术思想初探

主事沈馀庆谕祭故平江伯陈瑄之灵，曰："卿以通才明识，历事祖宗。积其勤诚，超封伯爵。而三十余年北京漕运之劳，尤克尽心。朕承大位，所资□成任用，而卿能虑其谋献嘉赖。比以疾告，即命卿子挟医往视。继闻康复，曾不日讣音遽至。敦念旧人良用悼欢，特赐棺，及赙命有司营葬事。进封卿为平江侯，谥曰恭襄。呜呼！死生常理也。卿功在朝廷，名著简册，爵禄之延及于后世，虽死犹生，夫复何憾！今遣官赐祭，灵爽不昧，尚克享之。"①

图 4-2　明宣宗、明孝宗嘉奖陈瑄的谕祭碑

上述引文提出陈瑄"通才明识，历事祖宗"说的是其以长江舟师投奔燕王朱棣，襄助成祖取得靖难之役大功。宣宗念念不忘的，是陈瑄"积其勤诚""三十余年北京漕运之劳，尤克尽心"，为宣宗入继大统"谋献嘉赖"。陈瑄生封伯，死封侯，有司营葬，子孙以功臣后裔嗣爵，"功在朝廷，名著简册，爵禄之延及于后世"，真可谓"虽死犹生，夫复何憾"。以此论之，以"天

---

① 该碑原藏于淮安市清江浦区陈潘二公祠，现碑收于江苏淮安市苏皖边区政府旧址院内，碑已残损。淮安市淮阴区政协文史资料委员会编：《淮阴金石录》，香港：香港天马出版有限公司，2004年，第100页收录其拓文。

下之望"来概括陈瑄生前死后的影响，是一点都不为过的。

宋礼死后则凄惶多了，当朝官员为之作挽诗或墓志的屈指可数。尽管我们从《明太宗实录》中仍然能读到宋礼任工部尚书所受到的奖赏[①]，但其死后的简介中却只字不提治河一事，且对其御下严苛的缺点提出严厉的批评，可谓"小节有亏"。这些应与当时不利于宋礼的政治氛围有很大的关系。

二、其功相若与其赏相当

如前文所云，从成化七年（1471）的王恕到正德十年（1515）的赵璜，总河完成了体制化进程。随着其合法性建构的延伸，总河系统寻求偶像化鼻祖的卡里斯玛型权力崇拜情结逐渐凸显出来[②]。《明史》云："弘治中，主事王宠始请立祠。诏祀之南旺湖上，以金纯、周长配。"[③]按，王宠于正德四年（1509）至正德六年（1511）任工部济宁都水分司管泉主事，著有《东泉志》一书，详细记录了诸臣请为宋礼建祠与礼部回复的全过程。从最早的弘治十七年（1504）的工部左侍郎李鐩[④]、工部管泉主事欧阳琼，到王宠及其后的俞

---

① 如《太宗实录》卷一一八"永乐九年八月庚戌"载，"工部尚书宋礼等百六十人开会通河毕，还京师命礼部定赏格礼。"参阅《太宗实录》卷一一八"永乐九年八月庚戌"条，《钞本明实录》第3册，北京：线装书局，2005年，第226页下；《太宗实录》卷一六八"永乐十三年九月丙辰"条载，"行在工部尚书宋礼历三考，复职，命宴于礼部，仍赐敕褒谕之。曰：……升兹职，卿正身奉法，不惮勤劳，厥职用彰，及兹九载，略无怨尤，朕甚嘉焉。卿其益坚初志，益笃勤诚，以辅朕理卿推懋哉。"参阅《太宗实录》卷一六八"永乐十三年九月丙辰"条，《钞本明实录》第3册，北京：线装书局，2005年，第333页下；《太宗实录》卷二一六"永乐十七年秋九月辛酉"条载，"敕工部尚书宋礼曰：卿采材于蜀，数年殚竭心力，可谓劳矣。"参阅《太宗实录》卷二一六"永乐十七年秋九月辛酉"条，《钞本明实录》第3册，北京：线装书局，2005年，第412页上。
② 卡里斯玛源于早期基督教术语，即天赋的个人魅力与特殊的个人品质。具有这种品格的人，也就是所谓的先知先觉的超人（原始父亲），应被众人无条件地崇拜。"卡里斯玛型统治"是马克斯·韦伯政治社会学归纳的历史上三种统治类型之一。参见苏国勋：《理性化限制：韦伯引论》，上海：上海人民出版社，1980年。
③《明史》卷一五三《宋礼传》，北京：中华书局，1974年，第4205页。
④（明）雷礼：《国朝列卿记》卷一二二《巡抚山东尚书都御史年表》，周骏富编：《明代传记丛刊》第38册，台北：明文书局，1991年影印本，书中云："李鐩，字时器。河南汤阴县人，成化壬辰进士，历工部左侍郎。弘治十六年命往山东视漕，……复又请祀尚书宋礼，俱报可。"

第四章 著述与经世：明代总漕学术思想初探

鏒，宋礼祠历经十二年共四次请示，两番勘察，才终于落成，大学士李东阳亲自撰写了祭文。[①]

我们注意到，弘治期间的两次建祠请求均被驳回，这段时期正是白昂、刘大夏治河取得成功，黄河安宁二十年的太平时光。成书于弘治年间的《漕河图志》还没有提及宋礼的治河贡献。[②]到了正德四年（1509）六月，黄河再次大规模北徙，山东以南人畜死伤无算，会通河随之受到重大威胁。武宗不得不再设总河官，然而先后几任官员崔岩、李堂、刘恺、赵璜均拿不出有效的办法。所谓国乱思良将，邦危盼忠臣。于是乎，早已被人们遗忘的小节有亏的宋礼，死后多年，终于走上了荣誉的顶峰。

嘉靖十六年（1537），总河于湛作《总理河道题名记》，其云：

> 王者宅中图治，必挽天下财赋，以给经费。我朝始由海运，继由陆运，凡二变，乃改今河运。然地势中高，南北迤逦就下，乏水以济。济水伏流齐鲁，随地溢出为泉。泉在东郡凡二百八十有奇，各以近入汶、泗、洸、沂诸水，东流赴海。文皇帝命工部尚书宋公礼修复会通河，伐石起堰，东遏诸水，西注漕渠，南北分流。北流者会漳会卫，上接白河。南流者会河会淮，下接宝应、高邮诸湖，漕渠遂亘南北。浚泉以广其源，建闸以节其流，筑堤以防其溃决，列铺舍以通其淤浅，辟湖潴水以时其蓄泄，引水灌洪以平其险阻，备夫以供其役，铨官以司其事。董之以主事八，各有专职，临之以郎中三，各有分地，监司守令亦与有责焉。又以地广事剧，役众费繁，宗统不可以无人，乃敕差大臣一人总理于上，爰集众思以举群策。岁挽东南四百万石，万艘鳞次而进。时当盛夏，维

[①] 参阅樊铧：《政治决策与明代海运》第四章，北京：社会科学文献出版社，2009年，第205—208页。
[②] 案，见前文，《漕河图志》八卷成书于王琼在弘治七年后任工部管河郎中时。是书为王恕《漕河通志》增损而作，而《漕河通志》已不可见，《四库》亦只存残卷三本。姚汉源、谭徐明据日本前田氏尊经阁所藏闽中蒋氏三迳藏书复印本点校全书，今幸而得见全本（北京：水利出版社，1990年）。现遍览全书，尤其是卷四至卷七的《奏议》《碑记》《诗赋》，未见有颂言宋礼之句。樊铧认为"王恕在他的《漕河通志》中就未曾忽略宋礼"，似有不妥。参阅樊铧：《政治决策与明代海运》第四章，北京：社会科学文献出版社，2009年，第208页。

扬迤北，乘风扬帆，南旺迤北，顺流放舟，既脱海运之险，亦无陆挽之劳。四方万国，五材百货，罔不毕集，民命获全，国计斯裕。文皇帝开济之功同于天地，诸臣弼成之迹要亦不可泯也。《禹贡》一书，记神禹治水之迹与典、谟、训、诰并列为经，昭示周极。我朝前此效劳诸臣，水部分司各有题石，而总理大臣漫无所考，岂非缺典耶？嘉靖丁酉，予承乏是任，深用慨惜，乃构亭公宇之东偏。爰披往籍，录宋礼以下若干人，立石题名，而各（疏）［书］履历。其下仍虚左方以俟递书，庶后来者有考焉。①

于湛的这篇文字有三层意思，第一层讲明代由海运、陆运转向水运后，河道之艰。第二层说宋礼浚通会通河之功及河道职官之设与漕运之兴。第三层表明为总河题名勒石的缘由。吊诡的是，文章通篇强调宋礼之功，甚至浚泉、建闸、筑堤、列铺舍、辟湖潴水、引水灌洪、备夫、铨官等事都大书特书，而对于明代另一位河道疏浚者及漕运开创者——陈瑄却不置一词，这是总河体制化以来思想领域的一次重大变化。《漕运通志》又有碑文《南旺庙祀记》云：

至今为国大利，而宋公之功当为第一，都督周公、侍郎金公亦不可不谓之贤劳。厥后传谓宋公有微过，朝廷督责之，革其冠带，止服儒中治事，其权中微而平江之功愈彰。故今人惟颂平江，而不及宋公。故丘文庄公尝过会通河，有感赋诗曰：清江浦上临清闸，箫鼓丛祠饮馂余。几度会通河上过，更无人语宋尚书。后李文正公各有诗，其意在言表矣。后主事王□（宠）始请于朝，建祠祀于分水龙王庙之偏，因并录之，以示来者，知宋公之功不可没也。②

---

① （明）杨宏，谢纯：《漕运通志》卷十《漕文》，荀德麟点校，北京：方志出版社，2006年，第336—338页。
② （明）杨宏，谢纯：《漕运通志》卷十《漕文》，荀德麟点校，北京：方志出版社，2006年，第321页。

第四章　著述与经世：明代总漕学术思想初探

此碑文作者题名杨昶，正德年间任工部管河郎中。从字面意思理解，时人称颂平江伯而不言宋礼，就在于宋礼生前有微过、冠带被革的缘故，作者颇为之鸣不平。按，丘濬和李东阳的赋诗均在正德年间，其间总河权势大涨，至嘉靖倭乱之时，大有形成与总漕分庭抗礼之势。如此这般地颂言宋礼，正是总河权力崛起的真实写照。

万历初年，总河万恭将宋礼的英雄化推向高潮。万恭，字肃卿，江西南昌人，嘉靖二十三年（1544）进士。隆庆六年（1572）春，万恭任总河，与工部尚书朱衡"筑长堤，北自磨脐沟迄邳州直河，南自离林迄宿迁小河口，各延三百七十里。费帑金三万，六十日而成。高、宝诸河，夏秋泛滥，岁议增堤，而水益涨。恭缘堤建平水闸二十余，以时泄蓄，专令浚湖，不复增堤，河遂无患。"[1]万恭任总河时颇有治水实绩，后世广为称颂的"束水攻沙"理论最早就是由他提出的。[2]万氏奏云："先臣工部尚书宋礼，开河元勋，功在万世，乞照平江伯陈瑄例，补给恤典。章下工部，覆如恭议。诏予礼赠谥，荫一孙入监读书。"几天后，朝廷又应万恭之请，追赠前工部尚书宋礼为太子太保。[3]万恭还重修了济宁的报公祠，亲撰碑文云："宋司空乃振长策，招四方而侈王会，居高而建瓴。""令唐人有遗算，而元人无全功"。[4]宋礼的功绩即便是唐元之人也等而下之。万氏延续了于湛以来对宋礼的尊崇，建祠追谥，荫孙赠官，几与陈瑄别无二致。宋礼地位的崛起，是河道官员权力继续扩张的一面镜子。

从正德年间始，非河道官员系统也开始了隆崇宋礼的倾向。上文所述的李东阳有诗曰："忆昔文皇建都向燕蓟，中导汶泗通漕纲。尚书宋公富经略，世上但识陈恭襄。武功何人亦奇士，盛以勋绩为文章。四十余年复一决，嗟

---

[1]《明史》卷二二三《万恭传》，北京：中华书局，1974年，第5872—5873页。
[2] 参阅邹逸麟：《万恭和〈治水筌蹄〉》，《历史地理》第三辑，上海：上海人民出版社，1983年。
[3]《明神宗实录》卷九"万历元年正月庚寅"条，《钞本明实录》第18册，北京：线装书局，2005年，第84页上；《明神宗实录》卷九"万历元年正月戊申"条，《钞本明实录》第18册，北京：线装书局，2005年，第88页上。
[4]（明）万恭：《重修报公祠记》，万历《兖州府志》卷四二，济南：齐鲁书社，1985年，第47页。

此之绩安可忘。帝命儒臣分书刻金石，此记正属臣东阳。使船东来一登眺，风日飒爽炎天凉。是时台臣入兵省，我在江湖思庙廊。但愿此冈不堕河不徙，纵有带砺无沧桑。"①李东阳，字宾之，茶陵人。刘瑾乱政，东阳弥缝其间，亦多所补救。李东阳为前七子之一，为文典雅流丽，朝廷大著作多出其手。明兴以来，宰臣以文章领袖缙绅者，杨士奇后，东阳而已。②李东阳的诗代表了大多数时人对明代永乐以来河、漕英雄人物的认知：宋礼（宋公）功在会通（中导汶泗通漕纲），陈瑄（陈恭襄）治在淮南，徐有贞利在沙湾（武功何人亦奇士，盛以勋绩为文章）。这三人治河督漕有功，四十年余来黄河安流，勋绩难忘，皇帝遂命诸臣分书刻石，以志纪念。

朝野上下尊崇宋礼的思潮很快就传至总漕那里，是坚守，还是妥协？总漕面临着尴尬的选择。正德年间的总漕邵宝准备了两方面的对策，一是藉陈熊之名追念陈瑄，以排解河道方面尊崇宋礼的压力。其云：

维正德七年岁次壬申，二月丙子朔，越十有七日癸亥，户部左侍郎前总督漕运都御史常郡邵宝，谨以果脯之仪致祭于故平江伯陈公之灵，曰：岁己巳予摄漕兮，公总戎而与俱念。转输之多艰兮，胥夙夜以驰驱。时奸究方构虐兮，遂诬公而及予。公远谪于岭海兮，予退即夫里居。居数月维暮春兮，公舟道于吾锡。举一觞以相唁兮，释惊悲于畴昔。岂后命之弗虞兮，犹纵观于泉石。相公度之安暇兮，谓成公其在兹征。环赐于筮占兮，指处州以为期越。辛未予南征兮，复解后于南浦。何信宿之淹留兮，各伤神于谈虎。朝京师既庚止兮，叹天涯之修阻。纔晬言之一二兮，胡遽闻夫讣音。众皆惜夫干城兮，矧余情之尤深。维公祖之为勋兮，凤称秩于元祀。失不远而亟复兮，公方图报于嘉赐。嗟此志之不可酬兮，邈乾坤之无穷。天有意其谓何兮，予欲叩而无从。临緵帷以一吊

---

① （明）李东阳：《安平镇减水坝诗》，（明）何乔远：《名山藏》卷四九《河漕记·黄河》，张德信等点校，福州：福建人民出版社，2010年，第1346—1347页。
② 《明史》卷一八一《李东阳传》，北京：中华书局，1974年，第4820—4825页。

第四章 著述与经世：明代总漕学术思想初探

兮，寄长恸于悲风。呜呼哀哉，尚飨。①

昔邵宝任总漕，与正德三年（1508）出督漕运的平江伯陈熊颇有来往，但并无深交，"熊故黩货，在淮南颇殃民。虽为瑾构陷，人无惜之者"②。陈熊得罪权阉刘瑾，被逮下诏狱，谪戍海南卫，夺诰券，与邵宝际遇略相仿。邵宝有感而发，借伤陈熊之悲情，抒遭遣之愤懑。全文的关键在后几句："维公祖之为勋兮，夙称秩于元祀。失不远而亟复兮，公方图报于嘉赐。嗟此志之不可酬兮，邈乾坤之无穷。"熊之祖陈瑄为国家元勋，向来是朝廷祭祀对象。陈熊的爵位失而复得，本是昌大家门、光复声名的大好时机，可惜英年早逝，其志不遂，"予欲叩而无从"。欲叩者，非独为陈熊，其陈瑄也；欲哭者，岂单为陈氏，实总漕也！

另一方面，邵宝主张陈瑄和宋礼功劳相若，祠祀宋礼与慰灵陈瑄应同时举行，不可偏废，以鼓舞漕运官员士气。前引《总督漕运宪臣题名记》云："惟我文皇帝肇建两都，始以平江伯陈公瑄、工部尚书宋公礼等建白，浚兹漕渠。"③两人题名虽有先后，似未分功劳大小。有关两人祠祀，邵宝写道：

> 里河攒运，始于平江侯陈瑄、工部尚书宋礼。志记备载，不可诬也。淮安清江浦故有瑄祠，秩诸祀典。而礼独湮没无闻，识者恨之。今工部建议，礼部覆奏，幸蒙圣明，肇举祠祀。昔之恨者，莫不称快。但今山东地方灾盗相仍，所司未能修举，盖犹缺典也。且瑄之后平江伯熊，近以无辜削爵、从戎，至追及其诰券。今虽公道昭明，悉复其旧。瑄如有知，震惧之余，虽有祠祀，未遑休享。乞勒礼部申行山东所司，伺兵事少暇，将宋礼祠堂依拟修举。仍专驰介使少赍香帛，亲诣瑄祠，以慰其

---

① （明）邵宝：《容春堂前集》卷二〇《祭陈平江文》，《四库全书》第1258册，上海：上海古籍出版社，1987年，第224页上。
② 《明史》卷一五三《陈瑄附陈熊传》，北京：中华书局，1974年，第4208页。
③ （明）邵宝：《容春堂前集》卷一二《总督漕运宪臣题名记》，《四库全书》第1258册，上海：上海古籍出版社，1987年，第116—117页。

灵，亦鼓舞漕士之一端也。①

邵宝借为宋礼祠祀之机，道出陈熊所受的冤屈。倘若陈瑄地下有知，"虽有祠祀，未遑休享"。为今之计，宋礼祠堂可待山东兵事稍息后修举，而陈氏震惧之心须立即派使抚慰，不如此，不足以鼓励漕运官员。邵宝文笔的高明之处在于委婉地表达出，陈、宋二人功虽相若，但陈瑄乃国家元勋、漕运官员心之所系，因而其赏祭还得有先后。至少，陈瑄在漕运官员系统中的地位没有动摇。

嘉靖以后，由漕运而河道或由河道而漕运的官员渐渐多了起来，他们对陈、宋二人的看法往往耐人寻味。如王廷于嘉靖三十六年（1557）九月以都察院右副都御史总理河道，嘉靖三十九年（1560）三月卸任总河。②这期间，他上了一道《乞留积水湖柜疏》，云："永乐十三年，尚书宋礼、平江伯陈瑄经营会通河成，而海运始罢。""宋礼、陈瑄经营漕河既已成绩，乃建议请设水柜以济漕渠。"③将宋礼、陈瑄经营会通河的功绩相提并论，署名上宋礼在前、陈瑄在后。嘉靖四十一年（1562）十二月至四十四年（1565）四月间王廷出任总漕（见表2-1），他撰写了一篇《重修兖州府河记》，有云："先是漕河未复，海运陆挽，公私称病。永乐九年，济宁州同知潘叔正请开元会通河，文皇帝乃命平江伯陈瑄、工部尚书宋礼诸臣并发山东丁夫十余万往任其事，以臻成功。"④这里陈在前、宋反而在后。会通河疏浚的主要功绩无疑应记在宋礼头上，而王廷随着职务的变迁将陈、宋二人的排名来回颠倒，正是河、漕衙门偶像之争的曲折反映。倒是天启年间出任总漕的吕兆熊对明代

---

① （明）邵宝：《容春堂续集》卷六《建言漕事状》，《四库全书》第1258册，上海：上海古籍出版社，1987年，第501页。
② 《明世宗实录》卷四五一"嘉靖三十六年九月丙子"，《钞本明实录》第16册，北京：线装书局，2005年，第435页下；《明世宗实录》卷四八二"嘉靖三十九年三月己卯"条，北京：线装书局，2005年，第540页下。
③ （明）杨宏，谢纯：《漕运通志》卷十《漕文》，荀德麟点校，北京：方志出版社，2006年，第234—235页。
④ （明）杨宏，谢纯：《漕运通志》卷十《漕文》，荀德麟点校，北京：方志出版社，2006年，第340页。

第四章 著述与经世：明代总漕学术思想初探

河、漕的开创者进行了一番经典评述："明兴之初议河运也，自唐顺始也。其卒开今运河北，即元会通河，自济宁达之通州南即宋沙河，疏邗沟通江淮达之济宁也，自尚书宋公礼、平江伯陈公瑄始也。其遂开府淮阴，总兹漕务，颛用支运，罢海运也，亦自陈公瑄始也。其以总宪文臣代之，用总漕兼镇抚也，则自王公竑始也。其兼提督军务也，则自胡公植始也。"[①]

河运之议，源自军士唐顺，而疏浚运道上，宋、陈功劳相若；漕运制度建设上，陈瑄贡献居伟；总漕体制文官化上，王竑当数第一。因此，在论及陈瑄和宋礼二人功绩时须平心公允，其功相若，朝廷需不分彼此，其赏也应相当。

万历以后，宋礼的地位直线上升，这固然与河道官员出于建构自身偶像目的而极力推崇有关，此外还有一个重要原因，陈瑄的后人品行多低劣，遂使总漕衙门为之丧气。前文所述的陈熊"黩货，在淮南颇殃民。虽为瑾构陷，人无惜之者"[②]。另一位陈王谟也贪淫无才，屡遭弹劾。万历初年，户科都给事中贾三近参劾新推湖广总兵平江伯陈王谟，其曰：

> 国家于勋臣，无黜陟、无升降，其偾事误国者，独有革任褫俸而已。王谟总督漕运，经略无策，漂损多至百万。言官论劾褫俸革任，距今曾未几时，忽蒙显用，屡肆乞陈，希图开俸。当时偾事之臣如都御史陈炌、潘季驯、参将顾承勋皆与王谟一体，三臣落职，仅当王谟褫俸。若复推用，又开俸以优之，何以服炌等三臣之心？且王谟昔伺炎门，秽迹狼藉。退闲未久，谋总京营。京营偾事，谋督漕运。漕运方褫，更得总戎。若并其薄惩者概从宽假，则凡可以凌虐侵渔、贪黩纵横者，何惮不为？时兵科李已亦论之，王谟仍闲住。[③]

---

① (明) 吕兆熊：《总督漕运兼巡抚后题名记》，《续修四库全书》第596册，上海：上海古籍出版社，2002年，第177页。
② 《明史》卷一五三《陈瑄附陈熊传》，北京：中华书局，1974年，第4208页。
③ 《明神宗实录》卷九"万历元年正月丙戌"条，《钞本明实录》第18册，北京：线装书局，2005年，第83页。

陈王谟趋炎附势，秽迹满身，已为士林所不耻，可他竟然凭借平江伯身份，连累总漕，总漕无功总湖广兵戎，难怪物议汹汹。陈氏子孙的不肖，让陈瑄的英名颇受影响，也使得总漕衙门在与总河衙门的偶像之争中气短不少。

三、得人与久任：漕、河偶像之争背后的经世理念

漕、河偶像之争表面上看是衙门之间的意气争斗，实则不然。河道衙门尊崇宋礼是在正德以后河道大坏，河臣治河难以取得像宋礼那样一劳永逸的实绩情况下的救世之举，漕运衙门礼敬陈瑄则属于折征日增、海运陆运再提背景下的自救举措。我们注意到，正德时的漕臣对于言官们的指责便深以不安，不过他们提出的答复并不是革除漕弊，而是认为先朝的制度已经足够完善，后世"公私交征，军疲民困，至使论时务者，复有于海于陆之思"的说法，完全不顾及先朝海运向河运转变的良苦用心。祖宗的良政成功之处在于得人，在于有陈瑄那样三十年如一日的坚持。邵宝评述道：

> 夫救弊在人不在法，持法在心不在迹，故必通上下而后为平，必体遐迩而后为惠，必均夷险、达经权而后为贞为哲，盖大臣之道如此，漕也者，特一其事也。具是则举，缺是则废，凡兹前政，诸公图艰应遽，保丰持平，若有异道焉。由今而论其世，则固莫之能违矣。承继之责，取监之义，宝虽不敏，于是窃有意焉。①

总漕和其他大臣一样，只有持法在心，"通上下、体遐迩、均夷险、达经权"，才能公平持正、惠远服近，才能为贞为哲。漕事得人则举，失人则废。陈瑄以来诸臣如此，今亦不例外。邵宝雄心勃勃，以为可以承其责，监其义，成就一番事业。他于正德四年（1509）正月履新，经过一番考察后，十月即

---

① （明）邵宝：《容春堂前集》卷一二《总督漕运宪臣题名记》，《四库全书》第1258册，上海：上海古籍出版社，1987年，第116—117页。

第四章 著述与经世：明代总漕学术思想初探

向朝廷上了一道长长的折子，《为处置粮运事今将正德五年漕运应议事件开坐具题》，条列"明赏罚以振漕纲、审征折以通漕法、防河患以远漕虑、议水次以定漕兑、均加耗以一漕规、督办料以严漕计、清通逃以足漕额"七条建议。户部回复可行者三。①很可惜的是，当年十二月，邵宝便应得罪权阉刘瑾而被迫致仕。

这里涉及另一个问题，那就是即使一个人是人才，也需要一段时间表现自己的才能，方可获得人们的认可。遽起遽落，虽有陈瑄的大才，恐也难脱湮灭的命运。邵宝后来建言道：

> 臣昔在漕司，见漕之为政，有河渠、有舟楫、有卒伍，而支兑转输、统领稽查、赏罚黜陟行乎其间，其多至于亿万人，其远至于数千里。而总督都御史、提督总兵、协同参将三人者，实领其事，苟非久任，虽有聪明才智，凡百事端方讲求而未及举行，既举行而未及稽考，则亦何以责其成功哉？况心怀立异事、尚更新数易之弊，尤有难尽言者。先年，少保于谦、巡抚河南，尚书周忱巡抚江南，都御史韩雍巡抚江西、两广，皆多历年所其在。漕运都御史王竑、陈泰、陈濂皆先后两任，故能有成功。今总督等官有缺，乞敕吏、兵二部慎简其人，其人既得，必假以岁月，俾得展布四体，治官如家，益图久远，收岁计之功。若其官阶资深则迁，望重则迁，功懋则迁，迁其官不迁其地，庶几人法并任。②

漕政千头万绪，牵涉人员之多、地域之广不可胜计，期望以总漕为首的漕司衙门短期内即有大成是不切实际的。我们在第二章第二节的图 2-1 分析过，每位总漕的平均在任时间只有 1.88 年，多数总漕刚熟悉漕务即被调离他

---

① （明）邵宝：《容春堂续集》卷六，《四库全书》第 1258 册，上海：上海古籍出版社，1987 年，第 490—497 页；《明武宗实录》卷五六"正德四年冬十月丁酉"条，《钞本明实录》第 12 册，北京：线装书局，2005 年，第 335 页下。

② （明）邵宝：《容春堂续集》卷六《建言漕事状》，《四库全书》第 1258 册，上海：上海古籍出版社，1987 年，第 501 页。

任。像于谦、周忱、韩雍巡抚地方多年，王竑、陈泰、陈濂两任总漕，方有所成。因此，总漕一职，选人须慎重，推选后"必假以岁月"，即便迁官也不要离其地。如此，"庶几人法并任"，陈瑄之政方能重现于世。邵宝的建言道破了总漕难有大成功的原因在于不久任的关窍，然而，在正德以后的政治生态中，朝臣的攻讦、文官的流转等因素的共同作用，使得朝廷再难出现像陈瑄一样肩负满朝之望独占漕运三十年的政治空间。万历初，御史陈堂批评总漕不能久任之弊："国家之待河、漕二臣，辄复以次叙迁，无所责成。其殚心竭虑，鞠躬尽瘁者，秩不加升；坐视如故者，罪不加罚。卒皆三年之内，侥幸无事，相继弃去，何怪乎河患之日甚一日哉！"①国家对总漕的考核，以无事为准则，至于是殚心竭虑还是坐视如故，并无太大差别。如此，总漕既不能久任，任上又不会尽力于漕务。

我们注意到，明代总漕任职期限以嘉靖为界，呈 V 字形分布。嘉靖间有 40 位总漕，平均任期仅 1.1 年，隆庆以后逐渐延长，至崇祯年间平均任期达 3.4 年（见图 2-1），显示出朝廷也在有意识地改进这个问题。万历间李三才独任总漕近十三年，然"三才才大而好用机权，善笼络朝士。抚淮十三年，结交遍天下。性不能持廉，以故为众所毁。"②其时党争方炽，漕务并无太大起色，李三才无论从人望还是政绩上，均不可能成为第二个陈瑄。

漕司衙门如此，河道衙门也不例外。据蔡泰彬和王柠的研究，总河的平均任职时间只有 1.5 年，超过三年的仅 12 人，四任总河的潘季驯时间加起来也不过 7 年。频繁的更替，易造成政令的间断或反复，于国于民都极为不利。③明代河臣所遭受的政治压力一点也不亚于总漕，即便大才如潘季驯，治河稍有不效即受言官攻击而被迫去职。彼时党争下的政治氛围，将政治人物的行迹放在"显微镜"中仔细观察，任何细微的失误都会被无限放大，不消说圣

---

① 《古今治河要策》卷四四《论疏》，光绪十四年（1888）嗜古山房刻本，第 9 页。
② 《明史》卷二三二《李三才传》，北京：中华书局，1974 年，第 6068 页。
③ 蔡泰彬：《明代漕河之整治与管理》第六章，台北：商务印书馆，1992 年，第 318—320 页；王柠：《明代总河研究》第三章《总河的选任及其职掌》，湘潭：湘潭大学硕士学位论文，2008 年，第 23—24 页。

贤英雄，就连良相贤臣也只能从发黄的历史书中去找寻。

千里马常有，而伯乐不常有。陈瑄、宋礼这样的大才常有，任人唯贤、用人不疑的官僚体系不常有。所以，我们只能看到陈瑄、宋礼分别成为漕、河衙门崇拜的卡里斯玛型偶像，绝看不到第二个陈瑄、宋礼的出现。

第三节 明代总漕经世思想初探

经世之学，明人又称之为经济之学，乃义理、考据、辞章之外的第四门学问，主要探讨经世致用的治国之道和日常要务。明代这类书的编辑是有传承的，陈九德的《明名臣经济录》、陈其愫的《明经济文辑》、万表的《明经济文录》等著作，取明人奏疏、文集中有关治道的文章分别编列。至明末之际，陈子龙等编撰了五百零八卷（补遗四卷）的《明经世文编》。明代经世思想是针对当时文学、哲学的流弊而提出的反对之声。陈子龙云："俗儒是古而非今，撷华而舍实。夫抱残守缺，则训诂之文充栋不厌，寻声设色，则雕绘之作永日以思。至于时王所尚，世务所急，是非得失之际，未之用心，苟能访求其书者盖寡，宜天下才智日以绌，故曰士无实学。"儒生是古非今，讲形式不求实质，成天揣摩训诂、辞藻之学，至于当前的世务所急却从不用心，连是非得失也搞不清楚，士无实学。许誉卿慨叹道："予惟学士大夫平生穷经，一旦逢年，名利婴情，入则问舍求田，出则养交持禄，其于经济一途蔑如也。国家卒有缓急，安所恃哉！"士大夫做官之前读经书，做官之后买房置地、攀缘交附，对于现实问题是毫不关心的。国家有事，怎能依靠这种人！明末的文学，以公安、竟陵为代表；明代的哲学，以王学末流为代表，这样的文风、学风引起了一部分有远见的士人的反对，他们希望学习历史，借鉴古人的经验和教训，来解决当前现实问题。[①]对于这种学风的转变，学界说法不一，有的称为早期启蒙思想，有的称为自我批判思潮，有的称为经世致用思潮，有

---

① 参阅吴晗：《明经世文编·序》，（明）陈子龙等辑：《明经世文编》，北京：中华书局，1962年。

的称为实学思潮。[①]我们这里主要考察总漕在处理漕务过程中所形成的经世致用的理漕理念与思想。

一、折 征 之 议

我们在第三章第四节中已经考察了明代漕粮折征现象,折征对于总漕来说是一把双刃剑,在减轻了总漕负担的同时,也动摇了总漕赖以生存的基础。因而总漕对折征的态度是矛盾而复杂的,既坚决支持,又反对大规模地推广。

正德间的总漕邵宝针对当时"远者载重,近者赍轻"的折征原则提出批评,认为河南、山东去京仓较近,每年拨给蓟州的二十四万石漕粮中有十四万石折征,而江西、浙江、湖广等去京师较远者,反而全部交兑本色。此不合"为赋量地远近定其重轻"的赋役征收古法,当改之。邵宝建议:

> 今若将该运蓟州折银之数,改拨江西湖广等处。每石加耗六斗六升、两尖该米一斗,共米一石七斗六升,量折银八钱。除六钱作正解赴蓟州,多余二钱以一十四万石计之,共多银二万八千两。若遇灾免,支运可充一十八万六千六百余石脚价,解送漕运衙门,转发淮安府官库收候取用。却将河南、山东原派蓟州折银之数,兑运本色,赴京通二仓上纳,以补前数。彼此便利,一举两得,诚为通融之道。[②]

此建议正是支运向兑运的转变时期,其出发点很好,近者交兑本色,远者部分改折。然而,邵宝没有明白明廷的经国之远猷在于财为浮赘、粮为实

[①] 如朱义禄:《逝去的启蒙:明清之际启蒙学者的文化心态》,郑州:河南人民出版社,1995年;萧萐父、许苏民:《明清启蒙学术流变》,沈阳:辽宁教育出版社,1995年;冯天瑜、谢贵安:《解构专制:明末清初"新民本"思想研究》,武汉:湖北人民出版社,2003年;马涛:《走出中世纪的曙光:晚明清初救世启蒙思潮》,上海:上海财经大学出版社,2003年;鱼宏亮:《知识与救世:明清之际经世之学研究》,北京:北京大学出版社,2008年等。

[②] (明)邵宝:《容春堂续集》卷六《会议状》,《四库全书》第1258册,上海:上海古籍出版社,1987年,第490—491页。

第四章　著述与经世：明代总漕学术思想初探

用，朝廷施行折征的原则为丰年全征本色，灾伤之年在部分地区折征。弘治五年（1492），户部尚书叶淇认为，苏、松地区连年歉收，民买漕米，每石银二两。而北直隶、山东、河南岁供宣府、大同二边粮料，每石只要银一两。去年苏州兑运已折五十万石，每石银一两。今请推行于诸府。"灾重者，石七钱，稍轻者，石仍一两。俱解部转发各边，抵北直隶三处岁供之数，而收三处本色以输京仓，则费省而事易集。"从之。自后每遇岁灾，则权宜折银，"以水次仓支运之粮充其数，而折价以六七钱为率，无复至一两者。"①歉年折征本为权宜之计，朝廷为了稳定京师的米价，宁可让漕粮在水次仓中红腐，也绝不能将折征大规模地向江南推广。有鉴于此，邵宝又提出变通之法："今若酌量每年将江西、浙江二布政司改兑粮二十万石，每石加耗折银七钱，除五钱五分仍令漕运官军解送户部，转送太仓交收外，银一钱五分充作脚价，令军于水次仓支运二十万石。则于岁额四百万石之外，折银解京之数又添二十万石。且水次仓粮不致积腐，而江湖漕卒少纤跋涉之劳，一举三得，通融之道，又在于斯。"②

邵宝建言的关键之处在于，将江西、浙江的二十万石折征中的每石一钱五分充当运军运费，有效减少仓粮陈腐与运军疲困问题的发生。邵宝显然没有注意到京师粮食流通对市场价格的调节作用。当每年四百万石的漕粮蜂拥而至时，北京的粮价甚至比江南漕粮产地的还要低③，此时额外的二十万石漕粮形同鸡肋，于朝廷并无大补。

正德年间在淮南、江南等地推广折征之议渐渐消停，到了嘉靖时期，江淮地区歉多丰少，朝廷被迫施行改折。郑晓任总漕时，每岁折征约百万石，如嘉靖七年（1528）折银粮一百七十六万石有零，嘉靖八年（1529）折银粮

---

① 《明史》卷七九《食货三·漕运》，北京：中华书局，1974年，第1918页。
② （明）邵宝：《容春堂续集》卷六《会议状》，《四库全书》第1258册，上海：上海古籍出版社，1987年，第490—491页。
③ 唐顺之《与李龙岗论改折书》云："江南米平价为每石银五钱，京师米平价每石银四钱；灾伤之年江南每石银一两，而改折只需每石银七钱。可知无论丰年还是歉年，京师米价都较江南为低。"（明）陈子龙等辑：《明经世文编》卷二六一《唐荆川家藏集三》，北京：中华书局，1962年，第2760页。

一百七十万八千石有零，嘉靖九年（1530）折银粮一百五十二万九千石，嘉靖十年（1531）折银粮二百一十万石，嘉靖十一年（1532）折银粮一百万石。不过，江淮收成稍有起色，明廷又开始以征本色为主。嘉靖十二年（1533）、十三年（1534）统征本色，比起前两年多征了二百万石。

嘉靖十一年（1532）任总漕的马卿曾详细分析过全征本色之害。"然本色加耗甚重，比之折色所费几倍。两年全征，东南之民力竭矣。运军往年粮有折色，则船有减存，得以休息。今两年全运，而军士之疲劳甚矣。"往年大江南北，虽有灾伤，但总有丰收之处，今年数省全灾。马卿自恐督责虽严，终不能完。且一年误事，数年不能恢复。今年（嘉靖十五年）运船、军士均以补足，运道全疏，所难者唯地方灾伤太重，"直隶、淮扬等府申称所属地方亢旱全灾"。如处置失当，则死徙立见。湖广、江西重灾之下已无本色可征。"地方广阔，水次窎远，民鲜积谷。今遇全灾，虽有钱货，无所收籴，而况民贫之极乎！"东南浙江、苏、松之地全征本色犹竭泽而渔。"岁运将及二百万石，当天下之半"。故"田虽膏腴，而税粮素重。迩年粮长疲敝已甚，是以数家朋当一名。今连岁全征，则疲敝亦又甚矣"。古语曰："竭泽而渔，得鱼虽多，而明年无复也。若复全运，在丰岁犹难，而况灾伤乎！"两淮之地民贫尤甚，"黄河二水下流，十岁九淹。重以旱蝗相继，二十余年，民之流徙，十居七八，州县几不支矣。况近挑浚闸河，及修理祖陵、皇陵。比之他省，尤为苦累。"所以，在灾伤之年全征本色，害民、害军、害国。"督责之下，剥肤椎髓，鬻妻卖子，苦楚万状，岂盛世之所宜见？此民之害也。""况两年全运之后，重以灾伤居者待哺、行者缺食，莫相救恤。此军之害也。""夫军民之力不堪，必至于误运。一岁误运，则来岁不可并完，必至再误。况今太仓、崇明等处盐徒有潜伏之机；湖广、江西俱灾，水贼有窃发之执。饥馑所迫，何所不至？则意外可虑之患，安保其必无？则亦国之害也。"[1]

---

[1]（明）马卿：《偿远粮储疏》，（明）陈子龙等辑：《明经世文编》卷一七〇《漕抚奏议二》，北京：中华书局，1962年，第1741—1742页。

第四章 著述与经世：明代总漕学术思想初探

而如施行折征之计，则有军民之利。"贫民免贵籴之费、加耗之费、脚价之费；军士免行粮之费、修船之费、盘剥之费。"况且京城储粮颇多，米价颇减，今年改行折征，于国无损。马卿的思想不止于此，他还提出比照唐代陆贽减轻京城水运粮储之议，将折色银两用于招商和籴。陆贽云："封制国用须权重轻。食不足而财有余，则弛于积财而务实仓廪；食有余而财不足，则缓于积食而啬于货泉。近岁关辅之地，年谷屡登。田农之家，犹困谷贱。江淮水潦，漂损田苗，与凡时常米贵加倍。宜减水运，请和广籴。若待运钱到京，则恐收籴过时。宜贷户部库物，依平估价以候，折填所贷。"时人以为陆贽之议深合时宜。现大江南北旱灾数千里，而京辅之地颇为丰熟，恰与陆贽之所论符合。"今若准贽议，借出库银招商籴买粟米百余万石，待解到折色银两补还，则亦不失四百万石之数，而国与民俱利矣。"马卿建议朝廷"准照前项灾伤年分事例，不拘正兑、改兑或本折，相半派征。其灾重者，又为量改支运。仍乘此京辅丰穰，早为籴买粟米补运之数，则天下幸甚，漕运幸甚"。①马卿的思想虽出于唐代陆贽，但他的发挥市场调节作用，南北和籴、平抑米价的想法，在当时无疑仍是非常先进的。

嘉靖初年开始的一百余万石折征在吵吵嚷嚷声中还是推行了，然而，明廷始终有一种根深蒂固的成见，折征是灾伤之年的例外之恩，丰年不宜推行。唐顺之批评道："未有灾伤而不行折兑，以重困吾民者也；盖有不因灾伤而折兑，以广例外之恩者也；未有灾伤而不行折兑，以啬于外例之恩者也。"②这几句话颇为拗口，其意仍在说明折征乃是朝廷的临时性恩惠，平常不行折兑则为困民之举。朝廷反对折征扩大化的理由无非还是会导致粮储不足、米价腾贵。嘉靖四十四年（1565）五月出任总漕的马森的话尤为代表：

　　古人有言，国无三年之蓄，则国非其国。今臣查京、通二仓，存贮

---

① （明）马卿：《儹远粮储疏》，（明）陈子龙等辑：《明经世文编》卷一七〇《漕抚奏议二》，北京：中华书局，1962年，第1742—1743页。
② （明）唐顺之：《与李龙岗论改折书》，（明）陈子龙等辑：《明经世文编》卷二六一《唐荆川家藏集三》，北京：中华书局，1962年，第2761页。

粮米共止七百万余石。总以各卫官军月支二十五六万石计之，仅足二年半之用耳。而漕粮四百万石，内除拨蓟镇三十万石，又以湖广显陵、承天二卫官军免运减折，与拨运蓟州仓班军行粮，昌平、密云二镇军饷外，每年实止运纳京、通二仓三百四十九万二千六百五十五石四升。加以拖欠、漂流岁不下二十余万石。今岁漕粮改折十分之三，又内外各衙门岁派白粮奉诏蠲半。若或拨支凑给，则岁用之外，所存无多。欲为三年之蓄，亦不可得，况于六年、九年之求乎！万一河道阻涩，输运不达而白粮亦阻，六宫、百官之需，皆取之于太仓，又将何以为备耶？兼以四方虚耗，百姓困穷，边饷增多，原无额派，搀括之计已极，善后之策何在？此臣所以抱杞人之忧，而又有预远图之谋也。臣请议处目前于先，而复详其说于后焉。①

马森的话冠冕堂皇，道出了许多漕运官员的心声。京、通二仓无三年之蓄，似乎明朝政权就难以稳固。事实上，明代河道大坏屡有发生，但输往京师的漕粮在崇祯末年之前从未断缺过，北京亦很少有缺粮之虞，所谓米价腾贵更多地表现为传言中狼来了的群体恐慌。马森建言关键在于，既然其他开销不可节省，那么，每年十分之三的折征不能再延续下去。马森没有继续说下去，如果折征规模继续扩大，则漕运休矣，总漕休矣！

隆庆五年（1571）至万历二年（1574）任总漕的王宗沐也主张每年改折百万石的定数，他对反对意见不屑一顾："今云不可改折者，其说有二：'不过曰京仓之积渐寡也，京师米价将腾也'。然不知今之所利，取于放之数，而不取于积之数。如使不折，而有万石之积，则今虽改折而其万石犹在也，此易晓也。至于米价腾涌，则诚有之，使其不问近畿丰歉，而槩定折收，则患当尔。"②天下之米不在甲处便在乙处，折与不折，并不影响米的数量。京师

---

① （明）马森：《明会计以预远图疏》，（明）陈子龙等辑：《明经世文编》卷二九八《马恭敏公奏疏》，北京：中华书局，1962年，第3131页。
② （明）王宗沐：《乞破格处分漕政因陈足国大计疏》，（明）陈子龙等辑：《明经世文编》卷三四三《王敬所集一》，北京：中华书局，1962年，第3768页。

第四章 著述与经世：明代总漕学术思想初探

米价如有腾贵，自有商人贩卖而来，其患必消。相反，折征利国利民，王宗沐算了一笔账："每岁约以三百万石入运，而恒出一百万以收其盈。每石以八钱折，而以五钱放，计得三钱，则一百万石当得三十万金。再加减存军船三千二百五十余只，每只以扣留行月二粮、赏钞银四十两计之，又得一十三万余两。"[①]如此施行几年，国家可获大利，库银可实，运士不病，边饷亦不复忧乏矣。

明代漕运每岁改折一百万石，至隆庆年间遂为定数，这是针对此前"漕船涣散、运军凋敝"的漕运危机下的重大改革，也可以说是多方政治势力激烈博弈后的妥协结果。值得注意的是，折征之数甚少突破半数，反对意见固然是一方面因素，祖制和朝廷的思维惯性的因素也须考虑在内。王杲于嘉靖二十年（1541）任总漕时，曾进行过一次激进的改革。"旧制，岁漕四百万石。杲以粟有余而用不足，遇灾伤率改折以便民。一日，帝见改折者过半，大惊，以诘户部，杲等引罪。敕自今务遵祖制，毋轻变。"[②]很显然，世宗反对改折过半并非源自其不便，而是违背了祖制。"帝大惊""杲等引罪"，足以使后来者引以为戒。虽说岁折百万石对祖制也有突破，但更大幅度的冒进似乎超出了祖制范畴的心理预期。

二、海运之议

洪武年间大规模的海运在洪武三十年（1397）停止，但断断续续小范围的海运一直延续到永乐十二年（1414）。《漕河图志》中一份重要文件反映了这一重大变革："永乐十二年闰九月初三日，行在户部奏，准行在工部咨，该本部节该奏……自永乐十三年为始，依拟于里河转运，却将海运停止。所据退下海运官军，具令于里河驾船运粮。……奉太宗文皇帝圣旨：是，钦此。

[①]（明）王宗沐：《乞破格处分漕政因陈足国大计疏》，（明）陈子龙等辑：《明经世文编》卷三四三《王敬所集一》，北京：中华书局，1962年，第3768页。
[②]《明史》卷二〇二《王杲传》，北京：中华书局，1974年，第5329页。

当奏。"①

我们认为，明代海运停罢的时间当为永乐十三年（1415），但该决议早在永乐十二年（1414）闰九月就做出。此论足可纠正《明史》所谓"十三年五月复罢海运"②之说。国家层面上的海运不复存在了，不过负责辽东、蓟州海运的遮洋总还是保存下来③。

成化年间，丘濬《大学衍义补》中《漕挽之宜》一文倡言寻海运故道与河运并行，指出海运可以富国省费，减兵备防，诚万世之利也。④嘉靖二十年（1541），总河王以旂以河道梗涩复言海运，被拒。嘉靖三十八年（1559），辽东巡抚侯汝谅以辽东饥馑，奏准开通天津至辽东的海运议案。嘉靖四十五年（1566），天津往来永平的海运开通后不久便再次停罢。次年，遮洋总也被裁革。

从丘濬在成化年间倡言海运始，大臣们的争论就一直没有停息过，其反对意见以钱薇为代表：

> 然海运之说，有不可者五。以元史考之，岁运之舟至千缠十七，则没者十三矣。内漕、海运各有利害，言之者皆有形，当其时则用之耳。夫役卒孰非赤子？艘粟孰非民膏？乃驱有生之民，投必死之地；取可用之材，填不测之区，宁无恻然于心乎？不可一。尚书宋礼疏云：海运必用千料船，驾者百人，运米千石。若计河漕，则海船一可办河船十，且运卒少而鲜倾没之患。以此相较，其不可二。元专海运，倭奴岁肆剽劫。必设瞭望之卒，备捍御之兵。转辗堤防，犹不获免。国初设备倭指挥，

---

① （明）王琼撰，姚汉源、谭徐明校注：《漕河图志》卷四《始罢海运从会通河攒运》，北京：水利水电出版社，1990年，第178页。
② 《明史》卷八六《河渠四·海运》，北京：中华书局，1974年，第2114页。
③ 吴缉华：《明代遮洋总与蓟州的关系》，《庆祝董作宾先生六十五论文集》，台北："中央研究院"历史语言研究所，1961年，第841—855页认为，遮洋总只负责转饷蓟州，而辽东不与焉。
④ （明）丘濬：《大学衍义补》卷三四《治国用·漕挽之宜下》，北京：京华出版社，1999年，第308—312页。（明）陈子龙等辑：《明经世文编》卷七一《丘文庄公文集一》，北京：中华书局，1962年，第600—602页将《漕挽之宜》改名为《漕运之宜》。

第四章 著述与经世：明代总漕学术思想初探

亦为海运。及改运会通，倭乃绝觊觎矣。此为永鉴。其不可三。欲海运必浚利津胶莱河，为停泊之所；屯宝盖黑龙诸山，为望瞭之计。今久堙再修，兴役无已。与其劳民而蹈危险，孰若修漕河安故道之便。不可四。胜国倡乱非士诚国珍等耶，皆潜托海运，贸贩聚徒，为东南患。以海为凭，法不及禁，酿成祸乱。其不可五。①

钱薇，字懋垣，海盐人。嘉靖十一年（1532）进士，为给事中时屡劾权要而被斥为民。②钱薇的五点反对意见概括起来为：损失大，役卒和艘粟漂没达十分之三；耗料多，用人多；易遭倭寇觊觎；海运兴役无已，不若河运故道方便；前元有张士诚、方国珍之戒。这种说法在大臣中很有市场，尤其是一句"宁无恻然于心乎"让主海运者哑口无言。到了嘉靖末隆庆初，运道大坏，如隆庆四年（1570），河决邳州，河淤一百八十里，运船千余艘不得进。③河臣翁大立、潘季驯治河无效，这时，朝中有关海运的讨论逐渐多了起来。

嘉靖、隆庆时期的海运之议除了恢复南北海运的主张外，还有开凿胶莱河以通海运的建议。胶莱河乃山东半岛上分南北两支入海的河道，明人认为开通此河，可避开山东半岛东段艰险的海程。隆庆三年（1569），首辅大臣高拱复议开胶莱河，遭到了山东布政使王宗沐和巡抚梁梦龙的极力反对，理由是新河难成，且青、登、莱三府难以承担开河费用。朝廷派给事中胡槚前往勘察，回复结果是不便疏治。按，胡槚本为张居正心腹，赴山东勘察乃出于张居正精心安排。联想到隆庆末年张居正和高拱的权力倾轧，胶莱河的议案被停罢的结局也就不难理解了。④

主张从淮安到天津南北直接海运的是王宗沐。隆庆五年（1571）十月任

---

① 钱薇卷：《漕渠议》，（明）陈子龙等辑：《明经世文编》卷二一五《承启堂文集二》，北京：中华书局，1962年，第2249页。
② 《明史》卷二〇八《钱薇传》，北京：中华书局，1974年，第5508—5509页。
③ 《明穆宗实录》卷四九"隆庆四年九月甲戌"条，《钞本明实录》第17册，北京：线装书局，2005年，第518页上。
④ 有关明代胶莱河海运方案的始末，樊铧《政治决策与明代海运》第三章第三节有详细的论证，足资参阅。樊铧：《政治决策与明代海运》第三章，北京：社会科学文献出版社，2009年，第147—186页。

总漕的他,于隆庆六年(1572)三月上奏《乞广饷道以备不虞疏》,其中海运计划为:

> 因条上海运七事:一定运米。言海运既行,宜定拨额粮,以便徵兑。隆庆六年已有缺船粮米足备交运,以后请将淮安、扬州二府兑改正粮二十万一千一百五十石,尽派海运,行令各州县于附近水次取便交兑。遇有灾伤改折,则更拨凤阳粮米足之。一议船料。言漕运二十余万,通计用船四百三十六艘。淮上木贵不能卒办,宜酌派湖广、仪直各厂置造。……一议官军。言起运粮船,宜分派淮、大、台、温等一十四卫,责令拨军领驾,每艘照遮洋旧例,用军十二人。设海运把总一员统之,其领帮官员于沿海卫所选补。……一议防范。言粮船出入海口,宜责令巡海司道等官,定派土岛小船置备兵伏,以防盗贼。一议起剥。言粮船至天津海口水浅舟胶,须用剥船转运至坝,每粮百石给水脚银二两九钱。其轻赍银两,先期委官由陆路起解,听各督粮官收候应用。一议回货。言海运冒险比之河运不同,旗军完粮回南,每船许带私货八十石,给票免税,以示优恤。一崇祀典。言山川河渎祀典具载,今海运所畏者,蛟与风耳。宜举庙祀,以妥神明。①

王宗沐的七点计划得到了穆宗的首肯。当年,王宗沐运粮十二万石由淮入海抵天津,时间约两个月②,这次海运成功,大大鼓舞了主张海运官员的士气。五月,穆宗龙驭宾天,神宗即位。朝中政治气氛发生转变。十月,南京户科给事中张焕提出质疑:"王宗沐六月内飞报海运米十二万石,于某日离淮安,次天津抵湾,粒米无失。比闻人言啧啧,咸谓海运八舟、米三千二百石,忽遭风漂

---

① 《明穆宗实录》卷六八"隆庆六年三月丙午"条,《钞本明实录》第17册,北京:线装书局,2005年,第627页上。又,(明)王宗沐:《敬所王先生文集》卷二二,(清)永瑢等:《四库全书存目全书》第111册《集部·别集类》,北京:中华书局,1965年,第457—471页;(明)陈子龙等辑:《明经世文编》卷三四三亦收录此奏疏,不过内容要详尽得多。(明)陈子龙等辑:《明经世文编》卷三四三《王敬所集一》,北京:中华书局,1962年。

② 据王宗沐《恭报海运粮船启行疏》《为飞报海运抵岸疏》云,隆庆六年三月十八日海运船队起航,五月二十九日到达天津,参阅(明)王宗沐:《敬所王先生文集》卷二二至二三,(清)永瑢等:《四库全书存目全书》第111册《集部·别集类》,北京:中华书局,1965年。

第四章 著述与经世：明代总漕学术思想初探

没，渺无影响。宗沐盖预计有此，令人赍银三万两籴补。"[1]张焕弹劾王宗沐故意隐瞒海运飘没损失，王宗沐亦疏申辩以求查验。户部对此的回复出人意料：

> 先该科道请叙海运之功，臣等谓万世之利在河，一时之急用海。继因漕臣议增海运二十四万，臣等又谓海道风波难定，但当习熟此路以备缓急，不必加增。今焕意略与臣等议同，至言漂没粮石，发银买补，臣等不意宗沐之明达，弄巧为拙至此。但事出风闻，难以深求，而首事勇敢之臣，可以情恕，以观后效。万历元年为始，海运止以十二万为则，候数年之外，另行裁酌。[2]

此回复从逻辑上讲是不通的，既是风闻，为何要指责王宗沐弄巧成拙？还假惺惺地表示要情恕首事勇敢之臣，以观后效。户部官员的真实想法是不愿意扩大海运规模，这实际上代表了大多数文官的意见，海运有风险，米可补，人可补乎？

万历元年，王宗沐再次组织海运，这一次海运在山东即墨福山岛遭遇风暴，损坏粮船七艘，漂没米数千石，溺死运军十五人，这给反对者提供了最好的攻击武器。户科都给事中贾三近奏云：

> 海道之势与河道异，河道之可恃者常，海道之可恃者暂。持数百艘行数千里巨浸，侥幸于暂可恃，未有无虞者也。海运畏途，当时建议者计出于不得已，始既以不得已议行，则今当因可已以议罢。近漕渠一带，诸臣综理振饬，大异昔时，据今年江南诸艘入闸最早，即更加十余万何有焉？世有夷途，安取九折坂；人有参苓、姜桂可以摄生，何试命乌附以苟万一？乞敕详酌，将海运姑暂停止，仍以额粮十二万尽入河运。[3]

---

[1] 《明神宗实录》卷六"隆庆六年十月己未"条，《钞本明实录》第18册，北京：线装书局，2005年，第56页上。
[2] 《明神宗实录》卷六"隆庆六年十月己未"条，《钞本明实录》第18册，北京：线装书局，2005年，第56页下。
[3] 《明神宗实录》卷一四"万历元年六月壬戌"条，《钞本明实录》第18册，北京：线装书局，2005年，第115页上。

贾三近的攻讦颇有底气，"今年江南诸艘入闸最早，即更加十余万何有焉"。既如此，作为临时救急的海运，毁船溺军，自无存在的必要。贾三近之外，巡仓御史鲍希颜、山东抚按傅希挚、俞一贯也上疏指责海运，朝廷下户部议，遂停海运。

我们注意到，隆庆、万历之际的海运，是在河运不畅的背景下提出，并由中央高拱，地方王宗沐、梁梦龙等经济能臣施行的。与开凿胶莱河相比，海运的工程费用几乎忽略不计。然而，海运的风险毕竟不是内陆民族所能估量的，明代诸臣接受的家国天下思想建立在平实的表里山河上，广袤的海洋超出了他们既有的知识体系。因此可以说，农业民族内心对海洋的恐惧，是群臣交相反对海运的深层原因。此外，万历初年政局发生改变，张居正秉政，对前任首辅高拱力主海运的倡议力持异议，王宗沐失去了内阁的支持，海运亦很难坚持下去。张居正对海运的冷漠，源于当时漕运危机解除后的太仓丰盈，他颇有得色地表示："今计太仓之粟，一千三百余万石，可支五六年。鄙意欲俟十年之上，当别有处分。"①国储富余的实际情况让当权者失去了继续推行海运的动力。②

明代总漕中，王宗沐是难得的经济干才，也是仅有的主张大规模海运与河运并行的漕臣。他撰写《海运志》，疾声呼吁海运十二利③，并两次力行，虽败犹荣。他多次上疏要求革新漕运规章制度，注意抚恤和优待运军。④张居正也承认："今方内乂安，所可虑者，河漕为最。兹赖公之力，经理十七。江淮之粟，方舟而至，来岁新运又已戒期。计三年之后，京师之粟将不可胜食

---

① （明）张居正：《张文忠公全集》第四册《书牍六·答河漕王敬所》，上海：商务印书馆，1929年万有文库本，第313页。
② 樊铧认为，海运造船计划中，湖广船厂要多造200艘海船，无疑增加了张居正家乡湖广船厂负担，楚中士民的不满情绪上达给首辅，也是张居正决意停罢海运的原因之一（樊铧：《政治决策与明代海运》第三章第三节，第137-139页），且存一说。
③ 国家图书馆藏有《海运志》，未刊于世。不过王氏大作《海运详考》所云海运十二利，在《明经世文编》卷三四五《王敬所集三》中亦有收录。
④ 我们可以从《敬所王先生文集》卷二二至二三中读到《乞优恤军士以实漕政疏》《条列议单款目永为遵守疏》《剿弊甦年疏》《条列漕宜四事疏》《乞诠定造船厂官以裨漕政疏》等奏疏（四库全书存目丛书编集委员会编：《四库全书存目丛书》第111册《集部·别集类》，济南：齐鲁书社，1997年，第475—500页下），可以看出王宗沐对于漕运制度改革的见解。

第四章 著述与经世：明代总漕学术思想初探

矣。"①这些言语便是对王宗沐任总漕之政绩的最好告慰。然而，推行海运是王宗沐一生中最大的愿望，海运停罢遂成了王宗沐难以抹去的伤痛。

三、恤军之议

明代自实行改兑法（长运法）后，除江南白粮外，其余漕粮均由军运。十二万漕军，据宣德十年（1435）奏准，"专一运粮，不许别项差操。军士缺，即为拨补"②。关于运军行粮，成化三年（1467）规定，浙江、江西、湖广、南直隶各总卫所俱于本处仓，南京各卫于兑粮水次仓各支米三石；江北总、安庆卫于本处仓支米麦二石八斗；凤阳等八卫所、并直隶庐州、安庆、六安、滁州、泗州、寿州、仪真、扬州、高邮、淮安、大河、武平、宿州及河南颍川卫、颍上千户所俱于淮安仓支米麦二石八斗；邳州、徐州、徐州左、归德卫俱于徐州仓支米麦二石六斗。大河等五卫于淮安仓支米麦二石八斗。山东官军于临清仓，德州天津等九卫于德州仓各支米麦二石四斗。③此后屡有损益，但运军的行粮均不高于每年三石。行粮之外，每月还有月粮一石，还有脚费、加耗、赏钞等，这些便是运军的全部收入。

尽管朝廷三令五申禁止侵扣运军有限的行粮赏钞，但把总、千百户等下层官吏对运军的渔猎从未停息过。加上月粮经常推迟发放或减少发放，漕米飘没的损失又大都转嫁到其头上，因而运军岁入极其有限。支出却不可胜记。运程中的衣食、医药、岁时聚饮皆在其中，其家庭开支也不落他处。运军长年累月地奔波在河道上，甚少与家人团聚。丘濬比较了唐宋漕卒和明代运军后说：

---

① （明）张居正：《张文忠公全集》第四册《书牍七·答河漕总督王敬所》，上海：商务印书馆，1929年万有文库本，第329页。
② 万历《明会典》卷二七《会计三·运粮官军》，台北：新文丰出版公司，1976年，第504页上。
③ 万历《明会典》卷二七《会计三·运粮官军》，台北：新文丰出版公司，1976年，第506页下；《明宪宗实录》卷四六"成化三年九月癸酉"条，《钞本明实录》第8册，北京：线装书局，2005年，第257页下。

> 前代所运之夫，皆是民丁，惟今朝则以兵运。前代所运之粟，皆是转递，惟今朝则是长运。……唐宋之漕卒，犹有番休，今则岁岁不易矣。夫宋人漕法，其便易也如此，而其日船也，又有载盐之利。今之漕卒，比之宋人，其劳百倍。一岁之间，大半在途，无室家之乐，有风波之险，洪闸之停留，舳舻之冲激。阴雨则虑浥漏，浅滩则费推移。沿途为将领之科索，上仓为官攒之阻滞。及其回家之日，席未暖而文移又催以兑粮矣。运粮士卒其艰苦之状，有如此者。①

明代漕运之运军比起前代辛劳百倍，而艰苦之状犹难言尽，故运军负债、抢夺与逃亡现象日渐突出。

历任总漕为稳定运军，多提出抚恤之议。首先要保障行粮、月粮正常发放。总漕王琼曾奏报："运军终岁勤苦，全赖月粮行粮养赡。今建阳卫月粮三年之间止关六七个月，安庆、九江二卫过期不支，镇江卫行粮违例支麦，又与一半处州卫行粮，占留官旗守支半年不到，经该官吏若非坐视不为处置，必是阘茸不行催征。"②此乃地方州县或攒运官员有意拖欠的，尚可催征。而如仓库空虚导致月粮亏欠，只得向朝廷求援。总漕臧凤奏闻：

> 照得近年以来，有司仓库处处空虚，节据各该卫所申报，或运粮官军告呈，该支月粮有一二年或十数个月，至少三五个月不曾关给，家口嗷嗷，张颐待哺。……如蒙乞敕该部从长计处，今日运军月粮久欠数多，有司仓廪空虚，作何设法通融区处？不拘银米均为补给，拯济困苦，急救倒悬，勿徒虚文，务臻实惠。庶军有月粮，人心攸系，而攒运效劳，乐于趋事矣。③

---

① （明）丘濬：《大学衍义补》卷三四《治国用·漕挽之宜下》，北京：京华出版社，1999年，第306页。
② （明）杨宏，谢纯：《漕运通志》卷八《漕例·运军行粮水次支领》，荀德麟点校，北京：方志出版社，2006年，第162页。
③ （明）杨宏，谢纯：《漕运通志》卷八《漕例·区处各军未支月粮》，荀德麟点校，北京：方志出版社，2006年，第187页。

第四章 著述与经世：明代总漕学术思想初探

运军家小嗷嗷待哺，总漕已顾不上规矩，提出"不拘银米均为补给"，甚至要求朝廷"勿徒虚文，务臻实惠"，言语间已是张皇失措、急不可待。另一位总漕丛兰于成化十四年（1478）也汇报了漕军因月粮亏欠的惨状："军士在家有月粮也，一家老稚凭此为生。近因各处灾免数多，及有司官员缓于催征，恒有八九月或二三十个月，甚至五六十个月不得关支者。军士经年在外，无由生理，遗下父母妻子啼饥号寒，中间冻饿而死者，不知几何。"[1]此是灾伤所致月粮欠发，运军家庭因而受累的情况。

行粮、月粮的亏欠引发了运军破产、家庭丧离，从而导致军心浮动、逃亡增加，动摇了漕运赖以运行的人员基础。因而总漕以为必须采取有力措施避免漕军破产，如吴桂芳认为可以在行漕之前先分发行粮、月粮，以稳军心。其云："预给月粮以益军资。运粮官军在江西、湖广等处，各预给月粮，以备安家，随运支费。南京各总亦当照例。请自万历五年始，每年先给月粮十月，以四月安家，六月随帮带解。漕司验明，俟过洪给散。"[2]

王琼认为，首先应严厉打击地方州县、把总粮官故意推迟发放行粮、月粮的行为：

> 查勘前项欠粮卫所在有司，原会计坐派税粮是何州县拖欠未纳，将府州县掌印管粮官参提问罪，作急征完补支……内各处州县行粮若已关支，被委去官军迟延不到，亦提问罪。仍通行各处有运粮卫所去处司府州县，及各把总运粮官，今后每年官军攒运粮储，起程月粮行粮拖欠未支，把总官备开各府州拖欠数目，开呈漕运衙门，议事到京具奏提问，永为定例。[3]

---

[1]（明）杨宏，谢纯：《漕运通志》卷八《漕例·十四年议借盐银偿还粮运宿债》，荀德麟点校，北京：方志出版社，2006年，第179页。

[2]《明神宗实录》卷五二"万历四年七月丁酉"条，《钞本明实录》第18册，北京：线装书局，2005年，第321页下。

[3]（明）杨宏，谢纯：《漕运通志》卷八《漕例·运军行粮水次支领》，荀德麟点校，北京：方志出版社，2006年，第162页。

总漕还会同户部官员明确要求，禁止地方官将发给运军的粮米改折他物，"令有司给以米，毋以他物为折。所司有违误者，许总兵、漕运等官参奏究治。"①

其次，要蠲免或填补运军积债。运军因行粮、月粮亏欠而大肆举债的大有人在。弘治年间，孝宗就下令以太仓银借贷给运军还贷，不取利息。②总漕丛兰认为，漕军中的缺军、盗粮之弊，多用积债所致。而积债一多，军士无力偿还，胆小者便弃船而逃，胆大者便盗粮还债。积债缘由有五种，一是因漂没沉船不得堪报。二是因原兑粮米湿润，经三伏天腐烂亏折。三是因使用觔筹不当挂欠。四是因天雨道路泥泞，车驴脚贵，轻赍不足。五是因贪渎运官假装以雇脚买粮为由，诓借债负，遗赖运军偿还。这些情况下运军大都被迫借债买粮赔补，出现逃亡、盗卖现象也就势在难免。极端情况下，还有自缢身死或削发为僧的。当今运军疲惫，单加耗米已不足以令其少甦，朝廷也别无银两接济。丛兰提出纾解之法，即将漕军积债之数造册具奏，以明情由。然后准令欠债船只依照官价上纳长芦运司盐引各一百引，于回空之时顺带取便，变卖偿债，其盐本由债主自出。"如此则军民无陪（赔）债加赋之苦，债主免坑陷资本之怨。其运军行粮、月粮各得以养家口，而运政自然清楚矣。"③丛兰对运军欠债纠纷也提出了处理意见，那些果因粮米亏折、轻赍短少等公事决然该借者，准其在运偿还，且不分债务远近，止许加利三分。积债已还，债券当众烧毁。如有隐匿不行，尽数报官。如是上官分派科敛，或因把总、

---

① 《明宪宗实录》卷七一"成化五年九月乙酉"条，《钞本明实录》第8册，北京：线装书局，2005年，第373页下。

② 王宗沐《乞优恤运士以实漕政疏》云："臣查得弘治五年，指挥蒋鉴奏军士欠债。户部题奉，孝宗皇帝圣旨，许将太仓库银借与军士还债，取印信结状。来年一两止还一两，不取利息。"（明）陈子龙等辑：《明经世文编》卷三四三《王敬所集一》，北京：中华书局，1962年，第3676页。又，万历《明会典》卷二七《会计三·漕规》，台北：新文丰出版公司，1976年，第517页上云："弘治五年，令运粮官旗借贷，系三年以前者尽革罢，近年者止照律出息。果有穷困卫所缺少脚价者，许于太仓量借银两完纳，下年送还。"可与之相佐证。

③ （明）杨宏，谢纯：《漕运通志》卷八《漕例·十四年议借盐银偿还粮运宿债》，荀德麟点校，北京：方志出版社，2006年，第178页。

第四章 著述与经世：明代总漕学术思想初探

卫总等官假公侵渔以致累债的，"就便指实参奏，以从重遣。以后每年运粮毕日，并听各官照前清查，著为定例，永为遵守"。对于因脚价不敷负累而致的因公积债，"正德十三年以前所欠，户部暂于淮、浙二运司盐价银两支一十万两，解送太仓，另项收贮。以后脚价缺少，查算补给，以绝借债之弊"。[①]丛兰的分析不可谓不周到，解决之法不可谓不可行。然而，用中盐之法纾解债务可行于一时，不可行于永久。不从制度上提高运军待遇，不提供运军其他生财之道，运军的积债问题终究会去而复返，越积越重。漕运总兵官顾仕隆奏道，运军因积债逃亡无算，每船运军应有十名，而实际多只有五七名，少止有一二名，甚至有的漕船全无一军。[②]正德年间漕军积债问题愈演愈烈，朝廷终于痛下决心，强制蠲免运军积债，"自正德十五年以前借者，不拘多少，俱不许还，以苏漕运官军困苦。以后再借再放者，听漕运都御史巡按巡仓御史查例参究重治"[③]。

再次，设轻赍银以增加运军收入。解决运军逃亡和盗粮问题的关键在于增加运军收入，这一点总漕们看得很清楚。原来的赏钞后渐不行，行粮、月粮又屡被侵扣，唯有耗米和空船回程可做点文章。明初民运无脚耗之说，成化年间行改兑法，运军皆给脚费，始有耗米、两尖米等杂项。耗尖米除支给船运路费外，余下的折银，谓之轻赍银，以备运军过洪、过闸盘剥费用。其征收办法，江西、湖广、浙江每石加耗尖米七斗六升，除四斗随船作耗米外，与三斗六升折银一钱八分，谓之三六轻赍。以此类推，南直隶二六轻赍，山东、河南一六轻赍。万历时，折征百万石常态化，每石轻赍减二升，全国每年征收轻赍银约四十四万余两。本来，轻赍银随船给付，乃运军收入重要组

[①] （明）杨宏，谢纯：《漕运通志》卷八《漕例·十四年议借盐银偿还粮运宿债》，荀德麟点校，北京：方志出版社，2006年，第180—181页。

[②] （明）杨宏，谢纯：《漕运通志》卷八《漕例·给发没官银两造船清解事故运军》，荀德麟点校，北京：方志出版社，2006年，第203页。

[③] （明）杨宏，谢纯：《漕运通志》卷八《漕例·势豪放债查新例行》，荀德麟点校，北京：方志出版社，2006年，第204页；《明世宗实录》卷一"正德十六年四月壬寅"条，《钞本明实录》第13册，北京：线装书局，2005年，第373页下。

成部分，但到了嘉靖六年（1527），朝廷令各总轻赍银两扣省脚价外，解送太仓银库，以备修河等项支用。羡余银两才给散运军。①嘉靖八年（1529）又议准，轻赍银解赴漕司验兑，每帮先给十分之三，备沿途起剥支费，其七分鞘封到京，候完扣算。其山东、河南轻赍银不先给。②

嘉靖以后，漕弊日重，运船被盗损毁、遭风沉没的越来越多，运军缺船装运，不得不雇佣民船，所费本应从脚耗和轻赍银中支取。但轻赍银的延迟、减数发放，终将拖累运军。③有鉴于此，总漕提出改革轻赍银制度。丛兰奏请朝廷轻赍银和本色一并征收，交兑完毕方许通关，"有司必以得通关之日，为始完粮期限。敢有止将正粮完足，勒逼官军出给通关者，听漕运衙门并监兑官指实参奏，照例施行。"④嘉靖时，漕粮折征数量逐渐增多，总漕刘节提出以轻赍银扣兑本色，暂时取消原来的拨盐银偿轻赍银的制度。其云："淮、徐地方灾，二仓支运粮米无所从籴，欲改行江浙等处运官，以轻赍银扣兑本色米二十万石，随船带运于二仓上纳。以原拨盐银十万两，偿轻赍之数，似亦可行，但漕船领兑各有定期，今责以带运，则搬剥、收受不无停误。既地方灾甚，宜止以盐银收贮，候下年丰收籴买。如米价仍贵，再委官计处，不得妨误兑运。诏可。"⑤以轻赍银扣兑本色米二十万石，以取代盐银，虽是灾伤之年的暂时措施，且数量不大，但这项改革后来逐渐推广开来，对于折征的制度化有相当大的积极意义。反之，折征的制度化也对轻赍银的增派以及运

---

① 万历《明会典》卷二七《会计三·脚耗轻赍》，台北：新文丰出版公司，1976 年，第 512 页上。
② 万历《明会典》卷二七《会计三·脚耗轻赍》，台北：新文丰出版公司，1976 年，第 512 页上。又《明世宗实录》卷四三谓此敕令颁行于嘉靖三年（1524）九月辛巳，其云："命漕运轻赍银两悉给运军支用，不必扣取羡余。过淮之日，总兵、都御史验封给与十分之三，以备沿途支费，其余待至湾，御史、员外等俱验给之。"《明世宗实录》卷四三"嘉靖三年九月辛巳"条，《钞本明实录》第 14 册，北京：线装书局，2005 年，第 4 页下。
③（明）杨宏，谢纯：《漕运通志》卷八《漕例·造补焚溺运船》，荀德麟点校，北京：方志出版社，2006 年，第 193 页。
④（明）杨宏，谢纯：《漕运通志》卷八《漕例·十年轻赍银两务随正粮征兑》，荀德麟点校，北京：方志出版社，2006 年，第 173 页。
⑤《明世宗实录》卷一一九"嘉靖九年十一月丁未"条，《钞本明实录》第 14 册，北京：线装书局，2005 年，第 450 页。

第四章 著述与经世：明代总漕学术思想初探

军收入的增加提供了良好的契机。嘉靖十一年（1532）十月任总漕的马卿总结说："军士免行粮之费、修船之费、盘剥之费，此军民之利也。"①

万历年间的王宗沐对轻赍银提出进一步的改革方案：

> 臣查得轻赍原系耗米，以其太多而折为轻赍，以待剥浅，固军士之物也。近年以来，始又折一分以解太仓。臣乞陛下轸念运士疲困已极，特敕户部将轻赍银数酌为三等：江南最远，每石再留与耗米三升随船，而三六者改为三三；江北直隶府州稍近，每石再留与耗米二升随船，而二六者改为二四；山东河南最近，每石再留与耗米一升随船，而一六者改为一五。减折银给军之数，而稍留本色以给其食。其扣米二升、折银一分解太仓者，悉行停罢、在朝廷为不甚费，而军士则蒙惠已多。②

这个方案实则是取消上纳太仓的轻赍银，还其本来耗米的真实面目。此外，再将每石轻赍银取出一至三升，交付运军随船使用。我们看不到内阁对王宗沐奏疏的批示，但从后来朝廷一再申明轻赍银羡余一分解准、二分给军士的漕规来看③，王氏方案应该没有被批允。

还有，准许携带土宜贩卖。运军长途跋涉，除正兑本色外，往往携带私货贩卖，仁宗时将此地下活动合法化。《明会典》云："洪熙元年，令运军除正粮外，附载自己什物，官司毋得阻当。"④《明实录》亦云："敕平江伯陈瑄曰：官军运粮，远道劳勤，寒暑暴露，昼夜不息。既有盘浅之费，而粮米耗折，所司又责陪偿，人情难堪。洪武中，有令许运粮官船内附载己物，以资

---

① （明）马卿：《赞远粮储疏》，（明）陈子龙等辑：《明经世文编》卷一七〇《漕抚奏议》，北京：中华书局，1962年，第1743页。
② （明）王宗沐：《乞优恤运士以实漕政疏》，（明）陈子龙等辑：《明经世文编》卷三四三《王敬所集一》，北京：中华书局，1962年，第3676—3677页。
③ 《明神宗实录》这方面的史料颇多，姑举一例："巡按直隶御史萧洋陈钱粮六事，一均羡余以励人心。漕规，轻赍银两作正支销外，是名羡余，一分解准，二分给军士，十三总同之。"《明神宗实录》卷三三"万历二年闰十二月己丑"条，《钞本明实录》第18册，北京：线装书局，2005年。
④ 万历《明会典》卷二七《会计三·漕规》，台北：新文丰出版公司，1976年，第516页下。

私用。今后准此,令官府无得阻当。"①以是观之,准带私货自洪武时已有之,不过其时海运所经水次有限,运军获益不大。永乐时河运大通,运军所携私货为朝廷所默许,洪熙时正式确认。

运军将土货携于河道水次贩卖,获利颇丰。沿河巡视官吏渐生觊觎之心,遂采取各种名目侵夺盘剥。漕运参将汤节曾奏请禁止:"每岁漕卒附载土物,以益路费,往往为抽分司盘诘,军甚苦之。臣请勿抽分。"②成化二十一年(1485),总漕马文升复奏此事。正德八年(1513),武宗下圣旨命户部:"说与户部,近年以来,漕运军士为因流贼生发,阻截运道,烧劫船只,好生困苦。先年有奏准事例,许令运带土宜货物,以备修船剥浅等项支费,你部要还行与漕运衙门知道。钦此,钦遵。"③然而,运河沿线大小衙门视土货为唐僧肉,绝不肯轻易体恤放过。运船但凡带点柴菜竹木等杂物经过瓜州、仪征时,衙门均要拦阻搜盘。空船返回时,又假借搜查私盐为由,每处水次拘留三五日或十数日,不交关物,不容放行。运军们私带的咸菜鱼腥之物,甚至行李衣物,也被全部搜去。德州、临清、东昌、济宁等处天寒较早,闸坝又多,运军回程年年冻阻于斯。总漕臧凤再次奏请:"乞[敕]该部再将前例申明,重复行移沿河各该衙门,今后运船所带土货等物,令其随便发卖,以助贫军剥浅守冻盘费之资,不许违例阻挡扰害。若官军乘机不将运船装粮,满载客货,妨误粮运者,事发仍照例追究,纳钞抽分。"④此类奏请照例获得批

---

① 《明仁宗实录》卷六下"洪熙元年春正月乙未"条,《钞本明实录》第3册,北京:线装书局,2005年,第566页下。
② 《明英宗实录》卷八一"正统六年秋七月甲寅"条,《钞本明实录》第5册,北京:线装书局,2005年,第432页上。
③ (明)杨宏,谢纯:《漕运通志》卷八《漕例·运军顺带土货不许官司扰害》,荀德麟点校,北京:方志出版社,2006年,第182页;(清)孙承泽:《春明梦余录》卷三七《恤军》,北京:北京古籍出版社,1992年,第560页。
④ (明)杨宏,谢纯:《漕运通志》卷八《漕例·运军顺带土货不许官司扰害》,荀德麟点校,北京:方志出版社,2006年,第182页;(清)孙承泽:《春明梦余录》卷三七《恤军》,北京:北京古籍出版社,1992年,第560—561页。

第四章 著述与经世：明代总漕学术思想初探

允，但令行禁止到几时，恐怕就不得而知了。①

朝廷对于随船所带土货数量有严苛的规定。弘治十五年（1502）提准，附带土货每船不得过十石，"若多载货物沿途贸易稽留者，听巡河御史、郎中及洪闸主事盘检入官，并治其罪"②。嘉靖三十九年（1560）提准，土货许带四十石。万历七年（1579）提准，许带六十石，多余皆没官，从此六十石的定数确定下来。沿岸的官吏严格检查运军土货："监兑粮储等官，水次先行搜检；督押司道及府佐官员，沿途稽查；经过仪真，听儹运御史盘诘；淮安、天津，听理刑主事、兵备道盘诘。六十石之外俱行入官。前途经盘官员徇情卖法，一并参治。其余衙门俱免投文盘诘。"③按，明代漕船每艘以千石为限，装载漕粮不过五六百石，而回程又为空载，因而丘濬提出，"每艘载八百石，则为造一千石舟，许其以二百石载私货。三年之后，军夫自载者，三十税一。"④这是理想化的附载土货方式，王宗沐提出批评，认为从南向北运粮，为保证漕运的正常进行，难容附载，只有空船回南，才无妨碍。王宗沐建议将六十石定额增至八十石，以示抚恤。⑤此建议并未获准。

律法中的土货不包括私盐，事实上，总漕衙门对夹带私盐的行为严厉打击，"其回空船只果有夹带私盐，听淮、扬官司依法搜盘，禁治施行。"⑥《明实录》亦云："运军惟禁夹带私盐。容其自资土货如例者，有司毋得苛征。"⑦私盐之外，粮食、木材、烈酒等也是国家禁带之物。明廷将此类禁物及超出额载

---

① 如嘉靖元年（1522）四月任总漕的俞谏再次奏请申明前例遵行，距臧凤奏请仅相隔三四年，可见禁止盘剥运军土宜的敕令，往后仅为虚文而已。（明）杨宏，谢纯：《漕运通志》卷八《漕例·申明盘诘之例》，荀德麟点校，北京：方志出版社，2006年，第207—208页。
② 万历《明会典》卷二七《会计三·漕规》，台北：新文丰出版公司，1976年，第517页上；（明）杨宏，谢纯：《漕运通志》卷八《漕例》，荀德麟点校，北京：方志出版社，2006年，第153页。
③ 万历《明会典》卷二七《会计三·漕规》，台北：新文丰出版公司，1976年，第517页下。
④ （明）丘濬：《大学衍义补》卷三四《治国用·漕挽之宜下》，北京：京华出版社，1999年，第310页。
⑤ （明）王宗沐：《乞优恤运士以实漕政疏》，（明）陈志龙等辑：《明经世文编》卷三四三《王敬所集一》，北京：中华书局，1962年，第3677页。
⑥ （明）杨宏，谢纯：《漕运通志》卷八《漕例·运军顺带土货不许官司扰害》，荀德麟点校，北京：方志出版社，2006年，第182页。
⑦ 《明武宗实录》一六八"正德十三年十一月癸亥"条，《钞本明实录》第13册，北京：线装书局，2005年，第244页下。

的货物称之为私货,私货多为客商附搭。万历七年(1579)以后,朝廷一再申明,六十石土货之外一律没官。

运军携带土货,对于运河沿岸南北市场的繁荣确有贡献,但也使明廷付出了运军纪律松弛、国税减少的代价。我们从上述朝廷一再要求大力打击走私的敕令中可以看出,漕船走私活动从未停止,不过,这不能得出漕军从走私活动中获益甚丰的结论。运军处于漕运权力结构的底层,生活贫困,没有太多的本金从事大规模的贩卖活动。真正从漕运走私中攫取高额利润的,大多是带有购买和制造任务的宦官、依附权势的大商人、漕军的上层官吏等群体。

总漕对运军的困境了然于胸,其恤军之议远不止上述保证月粮、行粮的正常发放、蠲免或填补运军积债、设轻赍银增加运军收入、准许携带土货贩卖四种,但他们无法从制度上改变运军的贫困局面。由此而导致的逃亡、犯罪事件周而复始地上演,并最终严重动摇了明代漕运的基础。[①]

第四节　明代总漕的河神观——以《重修淮渎庙碑记》与《清口灵运碑》为中心

淮渎庙,即淮神庙,淮河上下皆有。明嘉靖年间,前总漕唐龙曾应地方官之请,撰写《重修淮渎庙碑记》(图4-3)。文云:

> 重修淮渎庙碑记[②]
> 嘉议大夫都察院右副都御史前总督漕运兼巡抚凤阳等处地方,兰溪

[①] 星斌夫《明代漕運の研究》第四章第六节指出,运军的贫困化是导致其逃亡的主要原因之一;(日)星斌夫:《明代漕運の研究》,东京:日本學術振興會,1963年,第227—235页。
[②] 原碑已不可见,该拓片由胡彬先生于2010年捐献,现藏于江苏淮安市洪泽县博物馆。该碑文与光绪《盱眙县志稿》卷三《明唐龙淮渎庙碑记》文字上略有不同,下文以注释区别之。光绪《盱眙县志稿》卷三《明唐龙淮渎庙碑记》,光绪十七年(1891)刻本,第11—12页。

第四章 著述与经世：明代总漕学术思想初探

渔石唐龙撰。

洪濛既分，震荡底定，天下之水，播为四渎。所以平准五行，纲纪八淮，渗漉九野，润泽万物，胥于是乎，在夫淮其一乎。而与江与河与济厥流合源，并形区域者也。淮出于胎簪①，由桐柏导之，挟涡水而中注于泗。距泗之盱眙东北三十里，龟山隆而起，延首拽尾，丰背而踞，趼束其澜，以输之东海。不激不捍，不轶不溢，民享其利而亡其害②。是山又淮之镇也③。山有淮渎庙，不知祀者何神。经曰："禹治水，三至桐柏，获水神巫支祈，行犹猕猴，力踰九象，命庚辰扼而制之，镇于山足，淮始安。夫神岂庚辰欤抑？"公羊子曰："山川有能，润乎百里者，则秩而祭之。"淮润不啻百里，可知已无亦安诸淮水之灵哉？④或又曰："支祈之宫在是尔。"夫山妖水怪，直惟驱之而已，岂可宫耶？其诞明矣！岁月滋久，庙日以圮，水且失其故道，汎焉，汤汤焉，灌于沙，陂五十二河湖，害未已也。嘉靖己丑春，凤阳府知府曹子嘉率知州袁子淮登山之巅，以省厥薔⑤，抚然而叹曰："惟庙不称神居⑥？水之用溢，无乃神弗相与民溺？已溺，则何忍？"时予方抚莅兹土，侍御史徐子锦亦以行部至，亟以工告而，咸是之。知府、知州与盱眙知县朱鸾各捐金，以经始其役，庶民于于而集。越四十日，用告厥成。予已还朝，摄台事，知府、知州轻数千里，而以文请予。惟神以庇民，国以事神。庇民弗至，有神之羞也。事神弗虔，有官之责也。况兹水患间殚为河，民其鱼矣！乃悍然莫之省。忱乎今日之役，为民之故，以徼惠于神。庶几神之居欤，御灾捍患，罔忽厥职矣！譬若⑦婴儿有疾，其

---

① 胎簪，又名太白顶、凌云峰，为桐柏山主峰，海拔1140米。以水分界，湖北省随州市随县与河南省南阳市桐柏县各占一半，位于桐柏县城西隅，离桐柏县城约15千米；位于随县北部万和镇，距随县城约75千米。
② 光绪《盱眙县志稿》卷三为"民享其利而无其害"。
③ 光绪《盱眙县志稿》卷三为"是又淮之镇也"。
④ 光绪《盱眙县志稿》卷三为"可知已无亦安淮水之灵哉"。
⑤ "薔"，通"灾"（笔者注）。
⑥ 光绪《盱眙县志稿》卷三为"何庙不称神居"。
⑦ 光绪《盱眙县志稿》卷三为"譬之"。

母偏索鬼神而祷之，情之至也，即嫌于媚矣。恤上之不忍吾民，犹父母不忍吾子也。是故忧河之决者，乃沈其天旱者①，靡爱厮牲，率用此道尔矣！其书之也，则宜知府廉直慈惠，知州洁己爱民。其所善政②，咸溷溷然。以兴夫工，特取节云。嘉靖庚寅孟秋既望建。

图4-3 《重修淮渎庙碑记》

该碑记作者唐龙，字虞佐，浙江兰溪人，明代第38任总漕。正德三年

---

① 光绪《盱眙县志稿》卷三为"其"，当句读为"乃沈其天旱，其靡爱厮牲，率用此道尔矣"。
② 光绪《盱眙县志稿》卷三为"所布善政"。

第四章 著述与经世：明代总漕学术思想初探

（1508）进士，嘉靖七年（1528）任总漕，"奏罢淮西官马种牛，寿州正阳关榷税，通、泰二州虚田租及漕卒船料，民甚德之。"唐龙著有《群忠录》二卷、《渔石集》四卷。①

唐龙于嘉靖八年（1529）十月升右副都御史回院理事，即碑记所云"予已还朝，摄台事"。次年（即碑记载"嘉靖庚寅"）八月十六，受地方知府、知州所请，为重修落成的淮渎庙撰写了一方碑文。文章共分为四个部分，解读如下：

第一部分交代了淮河地理位置及影响。淮河与长江、黄河、济水并为四渎，"平准五行，纲纪八淮，渗漉九野，润泽万物"。到了盱眙东北三十里的龟山段淮河，则"不激不捍，不轶不溢，民享其利而亡其害"。

第二部分探索淮渎庙祭祀的水神为何方神圣。"淮河水怪"，或称"淮河水神"，是个古老的神话话题。神话是古代劳动人民在生产力低下的时候，对自然界神奇现象的解释。在我国古代，日月星辰，风雨雷电，山川树木，飞禽走兽，无一样没有神话传说。洪水猛兽是人类最可怕的灾害，因此，河神水怪的神话传说就更多了。河有河伯，湘有湘君；淮河是四渎之一，有山神水怪也是理所当然的事。传说淮河之神是无支祈，也写作"无支祁""巫之祁"等。关于无支祈的传说由来已久，有学者指出《吕氏春秋·谕大》中所说的"岐母"，就是说的无支祈。但最早明确讲无支祈的，是唐代李公佐的小说《李汤》，或题《古岳渎经》。②唐龙碑记载"经云"应该就是《古岳渎经》。现据《太平广记》卷四六七转录如下：

> 至（贞元）九年春，（李）公佐访古东吴，从太守元公锡泛洞庭，登包山，宿道者周焦君庐。入灵洞，探仙书。石穴间得古《岳渎经》第八卷，文字古奇，编次蠹毁，不能解。公佐与焦君共评读之："禹理水，三至桐

---

① 《明史》卷二〇二《唐龙传》，北京：中华书局，1974年，第5327—5328页；（清）永瑢等：《四库全书总目》卷六一《史部一七·传记类存目三》，北京：中华书局，1965年，第552页；（清）永瑢等：《四库全书总目》卷一七六《集部二九·别集类存目三》，北京：中华书局，1965年，第1572页。
② 刘怀玉：《淮河水神与〈西游记〉》，《明清小说研究》1990年第21期。

柏山，惊风走雷，石号木鸣，五伯拥川，天老肃兵，不能兴。禹怒，召集百灵，授命夔龙。桐柏千君长稽首请命。禹因囚鸿蒙氏、章商氏、兜卢氏、犁娄氏。乃获淮、涡水神，名无支祁，善应对言语，辩江淮之深浅，原隰之远近。形若猿猴，缩鼻高额，青躯白首，金目雪牙。颈伸百尺，力逾九象，搏击腾踔疾奔，轻利倏忽，闻视不可久。禹授之童律，不能制，授之乌木由，不能制；授之庚辰，能制。鸱脾桓木魅水灵，山祇石怪，奔号聚绕，以数千载。庚辰以战逐去。颈锁大索，鼻穿金铃，徙淮阴之龟山之足下，俾淮水永安流注海也。庚辰之后，皆图此形者，免淮涛风雨之难。[1]

读斯文揣雅意，以唐龙为代表的明代士人，恼恨曾纵洪为患、涂炭生灵的无支祁，尊崇代表正义、降妖除魔的庚辰，所以处处诋毁无支祁而褒扬庚辰。"巫支祁水妖也，如何能为淮神？"唐龙想否定无支祁的水神之说，但仅靠传说中的《古岳渎经》是难以服众的，因而其也不便指明庚辰为淮神。在民间传说中，庚辰是"威武出色"的上界天神，在西王母（万仙之祖）的女儿云华夫人（东方神主）身边做侍卫。洪水茫茫的尧舜时期，大禹受命"敷下土方"。为了使大禹顺利治理天下洪患，为了帮助百姓们重建家园，云华夫人派庚辰等七位天将下凡。他们神通广大，忠于职守，劈山开河，降妖捉怪，都立下了赫赫战功。在追随大禹的十三年间，庚辰先后参与搏杀防风氏，逐共工并剿除其孽臣相柳，特别是在桐柏山与无支祁的山精水怪激战中，他大展神威，降服了"千古第一奇妖"无支祁。这是庚辰殊功的顶峰，也是其被誉为淮渎神的主要因子。

值得注意的是，唐龙对淮河河神的不作为颇为不满，"水之用溢，无乃神弗相与民溺？""惟神以庇民，国以事神。庇民弗至，有神之羞也。"他把治理淮河水患的功劳赋予率领民众治水的地方官员身上，"知府廉直慈惠，知州洁己爱民。其所善政，咸沨沨然。"地方官德行高尚、善政如流才是值得大书特书的地方。

唐龙撰写碑文时已是嘉靖九年（1530），文中可以看出，淮河河神尚难以

---

[1] （宋）李昉等：《太平广记》卷四六七《水族四》，北京：中华书局，1961年。

第四章 著述与经世：明代总漕学术思想初探

定论，河神不作为引发了朝廷的不满，朝廷殷切希望看到地方吏治之清明。这是明代中期以来河神崇拜的重要特征。到了天启年间的明晚时期，明廷对漕运畅通与河患治理的愿景则完全取决于黄、淮河神的庇佑，这是带有鲜明功利性特征的"治河河神"崇拜。我们可以从《清口灵运碑记》中找到某些端倪。

清口在明清时期为黄淮襟要、漕运锁钥，因此，在清口一带原有许多与治水和漕运有关的石刻、铸造，现所剩无几，清口灵运记碑是其中保存较好、价值较高的一块。①此碑立于明代天启六年（1626），青石质，碑额联体，上为半圆形。碑高2.20米，宽1.70米，厚0.21米。正面碑文计21行，满行36字，共583字，由总督漕运提督、户部尚书苏茂相（福建晋江人）撰文并书。因年久腐蚀风化严重，碑文难辨。碑文如下（图4-4）：

清口灵运碑记（篆书）

淮安清口灵运记

赐进士出身、谏议大夫，总督漕运、提督军务、巡抚凤阳等处地方，兼理海防、户部左侍郎、兼都察院右佥都御史，今升总督仓场、户部尚书，晋江苏茂相撰并书。

苏茂相印、尚书之玺（篆刻印章两枚）

国家岁转东南数百万之粟以实天府，皆于淮安清口以达于北。清口者，黄与淮交汇之处也。黄浊淮清，必淮足抵黄流始无壅。天启丙寅春，苏茂相奉玺来董漕务。而五、六月间，南旱北霪，淮势弱，黄河挟雨骤涨，倒灌清江浦、高邮之傍岸。久之，泥沙堆淤，清口几为平陆。仅中间有一泓如线，数百人日挽不能出十艘，茂相大以为恐。或曰金龙四大王

---

① 该碑整理、发掘颇有周折。据地方老人讲，清道光年间，清口地区，清不抵黄，导致了清口淤塞，庙祠圮废，随之灵运碑湮埋于地下。民国时清口凸现。地方绅士卞小庄曾花费200两银子，对张将军庙和清口灵运碑进行挖掘，结果庙基找到了，碑未果。新中国成立以后亦有很多群众寻找过这块碑，仍未果。20世纪70年代，这块饱经风霜的石碑重现于世。后来，这块碑被当地的一位水利工作者薛鹏祥先生花费一条香烟，请了十来个人用小木车推至家里，置立在庭院中。从此，而引来了络绎不绝的专家、学者和游客前来辨别、考证和观赏。

最灵，因遣官以宗礼祷之。是夜水增一尺。翌日雨，复增二尺。雨过旋淤。茂相曰："非躬祷不可！"闰六月二十有五日，率文武将吏诣清口，祷于金龙四大王及张将军神祠。四大王，黄神也，祈逊淮勿侵；张将军，淮神也，祈俾黄勿缩也。时旱日炽，即一泓如线者，亦几绝流。群议开天妃坝，开故沙河。张郡丞元弼来言曰："神凭人言，无事欤我，还繇旧道。"众未之信。越五日为七月朔，晨气清朗，已而凉风飕飕，阴云瀚郁。不移时，大雨如注，达夕不歇。初二日，雨涨之，河流澎湃。停泊千余艘，欢呼而济淮，遂能渡黄。迨秋，粮艘尽渡无淹坏。众始知淮河神有灵，"还繇旧道"语非诬。儧漕徐梦麟侍御，驻京口，正淤，是虞凭几，河神见梦，详见侍御《清淮纪梦录》。呜呼！我皇上以圣明践祚，水府百灵莫不受职。龙飞之岁，黄河清数百里；而漳水之滨，传国玺韫泥淖中数千年者，且耀彩呈祥；矧河伯之浮漕船、济国储，乃其岁始。所司存者，受命如响，又何疑乎？方茂相祷时云："运济如期，则当为新庙貌，请加褒号。"至是运竣疏开，而命张郡丞采堪舆众书，当改其庙向而祈之云。

从祷各官姓名及诗二首刻于碑阴。

天启六年丙寅重九日。（一六二六年九月初九重阳节）

碑阴题名（篆书）

清口祷河有应志喜二首：

一

河必行千古，沙宁淤二朝。

将无淮浪弱，更值旱旸骄。

水府灵谁测，瓣香叩匪遥。

汉园□楗竹，犹自奠浆椒。

二

河灵果不欺，风马载云旗。

川涨连朝雨，信符五日期。

第四章 著述与经世：明代总漕学术思想初探

漕艘浮浩荡，国庾裕京坻。

捍患应崇祀，封章奏玉墀。

晋江苏茂相书

苏茂相印、尚书之玺（篆刻印章两枚）。

从祷各官姓名：

管仓户部主事林鸣璠，淮安府知府连耀；

山阳县知县孙肇兴，县丞孙继音、杨可栋；把总刘亭远、张云鹏；

板闸户部主事田有年、杨长春、方尚祖；

清河县知县饶若蒙，主簿翁宗志、顾乃德、汪瀚、季子宁、孙如激、曹可教、沈通明、姚文；

漕运刑部主事张时雍、张元弼；

清江工部主事刘炼，推官秦毓秀；

安东县知县刘君聘，主簿黄本中、胡宗圣；

漕储按察使朱国盛，扬州府同知郭维瀚、张中军、戚世光、赵志和、王国魁；

淮海兵备副使曹守勋，通判姜效乾；

沭阳县知县何大进，守备陈拱、许可施、郭奉云。

图 4-4 《清口灵运碑》

图 4-4 中清口灵运碑记通篇翔实地记述了明代天启年间的朝廷官员奉旨漕运的行为举措，生动地描写了清口淤塞而不能行舟的情景，纪实性地反映了朝廷官员护漕的责任和求雨的决心以及报答河神的精神行为。

碑记的开头，清楚地交代了护漕首领和碑文撰书者的身份和地位。"赐进士出身，谏议大夫总督漕运提督军务巡抚凤阳等处地方，兼理海防户部左侍郎兼都察院右检贡升都御史总督仓场户部尚书，晋江苏茂相撰并书"。苏茂相乃明代第九十六任总漕，曾两次上任，第一次在天启二年（1622）十月，未上任即免；第二次则在天启五年（1625）九月。有《临民宝镜》十六卷、《名臣类编》二卷传世。苏茂相撰写碑文时已卸任总漕，升官至南京仓场总督、户部尚书。苏茂相阉党中人，崇祯帝即位后，半年即被免职。碑文记述了奉旨护漕者与撰写者身份之高，非同一般。

碑记接下来记述了清口位置的重要性。"国家岁转东南数百万之粟以实天府，皆由淮安清口以达于北"。古淮河水自西南而来经码头镇向东北到袁集桂塘附近折而向东，循杨庄以东今废黄河古河道东流入海。古泗水自西北而来，在明代嘉靖之前，流经泗阳东南分为两条支流进入淮阴境内与古淮河交汇，北支流称大清河，南支流称小清河，两个交汇点分别被称为大清口（也叫泗口、淮口、清口，在今袁集桂塘附近）和小清口（今码头镇御坝附近）。因黄河灌泗夺淮，大清口于明代嘉靖年间（1522—1566）被淤垫成陆，小清口便取而代之成为交通要冲。随着时间的推移，大清口逐渐被人淡忘；"小清口"的"小"字也渐渐不提，于是"小清口"便被称为"清口"。[①] 当时的清口，是黄淮交汇处，南北漕运充实国家的粮食必须从这里经过，所以一旦清口淤塞不通，任何船只都难通过。古代淮阴小清口在今码头御坝附近。

碑记接着描写了清口淤塞的情况。"天启丙寅春，苏茂相奉玺来董漕务。而五六月间，南旱北霪，淮势弱，黄河挟雨骤涨，倒灌清江浦、高邮之傍岸。

[①] 葛以政：《淮阴与河湖》，http://www.hawszl.gov.cn/dfsl/wszl/yhwh/2013-11-11/426.html（2017-09-20）；葛以政：《淮阴古代名胜的绝佳之处—古泗口（大清口）》，http://www.zghy.gov.cn/art/2007/10/25/art_95_40648.html（2017-09-20）。

第四章 著述与经世：明代总漕学术思想初探

久之，泥沙堆淤，清口几为平陆。仅中间有一泓如线，数百人日挽不能出十艘"。天启六年（1626）五六月间，因淮河来水偏少，黄河雨涨挟带着泥沙，使清口淤塞，漕船无法通过。

此后叙述苏茂相等官员祈祷、求雨的场景。当时，苏茂相看到清口淤塞不能行船的情况，"大恐"，害怕漕运不能按时到达北京。在无计可施之时，他随即想到的是金龙四大王最灵验。因此，立即遣派有素质有才能的官员前往以宗礼祷之。所谓宗礼，即古代宗法制度。也是祈祷中最高的礼数。通过祈祷确有效果。"是夜水增一尺、翌日水复增二尺"。可是，"雨过旋淤"，仍不能行船。在进退维谷之时，忽有一官员进言，清口北为黄河，南为淮河。黄河由金龙四大王管，淮河属张将军管，若共同祈祷不日可济。苏茂相听后，觉得天有玄机，神有分工，因此决定"非躬祷金龙四大王和张将军神祠不可"。于是，苏茂相亲自率领文武将吏顶托圣旨，跪拜在清口的金龙四大王庙和张将军神祠前。

金龙四大王姓谢名绪，会稽人。宋亡赴水死，葬金龙山麓，行四。明太祖与元军战于吕梁，绪显灵异，涌河流遇敌舟助战。太祖嘉其忠义，敕封金龙四大王为黄河神。因此，后来在黄河沿岸建了很多金龙四大王庙，供行舟者祭拜。张将军名张顺，乃宋仁宗时民兵部将，智勇双全，一向为诸将所折服。汉水之战，他乘风破浪，直抵重围。到磨洪滩后，转战120里，后因城中断绝援助，而他披甲戴盔，手持弓箭，一直抵达浮梁。最后战死在水中，尸体顺水而下，进入泗水，至清口寻将一看正是张顺，身中四枪六箭，怒气勃勃像活着一样。后人把他看作神仙并构造坟墓敛尸埋葬，建庙宇祭祀。洪武八年（1375），敕封为张将军神祠。正德时，敕封其为通济平浪淮河神。

此为河神显灵的一段佳话。是时苏茂相率文武百官跪伏在清口河神庙前进行祈祷，骄阳似火，众人俯伏在地，大汗淋漓。一连数日，"河道仍一泓如线"，亦几绝流。这时，有人议论"欲开天妃坝，开乌沙河济运"。张元弼来说："神凭人言，无事欤我，还繇旧道。"众未之信，越五日为七月朔，晨气清朗，已而凉风飕飕，阴云渤郁。终于感动了河神，七月初一的早晨，突然阴云密布，不多时大雨如注达夕不歇。初二日，雨如之河流澎湃。这时间，停泊数十天的千余船只，欢呼而济淮，"迄秋，粮艘尽渡无淹坏者"。众人始信河神有灵，还繇旧道，语非诬赞。当年漕运官员徐孟麟侍御驻京口，正淤，是虞凭几河神见梦而行漕。与苏茂相祈祷河神而行漕有异曲同工之处。

苏茂相见祈祷成功，又见千百条船只顺流而下，文武百官无不欢呼雀跃。他心内油然产生一种无尽的快慰。苏茂相说："运济如期，则当为新庙貌，请加褒号，至是运竣疏闻，乃命张元弼采堪舆家言，改其庙向而新之。"这段碑文的记述是苏茂相祈祷应验，说明苏茂相等人的祭神心诚和知恩必报的高尚品德。

两首诗中第一首诗意思是说：通畅的河道假如能行千古，泥沙难道能淤二朝。如果不是淮水势弱，不能冲刷黄河，使清口淤塞，漕运官员又怎能在骄阳下跪拜祈祷？谁能预测到河神的灵验？唯有当事者才能辨别和知道彼此漕运的艰难和路程的遥远。自古以来在河堤缺口下打下非常健壮有力的竹桩，才能像船上的桨棹一样的顺其自然、安全稳固。

第二首诗是说：水府河神的威灵，果然不欺骗人，灵应了，就像奔跑的骏马，插着军旗像旋风一样的快速。河川之所以涨满了水，是因为漕运官员又坚持最后五天的祈祷，才使河神显灵。迎来了连续不断的大雨，使漕船浩浩荡荡地抵京。对这次捍卫漕船抵御清口淤塞的忧患，以及河神显灵的事情认真地上报朝廷，按照国家的章程和礼规建庙祭神。

碑记最后镌着从祷的39位官员姓名、职务，表明苏茂相等朝廷官员办事严谨、诚明。

黄河奔泻而下，汪洋千里。淮河声势浩大，浩渺无际。黄淮地区的人民因水患造成的剧烈伤痛从古至今一直难以泯灭。当人类还不能在自然力面前掌握自身命运时，对自然的膜拜就成为必然选择，河神崇拜的产生也是如此道理。明代在治河过程中，为了祈祷或答谢河神的佑助，大多要举行祭祀活动。这种祭祀行为往往是和黄、淮河决溢的持续时间以及某项具体治河工程的施工难度联系在一起的。也即是说，只要河水表现出强大威力，出于对河患

第四章 著述与经世：明代总漕学术思想初探

的深度恐惧和治河技术的限制，人们的内心愈加无助。故这两者间的反差愈大，人们乞灵于河神的活动也就愈为突出，因此这种和治河紧密联系的河神信仰，带有民间信仰普遍具有的强烈的功利性，和长期形成的例行的或者说纯粹礼仪性的河渎神祭祀显然有别。为了区别两者，我们称与治河相伴而生的河神信仰为"治河河神"信仰。

明廷最初只是把河神当作专司河道的神祇进行一般性祭祀。如永乐九年（1411）三月，开封一带河决，明廷决定开挖新河。为确保工程顺利，施工前遣定国公徐景昌用太牢祭祀河神。此时的河神祭祀，给人的感受是和民间从事较大活动前所做的祈祷活动没有太大区别。宣德、正统之际，河南、山西巡抚于谦的做法同样能够说明这个问题。在他的文集中存有两篇祭河神文。据此不难推想，处在普遍信奉神灵的时代，在黄河泛滥之时，除了积极应对，借助冥冥之力唤起百姓响应的做法是很常见的。此时，其祭祀河神的称谓也很朴素，直接称之为河神。[①]

牛建强认为，景泰以后，河神祭祀发生了较大变化，具体表现在给河神的加封和建祠。早在唐、宋、元时，便给予河神不同封号，而且不断升级。如唐天宝六载（747）正月初八日，玄宗在五岳既封王位的基础上将四渎升以公位，河渎被封为灵源公。康定元年（1040年），宋仁宗将四渎由公升格为王，河渎被封为显圣灵源王。元至正十一年（1351）四月初七日，顺帝下诏加封河渎神为灵源神佑弘济王，并重建河渎神庙。洪武三年（1370）六月初三日，明太祖对国家祀典做了规范，包括岳、镇、海、渎诸神的称谓。他在诏书中说："永惟为治之道，必本于礼。考诸祀典，知五岳、五镇、四海、四渎之封起自唐世，崇名美号历代有加。"在他看来，这种做法是有问题的，"夫岳、镇、海、渎，皆高山广水，自天地开辟以至于今，英灵之气萃而为神，必皆受命于上帝，幽微莫测，岂国家封号之所可加？渎礼不经，莫此为甚"。

[①] 参阅牛建强：《于谦与明宣德、正统年间的河南地方社会》，朱诚如、王天有编：《明清论丛》第7辑，北京：紫禁城出版社，2006年。

故命令"依古定制",取消前代给岳、镇、海、渎所封各种名号,"止以山水本名称其神"。这样,作为传统河神祭祀的西渎便改称"西渎大河之神"。①景泰年间加封河神为"河伯之神",而不像唐、宋那样加封公、王之号,这在事实上已背离了明太祖神灵至上、不应加封的精神,在某种程度上已突破了祖制。此时之所以敢于采取这种稍微大胆的折中做法,恐怕是出于对神灵的新的认识和理解,即可能认为加封能够取悦于神而使神灵更加主动地发挥作用。也即是说,在人们处于无奈之时,极易在心灵深处泛起这种宗教情思。从景泰二年(1451)首次给河神加封,到景泰三年(1452)六月工部尚书石璞奏请在黑洋山和沙湾为河神建祠,再到景泰六年(1455)六月左佥都御史徐有贞在沙湾奉敕建感应祠,皆表明官方在治河河神信仰上所迈出的实质性步骤。明孝宗年间,河神祭祀经历了从一般建庙到赐额建庙的变化,表明官方河神祭祀又行升格,开启了明清时期国家河神祭祀中皇帝赐额建庙的先河,明代后期和清雍正、乾隆时期对河神的赐额建庙(观)都可在此找到源头。此后,河道总理莅任或实施河工之时,皆伴有祭祀河神的活动,成为治河中一种特殊的文化景观。天启年间,总漕苏茂相请求加封河神,后被加封为"护国济运龙王通济元帅"。此时已近明亡,边疆危机,农民起义渐兴,地方动荡,运河沿岸不稳定因素增加,漕粮运输紧迫艰难,而国家财政捉襟见肘,在治河和治运上不可能有太多的投入,在这种情势下,某些偶发因素的作用更容易被视为河神庇佑的结果。这是明廷给河神的第二次加封,清楚地显示出河神人格化的特点。这虽不能代表整个明代河神信仰的形态特征,但却反映出河神信仰新的走向,即逐渐游离出明初祖制的困缚,远汲唐、宋河渎神的人格化资源,开启了治河河神人格化的进程。因而,明代河神祭祀表现为两个重要特征,一是具有鲜明的功利性。二是河神属于含有部分人

---

① 日本京都大学人文科学研究所所藏《历代碑刻文字拓本》中编号为 MIN0004X 的立于陕西华岳庙中之洪武三年(1370)六月初三日所颁诏书碑拓片。按,《明太祖实录》卷五三"洪武三年六月癸亥"条记,发布诏书时间为该年(1370)六月初六日,现存河南济源市济渎庙中之诏书碑有月无日,应以华岳庙碑拓为准。又,《明实录》中部分文字不见于华岳庙碑拓和现存原碑,应为纂修者所加,简称河渎之神。

238

格化因素的自然神形态。①此诚灼见也。

明代中期以后，对治河河神的崇拜，不应视为人们放弃了治河是主观能动性，完全把希望寄予河神身上。事实上，潘季驯治河思想此时方得以确立，明廷包括取而代之的清政府一直将其视为河工之圭臬。在面临河患严重、漕运不通的危难之际，将河神抬出，可以获得某种心灵慰藉，缓解恐惧，增强治河信心，摆脱失望和无助的消极情绪，从而有助于河工的成功施行。从本质上讲，明代河神信仰转变为治河河神的信仰，河神由民间神转变为国家神，以区别于传统的山川水岳神灵的信仰，带有鲜明的功利性以及将自然神部分转化为人格神的特征。同时，河神封号的演变和祠庙的修建也反映出明代水患频繁的历史事实。

本章小结

明代一百零三名总漕，多为进士出身，诗书诵读有年，其文章著述在明代颇有流布。清人编撰的《明史·艺文志》，尚能发现有二十六名总漕之著作呈世。岁月洗涤，菁华沉淀，如今我们仅能读到的十六名总漕著作或丛书存目，这其中，真正有关运河或漕运的也就四五种而已。总漕中不乏像邵宝、郑晓、潘季驯、张瀚、王宗沐这样的思想者，他们的诗文和经学颇值一观，在明代文学史和学术史上也有一席之地。从思想史角度来看，总漕学问旨在入世立功，尤其是在几次有关漕运的争议中，总漕之经世之论影响极大。关于漕粮折征，总漕对其地域、数量、利弊等均有深刻体会与认识，他们既支持折征开展以减轻漕运强度，又反对折征过分扩大以免动摇漕运存在基础。关于海运，总漕中的另类王宗沐大力倡言并两次试行，虽因言官攻讦受阻，

---

① 牛建强：《明代黄河下游的河道治理与河神信仰》，《史学月刊》2011 年第 9 期。另，此段文字对牛氏大作多有参考，一并谢之。

但其海运十二利的经世之论，在明代内敛沉寂的思想史上别具华彩。关于抚恤运军，总漕从解决行粮月粮亏欠、化解运军积债、增设轻赍银、允许携土宜贩卖等角度建言朝廷，力图解决运军生活困难，增加运军收入。其论虽不能彻底解决运军之困，然或有小补，并在明代经世实学中占有一席之地。从两方碑文可以看出明代总漕河神观的转变，是明代中后期以来河神信仰转向治河河神信仰的功利性思想演变。河神也由一般意义上的自然神上升为国家意志力量主导的具有部分人格的神祇。

第五章　考镜与辨源：明代总漕的个案研究

明人著书疏舛，于史事不加辨别而因袭讹传。明末之际王世贞、钱谦益之辈考辩明代史事及流传之作，多有发现①。清人以其肆意增删窜改亦诟病明著，乾嘉名家之论，于明事稍有补葺，然亦未臻于全史。今拾掇漕运人事，略订正一二。

第一节　王竑捶奸事迹考

王竑，字公度，号戆庵、休庵。祖籍湖北江夏。其祖父王俊卿，坐事戍河州卫（今甘肃临夏），遂著籍。王竑于正统四年（1439）登进士，正统十一年（1446）授户科给事中，景泰元年（1450）任总漕，乃明代总漕文官体制化第一人。正统十四年（1449）土木堡兵败后，王竑于午门挺身而出，振臂一呼，率众击杀王振党羽马顺，此可谓王竑一生最富传奇色彩之事。《明史》王竑传云：

---

① （明）王世贞：《史乘考误》十一卷，《弇山堂别集》卷二〇至三一，北京：中华书局，1985年，第361—545页；（清）钱谦益：《太祖实录辨证》五卷，《初学集》卷一〇一至一〇五，上海：上海古籍出版社，2009年，第2098—2153页。

英宗北狩，郕王摄朝午门，群臣劾王振误国罪。读弹文未起，王使出待命。众皆伏地哭，请族振。锦衣指挥马顺者，振党也，厉声叱言者去。竑愤怒，奋臂起，捽顺发呼曰："若曹奸党，罪当诛，今尚敢尔！"且骂且啮其面，众共击之，立毙。朝班大乱。王恐，遽起入，竑率群臣随王后。王使中官金英问所欲言，曰："内官毛贵、王长随亦振党，请置诸法。"王命出二人。众又捶杀之，血渍廷陛。①

此段描述栩栩如生，王竑忠义之气，激于纸上。其实关于这段公案，第一手的权威著述莫过于《明英宗实录》和丘濬《明故进阶荣禄大夫兵部尚书致仕王公神道碑铭》（以下称《神道碑铭》）。《明英宗实录》载：

王御午门左门，都察院右都御史陈镒合诸大臣廷启曰："尝谓擅政专权者，尚难逃于显戮；陷君误国者，当速寘于严刑。论十恶莫加其罪，虽万死犹有余辜，天地不容，神人共怒。切照司礼监太监王振，本自刑余，幸居内侍，素无学问之益，岂有经纶之才……宗社复安，端在于此。不然无以警戒将来，人皆解体矣！"六科、十三道亦有言。王曰："汝等所言皆是，朝廷自有处置。"言甫毕，百官皆趋进跪，恸哭不起，扬言曰："圣驾被留皆振所致，殿下若不速断何以安慰人心？"锦衣卫指挥马顺唱逐百官，给事中王竑奋臂捽顺发，啮其肉，曰："顺倚振肆强，今犹若此，诚奸党也！"百官争捶死顺，且请籍振家。王准言。众犹哭未退，守卫士卒亦泣下。王起入，令太监金英问所欲，言咸曰内官毛贵、王长随亦振党，请寘诸法。遂于门隙中出二人，又捶死之。寻执王山至，众相戒勿捶死，使伏法。遂缚山赴都市凌迟处死。王令谕曰："国家多难，皆因奸邪专权所致。今已悉准所言，置诸极刑，籍没其家，以谢天人之怒，以慰社稷之灵。尔文武群臣，务须各尽乃职，以辅国家，以济时艰。"百官乃拜而退，曳弃顺等尸于道，军民犹争击不已。百官请籍顺及毛贵王

---

① 《明史》卷一七七《王竑传》，北京：中华书局，1974年，第4706页。

第五章 考镜与辨源：明代总漕的个案研究

长随家，王令免籍。①

丘濬《神道碑铭》载：

> 景皇帝以亲王介弟，监国御午门左门。六部并科道官交章劾王振误国之罪。帝曰："卿等言是，朝廷自有处置。"言甫毕，百官皆趋进跪，恸哭不起。竑言曰："圣驾留北庭，皆振专权擅政所致。若不速断，何以安慰人心？"锦衣卫指挥马顺喝逐百官。公奋臂捽顺发，啮其面，曰："顺乎昔倚振为恶，祸延生灵，今日至此，尚不知警，真奸党也！律有奸党之条，罪在不赦。"百官闻公言，争以手足捶死顺。众犹哭未退，帝起入宫，令太监金英问所欲，言咸曰内官王、毛二人者，皆振党，请寘诸法。遂从门隙出二人，众又捶死之。百官乃再拜而退。②

《明英宗实录》于天顺八年（1464）九月始修，至成化三年（1467）八月撰成，前后整整花了三年时间。其监修孙继宗，总裁陈文、彭时、副总裁吴节等人均是午门溃血事变的亲历者，应该说其文可信度甚高。丘濬与王竑一生相从甚密。景泰五年（1454）王竑巡抚河南之时，丘濬就曾作《送王都宪巡抚河南诗序》。丘濬登第后还是王竑长子王经的塾师。在王竑一生的政治沉浮中，丘濬始终与之保持紧密联系。在为王竑所写的像赞、祭文及神道碑铭中，丘濬亦表达出深深的崇敬之情。③笔者不厌其烦地引述这两大段文字，其缘由在于它们乃《明史》王竑传的底本。细细品读，不难发现这三者仍有细微差别，表现如下：

其一，《明实录》与《神道碑铭》皆言"言甫毕，百官皆趋进跪"，表明弹劾之文已读完。而《明史》则改为"读弹文未起"，给读者感觉似乎弹劾之

---

① 《明英宗实录》卷一八一"正统十四年八月庚午"条，《钞本明实录》第6册，北京：线装书局，2005年版，第318页。
② （明）丘濬：《重修琼台稿》卷二四《明故进阶荣禄大夫兵部尚书致仕王公神道碑铭》，《四库全书·集部·别集类》第1248册，上海：上海古籍出版社，1987年，第497—498页。
③ 关于王竑与丘濬的交往，朱鸿林先生有非常精深的研究。可参考：Hung-lam Chu.Ch'iu Chun's *Ta-hsueh yen-i pu* and Its Influence in the Sixteenth and Seventeenth Centuries. *Ming Studies*, Vol.1986, Issue 1, 1986, pp.1-32.

奏章并未言尽，这可与《明史·于谦传》相印证，"郕王方摄朝，廷臣请族诛王振。奏未竟，而振党马顺者，辄叱言官。"①《明史》为何做此改动？笔者百思不得其解，直至一日翻阅赵翼《陔余丛考》才恍然大悟。"此皆御前读奏之故事也。按《明史·魏元传》："故事，谏官弹章，非大廷宣读则封进，未有不读而面呈者。成化中，给事中董旻等劾商辂，疏径呈御前，帝怒其不循旧制，叱之。盖明制，面奏未有不读，不得面则封进耳！然天顺中杨瑄、周斌等劾石亨、曹吉祥，帝大怒，掷弹章，俾自读。斌且读且对，神色自若。此又似面奏即进疏，不须读者。盖其疏先封进，及帝怒召斌等诘问，又令自读耳。"②都察院御史当面读弹劾之文，乃明廷典制。马顺"厉声叱言者"，本已犯众怒，又打断朝廷弹劾之程序，其罪在不赦，似无可免。这里看似无关紧要的添语，却改变了事变的性质，增加了马顺的罪恶，降低了群臣失仪的负疚感。很显然，此添语定是熟悉朝廷礼制的文章高手所加，那么，又系何人所加？笔者搜罗多方，发现应以王世贞大作为最早。《弇州史料》前集《于谦传》云："王御左门，时中贵人振虽已殒厥，中外恨而欲食其肉。于是九卿、台谏廷劾振罪，请用反法于其家。奏未竟。而锦衣指挥马顺者，振党也，妄传王旨叱众退。"③王氏之语可为百官在道德与正义感上添分，然而从史源学而言却是不合时宜的。

其二，王竑言之切，行之勇，尤为引人注目，但群书记载略有不同。《明英宗实录》："奋臂捽顺发，啮其肉，曰：'顺倚振肆强，今犹若此，诚奸党也！'"《神道碑铭》："奋臂捽顺发，啮其面，曰：'顺乎昔倚振为恶，祸延生灵，今日至此，尚不知警，真奸党也！律有奸党之条，罪在不赦。'"《名山藏》卷十二《典谟记》："给事中王竑起，直前捽顺发，啮其肉，曰：'尔昔倚王振奸横，今尚敢尔！'群起击之，或就脱顺靴击出，顺眼洒血于廷，顺遂死。"④《弇州

---

① 《明史》卷一七〇《于谦传》，北京：中华书局，1974年，第4544页。
② （清）赵翼：《陔余丛考》卷二九，上海：商务印书馆，1957年，第602页。
③ （明）王世贞：《弇州史料》前集卷二五，（清）永瑢等：《四库存目全书·史部》第112册，北京：中华书局，1965年，第625页下。
④ （明）何乔远：《名山藏》卷一二《典谟记·英宗二》，福州：福建人民出版社，2010年，第332页。

第五章　考镜与辨源：明代总漕的个案研究

史料》前集卷二十五："给事中王竑起，直前擒顺，曰：'此正所谓翼虎者，今日犹敢尔。'众争捶之，立死。"①此外，《国朝献征录》卷三十八《兵部一》、《国榷》卷二十七、《通鉴纲目三编》卷十、《石匮书》卷七《景帝纪》、《明通鉴》卷二十四、《罪惟录》列传卷二十九《王振传》、《明史纪事本末》卷三十三也有类似记述。对照《明史》王竑本传，这些叙述更为详尽具体。如王竑奋臂而呼时，还有刑科给事中曹凯与之呼应②；为渲染气氛，群书多指马顺为误国奸臣王振党羽、翼虎，倚仗王振权势为非作恶，而不提马顺自身罪行；马顺直接死因应为被靴击中眼部，并非毙于群臣乱拳之下。

其三，《明史·王竑传》为突出传主忠义英勇之形象，略去了景泰帝事后安抚谕旨及群臣善后事宜。其时群情汹汹，郕王朱祁钰被迫抛出王振的另外两个宦官党羽毛贵、王长随，并于事后磔死王振侄儿王山，抄斩王振全家。然而，群臣对此逼宫举动也恐惧不安，如何缓解这种紧张气氛？兵部侍郎于谦站出来，"排众直前掖王止，且启王宣谕曰：'顺等罪当死，勿论。'众乃定。谦袍袖为之尽裂。退出左掖门，吏部尚书王直执谦手叹曰：'国家正赖公耳，今日虽百王直何能为！'"③当是时，朝廷上下都倚重于谦，于谦亦慨然以社稷安危为己任。一场群臣逼宫闹剧最终平静收场，并演化为日后群策群力保卫北京的凝聚力，这其中，于谦居功至伟。

无论如何，群臣齐喑之时，王竑振臂一呼，率众击杀马顺之事，实为王振专权以来文臣一大壮举。黄景昉在《国史唯疑》中评价道："痛快甚，堪为刘球吐气""所为摄险邪，壮威势者多矣。李梦阳诗曰：'王竑犯阙虽愚戆，舍命临危亦丈夫。诵犹魄动'。"④王竑正色敢言，一时名噪天下，也给景帝留下深刻印象。日后王竑能以文官首次总督漕政，巡抚四府三州，以致官升兵

---

① （明）王世贞：《弇州史料》前集卷二五，（清）永瑢等：《四库存目全书·史部》第 112 册，北京：中华书局，1965 年，第 625 页下。
② 《明史》卷一六四《曹凯传》，北京：中华书局，1974 年，第 4454 页云："凯痛哭竟日，声彻禁庭，与王竑共击马顺至死。"可与王竑传相印证。
③ 《明史》卷一七〇《于谦传》，北京：中华书局，1974 年，第 4544 页。
④ （明）黄景昉：《国史唯疑》卷三，上海：上海古籍出版社，2002 年，第 70 页。

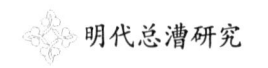

部尚书，均与此次事件关联甚大。

第二节　支运法创设考

明代河运兴起后，运法凡三变："初支运，次兑运、支运相参，至支运悉变为长运而制定。"有关支运法创设，群书记载不一。《明史》云：

> （宋）礼以海船大者千石，工瘅辄败，乃造浅船五百艘，运淮、扬、徐、兖粮百万，以当海运之数。平江伯陈瑄继之，颇增至三千余艘。时淮、徐、临清、德州各有仓。江西、湖广、浙江民运粮至淮安仓，分遣官军就近挽运。自淮至徐以浙直军，自徐至德以京卫军，自德至通以山东、河南军。以次递运，岁凡四次，可三百万余石，名曰支运。支运之法，支者，不必出当年之民纳；纳者，不必供当年之军支。通数年以为衰益，期不失常额而止。①

此说道明支运法开创之初的情形，漕粮民运至水次仓后，官军在淮安、徐州、临清、德州等水次分段接力，一岁四次，可达三百余万石。其论与《会典》所载大为不同：

> 十二年，令湖广造浅船二千只。岁于淮安仓支粮，运赴北京。其旧纳太仓粮，悉改纳淮安仓收贮。又令北京、山东、山西、河南、中都、直隶徐州等卫，俱选官军运粮。（此漕运之始）十三年，浚复会通河，奏罢海运。令浙江嘉、湖、杭、与直隶苏、松、常、镇等府秋粮，除存留并起运南京及供给内府等项外，其余尽拨运赴淮安仓。扬州、凤阳、淮安三府秋粮内，每岁定拨六十万石；徐州并山东兖州府秋粮内，每岁定

---

① 《明史》卷七九《食货三·漕运》，北京：中华书局，1974年，第1916页。

第五章 考镜与辨源：明代总漕的个案研究

拨三十万石，俱运赴济宁仓。以浅河船三千只支淮安粮运至济宁。二千只支济宁粮，运赴通州仓。每岁通运四次。其天津并通州等卫官军、于通州接运至北京。①

王圻《续文献通考》卷三七《国用考·漕运上》所载与之大致相同，仅多"河南、山东税粮，令民运至临清仓交收"一句。《明会典》对《明史》所载做出了进一步详细的说明：永乐十二年（1414）始造不同于海运大船的浅船，令湖广等地漕粮民运至淮安仓收储，再由北京、山东、山西、河南、中都、徐州等卫官军军运。按，此时清江浦尚未开通，故有是命。《明会典》认为，内河漕运始于斯。考会通河开凿于永乐九年（1411）二月，竣工于永乐九年（1411）六月。永乐九年（1411）八月，宋礼等一百六十余名有功人员赴京受赏。②因而，《明史·宋礼传》云：（会通河）"二十旬而工成"③。次年，宋礼上奏云："海运粮储，每年五月太仓开洋，直沽下卸，待秋回京。船只中多被损坏，亦有漂失不见下落者，俱用修理补造。……计其所费物料、人工又难细举。"④此便是《明史》"礼以海船大者千石，工窳辄败"之论。宋礼又云："且如造千料海船一只，须用百人驾驶，止运得米一千石。若将用过人工、物料细细估计，价钞可办二百料河船二十只，每只用军二十名，运粮四千石。以此较之，从便则可。"宋礼比较海运与河运，河运用工节省且经济安全，于是建议将镇江、凤阳、淮安、扬州四府岁征粮米定拨七十万石赴徐州交纳；徐州并兖州府粮米三十万石赴济宁交纳。差拨近河徐州等卫旗军一万名，各委指挥、千百户管领。工部拨与二百料浅船五百只，一如卫河事例，强前项仓粮从会通河攒运，供给北京。每三年海运二次，使造船者无逼迫之

---

① 万历《明会典》卷二七《会计三·漕运》，台北：新文丰出版公司，1976年，第500页上。
② 《明太宗实录》卷一一八"永乐九年八月庚戌"条，《钞本明实录》第3册，北京：线装书局，2005年，第226页下。
③ 《明史》卷一五三《宋礼传》，北京：中华书局，1974年，第4204页。
④ 宋礼：《始议从会通河攒运北京粮储》，（明）王琼撰，姚汉源、谭徐明校注：《漕河图志》卷四，北京：水利电力出版社，1990年，第177—178页。本节下文未注者，皆出自此文。

患，驾船者获坚久之利。以两河并海运计之，三年可得八百余万。十年之间国有足食之备，民无繁扰之忧。

宋礼主张海运与河运并行，河运中镇江、凤阳、淮安、扬州四府岁征粮米赴徐州交纳，徐州并兖州府粮米赴济宁交纳，然后由运军沿会通河北上。值得注意的是，无论是"工部拨与二百料船五百只"，还是"每三年海运两次……三年可得八百余万"，均为宋礼想象中的蓝图。此议户部会同其他衙门计议未果，并未付诸实际，因而《明史》所谓"礼以海船大者千石，工窳辄败，乃造浅船五百艘，运淮、扬、徐、兖粮百万，以当海运之数"，不能当真。永乐十二年（1414）闰九月，行在户部奏云：

> 今奉前因，查得会通河现运粮止有浅河船一千三百只，每次可运粮二十万石，于徐州并济宁两处支粮，运赴北京在城仓，一岁可运三次，共该粮六十余万石，比之海运粮数不及。若添造二百料船，共凑三千只，专于淮安仓运粮，运至济宁交收。却将二千只于济宁仓支粮，运至北京。一次改运四十万石，来回约用五十日。自二月起至十月河冻止，可运四次，可得粮一百六十万石，比与海运数多，又无风险，诚为快便。①

户部的奏报可谓对宋礼从会通河攒运建议的回复，并进一步明确淮安、济宁两大水次仓作为里河攒运的中转站地位。然其时已是深秋，船只尚未造办，且淮安、济宁两仓粮米不多。于是，户部提议：

> 将浙江布政司嘉、湖、杭三府，与直隶苏、松、常、镇等府永乐十二年秋粮，除原存本处备用及起运赴京并供给内府等项之数，照旧不动外，将余剩并原坐太仓该收海运粮米，尽数改赴淮安交收。及将扬州、凤阳、淮安三府秋粮内，每岁定拨六十万石，徐州并山东兖州府秋粮内，每岁定拨三十万石，俱运赴济宁交收。工部差官催造船只完备，自永乐

---

① （明）王琼撰，姚汉源、谭徐明校注：《漕河图志》卷四《始罢海运从会通河攒运》，北京：水利电力出版社，1990年，第178—180页。

第五章 考镜与辨源：明代总漕的个案研究

十三年为始，依拟于里河转运，却将海运停止。所据退下海运官军，俱令于里河里驾船运粮。①

成祖批允，下户部执行。户部此疏后来被《明会典》抄录后略作改动，便形成了上述文字。由此，不难看出，《明会典》最大的错误就是将永乐十二年（1414）闰九月的建议疏，当作明代内河漕运正式开始的命令疏。户部云："若添造二百料船，共凑三千只，专于淮安仓运粮，运至济宁交收。却将二千只于济宁仓支粮，运至北京"，这是假设有三千只船运淮安仓粮，二千只船运济宁仓粮，并非已真正备有。彼时已是闰九月，只有一千三百只，依当时的生产力条件和物料准备，至明年二月漕运开船之际，朝廷无论如何也凑不出五千只船出来。《明史》之谓："颇增至三千余艘"，《明会典》《续文献通考》之谓："以浅河船三千只支淮安粮运至济宁。二千只支济宁粮，运赴通州仓"不妥。且《明会典》云："十三年，浚复会通河，奏罢海运"也极不准确，会通河浚通于永乐九年（1411），奏罢海运是在永乐十二年（1414）。

另外，内河漕运最大的先决条件——水次仓，明代在永乐十三年（1415）之前并未全备。明代仓储之设，始于洪武初年。"明初，京卫有军储仓。洪武三年，增至二十所，且建临濠、临清二仓，以供转运。"临清仓最初作为军储仓于洪武三年（1370）设立。"迨会通河成，始设仓于徐州、淮安、德州，而临清因洪武之旧，并天津仓凡五，谓之水次仓，以资转运。"则徐州、淮安、德州仓设于永乐九年（1411）后。梁材云："永乐十三年，设立常盈、广运二仓，收受浙江等布政司、直隶苏松等府民运粮米近百万石。常盈仓于淮安府，设经历一员、仓大使一员、副使二员；广运仓于徐州，设判官一员、仓大使一员、副使四员，专一管理。"②梁材，字大用，南京金吾右卫人。弘治十二

---

① （明）王琼撰，姚汉源、谭徐明校注：《漕河图志》卷四《始罢海运从会通河攒运》，北京：水利电力出版社，1990年，第178—180页。
② （明）梁材：《革徐淮二仓内臣疏》，（明）陈子龙等辑：《明经世文编》卷一〇四《梁端肃公奏议三》，北京：中华书局，1962年，第932页。

年（1499）进士，嘉靖年间任户部尚书①，对明代仓储典故自然非常熟稔，其云淮安常盈仓、徐州广运仓设于永乐十三年（1415）当为确论。又康熙《德州志》云："广积仓。明永乐九年，会通河成，十三年，于陵州仓故址建广积仓，即德州水次仓，以备淮、徐、临、德起运南粮赴通。运军递换，赞住于此。"②临清城位于会通河之北，有卫河自西来会，至天津直沽入海，为北运河。淮安乃黄、淮、运河交汇之处。徐州东南有泗水经过，黄河经萧县流入。德州西有卫河，东南有故笃马河，俗名土河。天津由山东而达者为北河，其达于通州仓张家湾为通济河。此五大水次均为运河沿线河道交汇之处，水运极为便利，故于此设仓储，以备漕运。可见，淮安、徐州、临清、德州诸仓大规模的改建是在永乐十三年（1415），那么，永乐十三年（1415）之前的大规模水次转运，是不存在的。

综上所论，永乐十三年（1415）河运肇始，制度未为详备。其运河水次仓仅设淮安、济宁两处，粮米仓储不足，运艘亦有限。《明史》所谓"礼以海船大者千石，工窳辄败，乃造浅船五百艘，运淮、扬、徐、兖粮百万，以当海运之数"之说，与永乐十三年（1415）运军即于淮安、徐州、临清、德州、天津五大水次分段接力，攒运抵京、通二仓之说均不能成立。《明会典》所谓漕运始于永乐十二年（1414）之说错将建议当作命令，亦不准确。

第三节　陈瑄家族事迹考

陈瑄，字彦纯，今安徽合肥人。关于陈瑄的先人，《明史》中只记载了他的父亲陈闻，"以义兵千户归太祖，累官都指挥同知"③。陈瑄的后人传记

---

① 《明史》卷一九四《梁材传》，北京：中华书局，1974年，第5149页。
② 康熙《德州志》卷五《建置仓库》，清康熙十二年（1673）刻本。
③ 《明史》卷一五三《陈瑄传》，北京：中华书局，1974年，第4206页。

第五章 考镜与辨源：明代总漕的个案研究

也只有孙陈豫、重孙陈锐、五世孙陈熊、六世孙陈圭、七世孙陈王谟的记载[1]，且大都寥寥数语，惜字如金，不能看出陈瑄家族的全貌。

2003年夏，南京市江宁区博物馆于南京江宁区秣陵党家村旁的静龙山出土了一批文物，其中墓志共有四块，除了一块基本完整外，另三块都有不同程度的残损。

四方墓志中，一号墓（编号为M1）志文完好无缺。今录如下：

大明故平江伯陈公墓志铭

中宪大夫詹事府少詹事兼翰林侍讲学士国史总裁兼经筵官太原王英撰

儒林郎大理寺左寺副华亭张黻书丹并篆盖

正统元年八月丁丑，平江伯陈公卒。讣闻，上辍视朝。□日遣官赐祭，命有司治丧事，公之弟仪述公事。行请铭，以卒之年十二月庚申日葬公于应天府大山之原。按状，公讳佐，字叔辅，世居庐之合肥。曾大父讳宗政，大父讳闻，父讳瑄，奉天翊卫推诚宣力武臣、特进荣禄大夫、柱国、平江伯赠平江侯，谥恭襄。母夫人汤氏。公端重颖敏，酷好书史。从师授学，不专于记诵，必探究义理，往往发为文词。至于韬略之书及古将帅传记，皆博览不遗。永乐初以功臣子弟练武京师，扈从北征沙漠，而恭襄则出镇淮南，总漕运之师。已而公自京往淮，侍恭襄，朝夕承教训，惟谨。凡有政务当裁决者，恭襄辄以试公，公剖析皆善。江淮将士暨南北士大夫往来者皆知公之贤。大父年逾八十，丧明，公奉之弥谨。恭襄晚有足疾，公扶侍未尝离侧。及疾笃，吁天请以身代。恭襄没，公袭伯爵，承命往顺天诸府理马政。初，武臣往者暴，刻取民财。公往，携二童，乘一马，饮食亦皆自给，道路为之称颂。上以即位改元，择廷臣分祀百神，公往武当。过淮，故部曲皆迎拜，恨不得公之镇淮也。公

---

[1]《明史》卷一五三《陈瑄传》，北京：中华书局，1974年，第4207页。

自恭襄没，哀毁得疾，至是竟不起。生洪武丙寅十二月初六日，娶马氏，封夫人。子二人：豫、祐。孙男一人：陈镐。公谨直廉正，而敦于孝行，处诸弟和。诸弟中，仪有才学勇智，授官为勋卫，善事其兄。一门之内，蔼然雍肃。虽本于恭襄之训，亦公之善继其志如是也。惜未享其年，茂建功伐。然论公平生，可无愧怍。墓宜有铭，以示永久。

　　铭曰："伟哉陈公，恭襄之子。笃于孝友，诵习书史。嗣有名爵，克绍元志。宣力效劳，方大其施。年止于斯，孰不增喟！大山之阳，佳城峙峙。刻兹铭词，垂耀永世。"

根据上述墓志材料，可知墓主人名叫陈佐，字叔辅，为陈瑄的长子，陈瑄卒后曾袭封平江伯。陈佐娶马氏，生有二子，其中长子陈豫，《明史》中有载。陈瑄的祖父陈宗政，父陈闻。陈佐本人雅好读书，"端重颖敏，酷好书史。从师授学，不专于记诵，必探究义理，往往发为文辞。至于韬略之书及古将帅传记，皆博览不遗。"后来以功臣袭爵，"扈从北征沙漠"。陈瑄总督漕运于淮安，陈佐多有赞襄，"凡有政务当裁决者，恭襄辄以试公，公剖析皆善。"陈佐为人孝悌，深受时人赞许。"大父年逾八十，丧明，公奉之弥谨。恭襄晚有足疾，公扶侍未尝离侧。及疾笃，吁天请以身代。""敦于孝行，处诸弟和"。陈瑄过世后，陈佐"哀毁得疾，至是竟不起"，于正统元年（1436）去世。

二号墓（编号为M2）的墓志破损严重，残存的篆书为"明故处士陈公□□铭"。拼合后只能得其大部，志文略云：

　　……学士奉议大夫兼……国史晋陵王亻與撰……刑部观政东鄞金泽书…印史四明……

　　……陈氏□先庐州合肥人，高祖三省，曾祖重□□闻，皆……赠平江伯，妣皆赠夫人。恭襄讳瑄，洪武中……中军都督府事。永乐□元际遇……首进伯爵。久之督……淮，劳绩茂著，于今，阅五十祀，史几……

第五章　考镜与辨源：明代总漕的个案研究

知有恭襄名，犹得以享其遗利，此其为列，岂□人之……袭父爵□俨、次仪，事……其次，□公自幼歧□不凡，稍长□□学……即世顾无□□於……赀用日底于……购得之□□□顷岁入□□□以赡族人。而又推……赖……者，生无以为养，死无以为殓者□赖焉。盖公素闵人之穷……知以义自将也。景泰间，从子平江侯豫留守南京，操己殊廉……禄不足以奉祭享，待宾客。时出帑中金……又不足，则以田在……岁所输租挈用，是人多颂公，谓不徒能□□□将而又能……子也。恭襄卒，葬江宁县太南乡之原，其垄地故隘……里，买田千亩以供祀。山之南，旧有佛庐名大山者，久废……复之，集僧徒为守垄之备。晚年于所居左偏结楼，名□香……焉，而于纷华侈靡之事泊如也。公娶唐氏，高邮卫指挥某之……一复锦衣卫指挥，先公一年卒。公素所钟爱，而痛其不克永年……成化二年三月己未，寿七十有二，以弟侃之子巽后□是巽具……请铭，将以是年八月辛酉葬公先茔之次。

铭曰："才堪用也而敛之，……赀拟封君而散之，义足以周族，此尽乎人者，固亦众所同，而全乎……之所独也。吁嗟陈公，令终有俶，咨尔后人，以嗣芳躅。"

从上述 M2 的墓志材料看，墓主亦为陈瑄之子，因其一生未仕，也没有袭封平江伯的爵位，故称处士；其妻唐氏也只能称淑人而不能称夫人。因志文有缺，未知其名。恰三号墓（编号为 M3）墓主即其妻唐氏，由志文可知，陈处士为陈瑄第四子，号鞠庄。又可知，有"高祖三省，曾祖重□□闻"的记载，记载了鞠庄的高祖，亦即陈瑄的曾祖，名叫三省，这样陈瑄世系又向上推了一代。[①]

综合上述得知：陈瑄家族"世居庐之合肥"。在陈瑄儿子陈佐墓志中，有"曾大父讳宗政，大父讳闻，父讳瑄"的记载，世系记载到陈瑄的祖父陈

---

① 杨李兵：《江宁区博物馆藏陈瑄家族墓志考》，《东南文化》2010 年第 2 期，第 65—67 页。

宗政。陈佐子二人：豫、祐。后来陈豫继承了平江伯的爵位。孙男一人：陈镐。在陈鞠庄的墓志中，有"高祖三省，曾祖重□□闻"的记载，记载了鞠庄的高祖，亦即陈瑄的曾祖，名叫三省，这样世系又向上推了一代。至于陈瑄父亲陈闻的事迹，《明史》中称他"坐事戍辽阳"，幸亏陈瑄伏阙请代，最终父子皆得幸免。在陈佐的墓志材料中，有"大父年逾八十，丧明，公奉之弥谨"的记载，可见陈闻以八十多岁的高龄善终。

陈瑄的孙子及重孙陈豫、陈锐皆以功臣子孙继承了平江伯的爵位。"孙豫，字立卿，读书修谨。正统末，福建沙县贼起，以副总兵从宁阳侯陈懋分道讨平之，进封侯。也先入犯，出镇临清，建城堡，练兵抚民，安静不扰。明年召还，父老诣阙请留。从之。景泰五年，山东饥，奉诏振恤。寻守备南京。天顺元年召还，益岁禄百石。七年卒。赠黟国公，谥庄敏。"

（陈豫）子锐嗣伯。成化初，分典三千营及团营。寻佩平蛮将军印，总制两广。移镇淮阳，总督漕运。建淮河口石闸及济宁分水南北二闸。筑堤疏泉，修举废坠。总漕十四年，章数十上。日本贡使买民男女数人以归，道淮安。锐留不遣，赎还其家。淮、扬饥疫，煮糜施药，多所存济。弘治六年，河决张秋，奉敕塞治。还，增禄二百石，累加太傅兼太子太傅。十三年，火筛寇大同，锐以总兵官佩将军印往援。既至，拥兵自守，为给事中御史所劾，夺禄闲住。其年卒。[1]

陈锐督漕淮安，颇有政声。曾于弘治七年（1494）偕同内官监太监李兴、右副都御史刘大夏谕祭恭襄侯陈瑄，其碑文高六尺，宽二尺二寸，楷书八行，每行行二十二字。其碑文略云："维弘治七年岁次甲寅十一月丙子朔，越日甲辰。皇帝遣内官监太监李兴、太子太保平江伯陈锐、右副都御史刘大夏，以香币牲礼谕祭于平江恭襄侯。陈锐曰：'比者黄河不循故道，绝于张秋，东注于海。既毁民田，又妨运道。特遣内外文武大臣循行溃决之处，督工修筑。

---

[1]《明史》卷一五三《陈瑄传》，北京：中华书局，1974年，第4207页。

第五章　考镜与辨源：明代总漕的个案研究

尔其默相用称厥功，使农不失业，国计不亏'。兹特谕。祭尚其歆成。"①

此碑文再次降调了陈瑄治河之功绩，"使农不失业，国计不亏"。特别注意的是，陈锐作为平江恭襄侯的后人，恭读孝宗谕旨，一方面可以看出陈锐家世显赫，在朝中颇有威信；另一方面也透露出陈瑄尽管逝去多年，但其地位丝毫未降，仍然是朝中治水通漕大臣的偶像级人物。

陈锐子陈熊，嗣爵平江伯。"正德三年出督漕运。刘瑾索金钱，熊不应，衔之。坐事，逮下诏狱，谪戍海南卫，夺诰券。熊故黩货，在淮南颇殃民。虽为瑾构陷，人无惜之者。瑾诛，赦还复爵。"

陈熊无子，死后从子陈圭嗣爵。

> 以荐出镇两广。封川寇起，圭督诸将往讨，擒其魁，俘斩数千，加太子太保。复平柳庆及贺连山贼，加太保，荫一子。安南范子仪等寇钦、廉，黎岐贼寇琼崖，相犄角。圭移文安南，晓以利害，使缚子仪，而急出兵攻黎岐，败走之。论功，复荫一子，加岁禄四十石。圭能与士卒同甘苦，闻贼所在，辄擐甲先登。深箐绝壑，冲冒瘴毒，无所避，以故所向克捷。在粤且十年，歼诸小贼不可胜数。召还，掌后军府。圭妻仇氏，咸宁侯鸾女弟也。圭深嫉鸾，鸾数短圭于世宗，几得罪。鸾败，帝益重圭，命总京营兵。寇入紫荆关，圭请出战，营于卢沟，寇退而止。明年，寇复入古北口，或议列营九门为备，圭以徒示弱无益，寇亦寻退。董筑京师外城，加太子太傅。卒，赠太傅，谥武襄。

陈圭子陈王谟嗣爵。"金书后军，出镇两广。贼张琏反，屠掠数郡。王谟会提督张臬讨平之，擒斩三万余。论功加太子太保，荫一子。万历中出镇淮安，总漕运，入掌前军府事。卒，赠少保，谥武靖。传至明亡，爵绝。"②

---

① 此碑原藏在清江浦区陈潘二公祠，现移在江苏淮安市苏皖边区政府旧址内。碑已残损。淮安市淮阴区政协文史资料委员会编：《淮阴金石录》，香港：香港天马出版有限公司，2004年，第101页收录其拓文。
② 《明史》卷一五三《陈瑄传》，北京：中华书局，1974年，第4207页。

综上所述，我们可以得知陈瑄家族的大致世系：（曾祖）陈三省——（祖）陈宗政——（父）陈闻——陈瑄——（子）陈佐（嗣爵）——（孙）陈豫——（四世孙）陈锐（嗣爵）——（五世孙）陈熊（嗣爵，无子）——（六世孙）陈圭（嗣爵，陈熊从子）——七世孙陈王谟（嗣爵）——明亡，平江伯爵绝。

结语：明代总漕的历史地位

明清总督集地方行政、司法、军事权力于一身，乃中央派出地方的最高权力机构。明代督抚体制研究，在制度史学界颇为引人关注，并在 20 世纪 90 年代一度掀起高潮。近二十余年来，其研究成果虽无之前满目皆春之势，但新作仍不断涌现，且研究方法与研究思路亦不断推陈出新。[①]这些论著有一个共同的特点，都甚少提及明代总漕（或漕运总督），即便偶尔语及，也是将其作为一个特例罗列。那么，该如何看待明代总漕在明代总督体制中的地位？

一、总漕与明代总督的创设

我们知道，地方势力的尾大不掉，历来是中央政权最为头疼之事。为了防止此类情况出现，帝国政体不断改革，其主要发展趋势便是加强中央专制皇权，削弱与分散地方权力。是以唐代有藩镇割据，宋人就施行强干弱枝政策；元末地方纷起，明初便废中书省，地方承宣布政司、提刑按察司、都指挥使司三司分立，互不统属。这种中央对地方的垂直统治，有效地消弭了地

[①] 本书绪论有相关学术史回顾。亦可参阅林乾：《近十年来明清督抚制度研究简介》，《中国史研究动态》1991 年第 2 期；覃寿伟：《近二十年来明清督抚研究综述》，《漳州师范学院学报》（哲学社会科学版）2009 年第 2 期。

方对中央的离心倾向。然而，地方权力的分散，极易导致在重大危机前集体推诿和懈怠，这反而影响了中央政令在地方的推行效率。为了有效地集中分散地方权力，共同应对军国大事，一个强有力的地方权力部门有必要被创设。

有关明代督抚出现的研究多如过江之鲫，大体上都认可督抚之设，乃监察地方、文武相制及地方军事活动的需要。[1]《春明梦余录》中一段话被研究者视为必引之文：

> 正统而后，或变生于腹里，或衅起于边陲，而诸边、诸省一时抚臣多不能振连属之策，兴讨罪之师，保境以自全，撄城以自守，直为是懔懔尔。若西边之也先，河北之赵贼，西蜀之廖寇，江西之华林及藩濠，八闽之邓茂，楚之麻阳，广之岑猛，滇之麓川，猖獗震荡，而各省抚臣皆相视而莫之能相救，必设总督而后能平之。彼其时非尽抚臣之怯也，亡算也。爵并权均，夫两大不能以相使，而况十数大乎？势分故也。[2]

《春明梦余录》的作者孙承泽，字耳伯，号北海，又号退谷、退道人，上林苑人。崇祯四年（1631）进士，在明代历任户、工、吏部给事中。满人入关仕清，官至都察院右都御史。孙氏曾闭门著述二十年，对明代朝章典故用力甚勤，颇有见地。他认为，面对正统之后的内外军事困局，各省巡抚多保境自全，不能连属讨伐，其缘由在于抚臣权势相当，缺乏一个强力主局者，是故总督应运而生。总督初置，但为军事而已。

列圣振长策而议连属，边方腹里，多设总督以连属而节制之，若连环然。且颁之敕：如一省难作，则总督调近省之食与兵，或击其首，或邀其尾，或掎其左，或角其右。有难则合制之，难已则散而归之。无借兵之苦，无萃食之扰。语曰："分指之十弹，不如合掌之一击"。此分合利病之说也。制势之

---

[1] 林乾：《论明代的总督巡抚制度》，《社会科学辑刊》1988年第2期；王德金：《浅析明代的督抚》，《河北大学学报》（哲学社会科学版）2001年第4期等。

[2]（清）孙承泽：《春明梦余录》卷四八《总督巡抚》，北京：北京古籍出版社，1992年，第1029—1031页。下文未注者，皆出于斯。

结语：明代总漕的历史地位

策，善之善者也。总督对于军事上的统制之便，显而易见，"无借兵之苦，无萃食之扰"，利于"合掌一击"。然而，亦有非议者论其不便。

> 难之者曰：多设总督恐多扰则不便，恐多费则不便。不知今天下蓟辽已设总督矣，宣大、山西又总督以联属之，陕西、三边又总督以联属之。四川、云南、湖广尝设总督矣，事平罢不设。假令至今存也，调诸省之食与兵，挞而制莽酋耳。且两广有总督矣，闽浙直又设总督以联属，事平又罢不设。假令至今存也，调诸省之食与兵，直拉朽而诛浙兵之乱矣。近又从言者河漕总督得提督南北直隶、山东、河南之兵，浙江、江西、湖广之食，是中原一总督也。即有师尚诏者，弄兵釜中，第合诸路坐而烹之尔。惟河漕大臣不当令兼巡抚凤阳尔。夫凤阳乃是陵寝之所钟也，中原之所枢也。其地重，其势尊，乌可以河漕兼也？且古治水者八年万里于外，又安可鲍系一隅哉？决以另置巡臣便。由是言之，则边海增两总督足矣，凤阳增一巡抚足矣，增三臣而天下安，何费之足云？

先前四川、云南、湖广、两广、闽浙曾设总督，但事浚则罢，倘为长设官，西南莽酋、两浙散兵之乱又何足为惧哉！河漕总督①处中原之枢纽，即有异心，诸路兵起，亦可坐而灭之，唯其兼领凤阳巡抚，理有不妥。因而，孙承泽认为，明末的军事乱局中，如有总督总领一方，当有事半功倍之效，且天下只需增设边海两总督、凤阳一巡抚就足矣，亦不可谓冗费。

关于总督和巡抚的关系，孙氏亦有妙论："且无事则总督不得侵巡抚之权，有事则巡抚不得抗总督之命。"这里有事当指战事，进一步突出总督的军事统制之便。至于"川云总督当驻滇或兼巡抚，闽浙总督当驻浙或兼巡抚，尤属省便，又不必增官矣。"此论合之省。"河漕总中原，当驻淮，而江北巡抚当驻凤阳，此大联属势也。而郧阳、赣州之军门，又小联属势也。"此又

---

① 万历二十六年（1598）二月至万历三十年（1602）三月间总漕与总河曾合二为一，朝廷称之为总河漕，亦可称之河漕总督。见本书第三章第二节"两次合并"。

论分之利。"如此则常合，而不分问"。

都御史总督军务，自正统四年（1439）麓川之役王骥始也。"总兵官悉听节制，既以兵部尚书帅师，当王振好大之心，遂拟粮储故事。粮储称总督，宣德中始也。"其后己巳之变北京保卫战，"敌薄都城，石亨营城北，于谦督之，孙镗营城西，则江渊忝之而已"。此后四方多警，类率如例，如马昂于两广，石璞于关外，王来于湖广，侯琎于云南，然事平则罢。到了景泰、天顺及成化初年，白圭、叶盛、韩雍等皆称提督，"意属协同，勅以赞理为云"。至成化六年（1470），开总府于梧州，此两广总督任官之所由始矣。三边总制自弘治末年秦纮、杨一清、张泰始，"便于征发策应，今亦为任官"。孙承泽认为，两广总督开府梧州，可视为明代总督体制正式形成的标志，后世的研究者也多遵循这一说法。

然而，对照明代总漕之创设，此说颇有值得商榷之处。诚然，王竑于景泰元年（1450）十一月被冠以"总督漕运"之衔时，其使命主要是在漕河危机的关口，协助漕运总兵官徐恭处理漕务。此时的王竑和正统四年（1439）麓川之役中总督军务的王骥并无二致，其职务属于临时差遣性质，事平则罢，看不到专门化、地方化的希望。可是，此际的漕、河危机愈演愈烈，南直隶江北地区哀鸿遍野，大有失控之势。危急关头，需要一个能统领全局的统帅——这与孙氏所云的军事危局下的总督创设几无区别，朝廷遂连下敕文："景泰元年十二月，应工部奏请，诏遣王竑疏浚通州至徐州段运河；景泰二年年十月，命王竑巡抚淮、扬、庐、凤四府和徐、和、滁三州，同时兼理漕运与两淮盐课；景泰四年冬十月，升王竑为左副都御史。"[1]直至景泰六年（1455）七月徐有贞治河成功，漕河危机大大缓解，王竑仍安然于任，可见明廷已有将文官总督漕运的体制固化的打算，这已不同于先前总督事浚则

---

[1]《明英宗实录》卷一九八"景泰元年十一月壬寅"条，《钞本明实录》第6册，北京：线装书局，2005年，第492页下；《明英宗实录》卷一九九"景泰元年十二月丁酉"条，《钞本明实录》第6册，北京：线装书局，2005年，第502页下；《明英宗实录》卷二〇九"景泰二年冬十月壬辰"条，《钞本明实录》第6册，北京：线装书局，2005年，第572页下；《明英宗实录》卷二三四"景泰四年冬十月甲午"条，《钞本明实录》第7册，北京：线装书局，2005年，第95页下。

罢的惯例。夺门之变后，王竑受牵连去职，总漕职位被取消，但漕运运转不灵之弊很快便毕露无遗，于是，在朝野一浪又一浪的呼声中，众望所归的王竑于天顺七年（1463）三月再任总漕。次年八月，陈泰接任。此后，总漕代代薪火相传。从王竑始，总漕开府淮安的则例没有变过，巡抚四府三州虽偶有变故，但总体上亦与总漕相始终。我们不能囿于孙承泽的总督须总督军务的成见，将总督漕运的总漕摒之于明代总督体制的门户之外。由此可见，总漕文官化、体制化从王竑始，时间上要较两广总督开府梧州早得多，职权上也较其明确得多。我们据此可以断言，明代总督的正式形成，应以景泰元年（1450）十一月王竑出任总漕为标尺。

二、总漕与明代其他总督

明代总督甚多，其名谓多有变化，其职权亦千差万别，因此，从总督任职的历史中提炼出总督的共性特点，是比较为难的事。不过，说同难，道异易，我们将总漕与其他总督逐一比较，不难看出某些差别，具体情况见表6-1。

表6-1 明代总督一览表[①]

名称	全名	创设时间	备注
总漕	总督漕运兼提督军务巡抚凤阳等处兼管河道	景泰元年（1450）	成化八年（1472），分设巡抚、总漕各一员；成化九年（1473）复旧；正德十三年（1518）又分设；正德十六年（1521）又复旧；嘉靖三十六年（1557），以倭警，添设提督军务巡抚凤阳都御史；嘉靖四十年（1561）归并，改总督漕运兼提督军务；万历七年（1579）加兼管河道
蓟辽保定总督	总督蓟辽、保定等处军务兼理粮饷	嘉靖二十九年（1550）	以边患益甚，始置总督，开府密云，辖顺天、保定、辽东三巡抚，兼理粮饷；万历九年（1581）加兼巡抚顺天等处；万历十一年（1583）复旧；天启元年（1621），置辽东经略。经略之名，起于万历二十年（1592）宋应昌暨后杨镐；至天启元年（1621），又以内阁孙承宗督师经略山海关，称枢辅。崇祯四年（1631）并入总督；崇祯十一年（1638）又增设总督于保定

[①] 资料来源：《明史》卷七三《职官二·都察院附总督巡抚》，北京：中华书局，1974年，第1773—1775页。

续表

名称	全名	创设时间	备注
宣大山西总督	总督宣大、山西等处军务兼理粮饷	正德八年（1513）	嘉靖初年，兼辖偏、保；嘉靖二十九年（1550），去偏、保，定设总督宣大、山西等衔；嘉靖三十八年（1559）令防秋日驻宣府；嘉靖四十三年（1564），移驻怀来；隆庆四年（1570），移驻阳和
三边总制（总督）	总督陕西三边军务	弘治十年（1497）①	弘治十年（1497），火筛入寇，议遣重臣总督陕西、甘肃、延绥、宁夏军务，乃起左都御史王越任之；弘治十五年（1502）以后，或设或罢；至嘉靖四年（1525），始定设，初称提督军务；嘉靖七年改为总制；嘉靖十九年（1540）避制字，改为总督，开府固原，防秋驻花马池
两广总督	总督两广军务兼理粮饷带管盐法兼巡抚广东地方	成化六年（1470）	成化六年（1470），兼巡抚事，驻梧州；正德十四年（1519），改总督为总制，寻改提督；嘉靖四十五年（1566），另设广东巡抚，改提督为总督，止兼巡抚广西，驻肇庆；隆庆三年（1569），又设广西巡抚，除兼职；隆庆四年（1570），革广东巡抚，改为提督两广军务兼理粮饷，巡抚广东；万历三年（1575），仍改总督，加带管盐法
川陕豫鄂总督	总督四川、陕西、河南、湖广等处军务	正德五年（1510）	寻罢。嘉靖二十七年（1548），以苗患，又设总督四川、湖广、贵州、云南等处军务；嘉靖四十二年（1563）罢；天启元年（1621），以土官奢崇明反，又设四川、湖广、云南、贵州、广西五省总督。天启四年（1624），兼巡抚贵州
闽浙总督	总督浙江、福建、江南兼制江西军务	嘉靖三十三年（1554）	以倭犯杭州置；嘉靖四十一年（1562）革
陕山总督	总督陕西、山西、河南、湖广、四川五省军务	崇祯七年（1634）	或兼七省；崇祯十二年（1639）后，俱以内阁督师
凤阳总督	总督凤阳地方兼制河南、湖广军务	崇祯十四年（1641）	—
保定总督	总督保定地方军务	崇祯十一年（1638）	—
河南湖广总督	总督河南、湖广军务兼巡抚河南	崇祯十六年（1643）	—
九江总督	总督九江地方兼制江西、湖广军务	崇祯十六年（1643）	—

---

① 总督延绥、甘肃、宁夏三边的设置，征之《明史·王越传》当为成化十年（1474）春，"延议设总制府于固原，举定西侯蒋琬为总兵官，越提督军务，控制延绥、宁夏、甘肃三边，总兵、巡抚而下并听节制。诏罢琬，即以越任之。三边设总制自此始。"弘治十年（1497），王越起复原官，总制甘、凉边务，兼巡抚，详见《明史》卷一七一，北京：中华书局，1974年，第4573页。

续表

名称	全名	创设时间	备注
南直隶、河南等处总督	总理南直隶、河南、山东、湖广、四川军务	崇祯八年（1635）	以卢象升为之，与总督或分或并
总河	总理河漕兼提督军务	正德四年（1509）	嘉靖二十年（1541），以都御史加工部职衔，提督河南、山东、直隶河道；隆庆四年（1570），加提督军务；万历五年（1577），改总理河漕兼提督军务
粮储总督	总理粮储提督军务兼巡抚应天等府	景泰四年（1453）	嘉靖三十三年（1554），以海警，加提督军务，驻苏州；万历中，移驻句容，已复驻苏州

我们注意到，明代总督之设大约以嘉靖为界，此前创设的总漕、宣大山西总督、三边总督（制）、川陕豫鄂总督、总河、粮储总督等皆为定设，任官不止。而嘉靖以后，尤其是崇祯年间设置的总督，如蓟辽保定总督、凤阳总督、九江总督等，多为应军事斗争而设，辖区变动频繁，长官不定设。

分析表 6-1 可以看出，总漕和其他总督存在着某些共性的特点：一是随着时间推移，总督任官逐渐完成地方化、常设化的转变，其职位日趋稳定，权力日趋扩大，且普遍具备了提督军务的职衔。总漕由总督漕运而巡抚四府三州，并兼管水道、提督军事；两广总督又总督军务而兼巡抚广东、广西，而监理粮饷，又加带管盐法；粮储总督由总理粮储而巡抚应天，并提督军务。孙承泽认为，"议者秉低昂文武之钧济，兼制剿绥之术是矣，而进止异同，束手和混，内外援构，隐于奸宄。其能制而协之，更当润饰，令必无伏机，不亦尽乎？"从早期的纯军事调度考量，继而发现总督可均衡文武，兼用剿抚之策；援助内外，统领刑名之权。总督职权范围从军事渐而扩大至监察、刑事、民政等领域，甚至于"陈金华阳之役，陆完刘六、七之役，至统制七省者"。[1] 二是普遍具备了协调中央和地方关系的媒介作用。总督和巡抚设立后，有效地协调了地方财政、军事、民政、监察等权力纷争，改变了明初以来行省三司分立、互不统辖而引发的弊端，提高了行政效率，使得政令得以顺利地上传下达。[2]

---

[1] （清）孙承泽：《春明梦余录》卷四八《总督巡抚》，王剑英点校，北京：北京古籍出版社，1992 年，第 1031 页。
[2] 参阅刘秀生：《论明代的督抚》，《中国社会科学院研究生院学报》1991 年第 2 期。

然而，总漕亦有其特殊性，与明代其他总督有明显的不同。关文发认为，总督漕运和总理河道属于总督体制中的另一个类型，不过，他没有明确指明其不同之处。[①]王跃生在讨论明代总督创设时，笼统地提出总漕和总河乃专项事务总督，与其他总督不能列入同一个类别。[②]我们延续这一思路就会发现，总漕、总河、粮饷总督为专管漕运、河道、粮饷的专务总督，可归类于同一类型，而三边总督、两广总督、蓟辽总督等地方军务总督则可划归为另一个类型。总漕、总河、粮饷总督虽在某些特定的历史时段也提督军务，但在总体上以专管地方军务为本职的总督，有着霄壤之别。此外，总漕对地方民政、行政、监察权力的干预，也仅限于淮安、扬州、凤阳、庐州四府与徐州、滁州、和州三州而已，对于省级三司则无节制和统领的权力。[③]而地方军务总督和巡抚则在嘉靖以后渐渐占据了省级权力结构的最上层。首先，这表现在地方行政命令发起于督抚，然后下达于司道，下传于府县。沈德符云："督抚在地方有事须商榷者，致书于司道，此始于嘉靖季年。今上初年，而郡守、司理、州县之长俱被两台书札矣。"[④]其次，督抚对地方官有临时差遣、监督之权。一般来说，督抚对地方府县以上的官员只有荐举权，不可自行任免；对六品以下的官员有提问权，对五品以上官员虽不能随意提问，但谩骂、鞭打之情形屡见不鲜。"凡公政令之布、赏罚之施皆在此（指督抚），诸帅出兵、受律献馘亦在此，郡县百司政有弛张亦必至此白之，而后敢罢行焉。"[⑤]督抚已经成为实际上的省级最高行政长官。[⑥]就此而言，关文发、王跃生等学者将总漕从明代督抚体制中撤出是有一定道理的。

---

① 关文发：《试论明代的督抚》，《武汉大学学报》（社会科学版）1989 年第 6 期。
② 王跃生：《关于明清督抚体制的几个问题》，《历史教学》1987 年第 9 期。
③ 可参阅本书第三章第二、三、四节。
④ （明）沈德符：《万历野获编》卷一九《台省・私书》，北京：中华书局，1959 年，第 494 页。
⑤ （明）何乔新：《新建巡抚院记》，（明）陈子龙等辑：《明经世文编》卷六七《椒丘文集》，北京：中华书局，1962 年，第 573 页。
⑥ 苟军：《从督抚制度的演变看明代中央与地方的关系》第三章，贵阳：贵州大学硕士学位论文，2009 年，第 28 页。

三、总漕：走在封疆大吏的路上

关于明代总督的评价，学界有泾渭分明的两种观点。一种观念认为明代总督和巡抚一样，都是"因事而派、事毕而返"的临时性差遣官员，只有到了清代，总督和巡抚才成为真正意义上的封疆大吏。如戴逸认为："督抚在明朝是临时派遣的，清朝成为固定的封疆大吏。"[①]李志安先生指出，甚至到了清初，总督之临时派遣性质还未改变。方志远在《中国政治制度通史·明代卷》一书中亦因袭是说。另一种论调认为明代总督自嘉靖以后，逐渐完成了文官化、专门化、地方化的进程，已是名副其实的省级最高行政长官。如关文发认为，明代总督的规范性与稳定性虽还欠成熟，但其地方化与制度化的进程从明代中期后已明显加快，其辖区范围至嘉靖年间已基本定型；其权限已从单纯的代表中央督查地方官员，发展成为总领一方、节制三司；从总督之任职时间来看，已从短期派遣发展为常住久任。张德信《明朝典章制度》卷九叙述了明代总督的设置、建立与职权范围，并进而讨论了督抚制的作用与局限。该书指出，景泰以后，总督制逐渐形成；至嘉靖年间，总督职权扩大，渐而过渡为地方封疆大吏。靳润成的博士论文《明朝总督巡抚辖区研究》分两篇十章，以督抚的地方化和正规化的程度作为划定督抚制度演变阶段的依据，并以此将明代总督制度的演变分为三期，从历史地理角度，分别讨论其辖区沿革，并据此认为明代总督已经是事实上的封疆大吏。[②]

上述两种说法都有言之凿凿的史实支撑，尤其是前者，明代总督的某些先天不足似乎奠定了其立论的坚实基础。如明代总督不置品秩，其职衔多由都察院堂上官或六部尚书、侍郎兼领，其官方正式称谓为总督（军务、粮饷、漕运、河道）都御史或总督（军务、粮饷、漕运、河道）尚书、侍郎。这里的总督显然是动词，与清代乾隆以后的名词总督有很大的区别。明人修正德、

---

① 戴逸主编：《简明清史》第一册，北京：人民出版社，1980年，第277页。
② 本书绪论部分有详细介绍，足资参阅。

万历《明会典》与《续文献通考》，清人撰《明史》《清朝文献通考》《清朝续文献通考》，无不将"总督"条目置于都察院之下，亦表明在明清时人看来，明代总督就是都察院的临时派遣官员。

然而，这种论调至少存在着两个方面的认识误区。第一，它将明代典籍记载与明初、明末的总督设置认识固化，形成思维定势，忽略了明代总督发展演变的动态过程。早期的督抚多以临时性的监察官员被派驻地方，戴有都察院堂上官的头衔，因而此时将其列入都察院门下是无可厚非的。不过，明代中期，特别是明嘉靖以后，明代总督和巡抚均已开府设官，完成了地方化、专门化、文官化的转变，其派遣源头也不止都察院一家。正德、万历《明会典》因循祖制，依旧置总督和巡抚于都察院名下，其实已大大不妥。祖制作为悬在明代诸臣头上的利剑，具有压倒一切的神秘力量，其地位在明人心中是难以撼动的。清人修《明史》，承袭明人旧例，实际上仍是明代祖制的神秘力量在作祟，这就给我们造成了总督为都察院派遣官的印象。我们不能将明代祖制的包袱一直背下去，应当还原明代总督和巡抚的真实面目。至于明末总督和巡抚的滥设，是有其特殊的历史背景。天启、崇祯年间的内忧外患，明廷面临着前所未有的军事压力，于是设保定总督、凤阳地方兼制湖广军务总督、九江地方兼制江西湖广总督等职位，辖区重叠，职衔混乱，完全是为了加强军事斗争的权宜之计，完全不能与两广总督、三边总督、总漕、总河等定设总督相提并论，我们同样不能将此应时之设，当作明代总督的实际情况。第二，明代总督正式名谓是动词，前面多加上钦差二字，清代总督为名词，这仅是名称的变化，反映出明清两代对于总督体制认识逐渐发生转变。王跃生认为，直至清康熙四年（1665），"钦差"二字才消失，名词的总督才完全取代动词的总督，这难道可以改变清康熙四年之前总督为地方大员的性质？答案显然是否定的。[①]

当然，将明代总督完全等同于清代总督的说法也值得商榷，毕竟，明代

---

① 王跃生：《关于明清督抚制度的几个问题》，《历史教学》1987年第9期。

结语：明代总漕的历史地位

总督没有自身的品秩，仅靠都察院或六部的兼官显示自己的身份和地位的做法难以服众。关文发认为，明代总督在发展过程中，已经具备了向地方大吏过渡的许多特点，但它还不能说已经最终完成，只是一个十分重要的历史阶段，为清代总督正式成为地方大吏奠定了坚实的基础。[1]钱穆亦云："某一制度的创立，绝不是凭空忽然地创立，它必有渊源，早在此项制度创立之先，已有此项制度的前身，渐渐地在创立。"[2]可视为清代总督制对明代总督制承袭的最好注脚。

总漕绝不是明代总督的特例，明代其他总督的绝大多数特征，在总漕身上都能找到对应的影子。同样的道理，明代总督的评介，也应适用于总漕。总漕开府淮安，任官不绝，巡抚四府三州，一度兼管水道和军务，节制漕、河及地方官员无数，按照黄仁宇的说法，是权力最大的地方官员。我们从第三章中不难发现，总漕衙门完全是并立于都察院、六部的地方性独立机构，因此，我们可以这样说，明代总漕有了封疆大吏的权和责，缺乏的是其名和职。从明清督抚制度史来看，到了乾隆年间，总漕才集封疆大吏的名、权、职与责于一身。明代总漕与其他总督一样，都是走在通往封疆大吏的路上。

综上所述，明代总督起源不一，但真正成为制度化、地方化的定设官，应以王竑首任总漕为先，或者说，总漕的文官体制化，标志着明代总督体制的正式创设。总漕的演变过程与上传下达的角色，与其他总督大致相同。不过，总漕属于专项总督，在提督军事、兼管省级民政、监察等权力领域，与军务总督有着不小的差距。总漕和其他总督一样，有了封疆大吏的权和责，没有其名和职，既非临时性差遣官，也非真正意义上的封疆大吏，他们正大踏步走在通往封疆大吏的路上。

---

[1] 关文发：《试论明代的督抚》，《武汉大学学报》（社会科学版）1989年第6期。
[2] 钱穆：《中国历代政治得失·前言》，北京：中国社会科学出版社，2005年，第2页。

参考文献

一、古籍

1.（东汉）班固：《汉书》，北京：中华书局，1962年。

2.（明）毕自严：《度支奏议》，《续修四库全书·史部》第483册，上海：上海古籍出版社，2002年。

3.《钞本明实录》，北京：线装书局，2005年。

4.（明）陈洪谟，张瀚：《治世余闻·继世纪闻·松窗梦语》，北京：中华书局，1985年。

5.（明）陈建撰，沈国元补订：《皇明从信录》，四库禁毁书丛刊编纂委员会：《四库禁毁书丛刊·史部》第1—2册，北京：北京出版社，1997年。

6.（明）陈九德辑：《皇明名臣经济录》，四库禁毁书丛刊编纂委员会：《四库禁毁书丛刊·史部》第9册，北京：北京出版社，1997年。

7.（明）陈其愫辑：《皇明经济文辑》，四库全书存目丛书编纂委员会编：《四库全书存目丛书·集部》第369册，济南：齐鲁书社，1997年。

8.（明）陈仁锡：《皇明世法录》，四库禁毁书丛刊编纂委员会：《四库禁毁书丛刊·史部》第13—16册，北京：北京出版社，1997年。

9.（明）陈子龙等辑：《明经世文编》，北京：中华书局，1962年。

10.（明）崔旦：《海运编》，四库全书存目丛书编纂委员会编：《四库全书存目丛书·史部》第 274 册,济南:齐鲁书社,1997 年。

11.(唐)杜佑:《通典》,北京:中华书局,1988 年。

12.(唐)房玄龄等:《晋书》,北京:中华书局,1974 年。

13.(清)傅维鳞:《明书》,四库全书存目丛书编纂委员会编:《四库全书存目丛书·史部》第 38—40 册,济南:齐鲁书社,1997 年。

14.(明)高拱:《高文襄公集》,四库全书存目丛书编纂委员会编:《四库全书存目丛书·集部》第 108 册,济南:齐鲁书社,1997 年。

15.(清)谷应泰:《明史纪事本末》,北京:中华书局,1977 年。

16.(明)顾炎武:《天下郡国利病书》,《续修四库全书·史部》第 595—597 册,上海:上海古籍出版社,2002 年。

17.(明)桂萼:《文襄公奏议》,四库全书存目丛书编纂委员会编:《四库全书存目丛书·史部》第 60 册,济南:齐鲁书社,1997 年。

18.(明)何乔远:《名山藏》,张德信等点校,福州:福建人民出版社,2010 年。

19.(明)胡松:《胡庄肃公文集》,四库全书存目丛书编纂委员会编:《四库全书存目丛书·集部》第 91 册,济南:齐鲁书社,1997 年。

20.(明)黄光昇:《昭代典则》,《续修四库全书·史部》第 351 册,上海:上海古籍出版社,2002 年。

21.(明)黄景昉:《国史唯疑》,上海:上海古籍出版社,2002 年。

22.(清)黄宗羲:《明儒学案》,北京:中华书局,1985 年。

23.(清)纪昀等:《历代职官表》,上海:上海古籍出版社,1989 年。

24.(明)焦竑:《国朝献征录》,四库全书存目丛书编纂委员会编:《四库全书存目丛书·史部》第 100—106 册,济南:齐鲁书社,1997 年。

25.柯劭忞:《新元史》,北京:中国书店,1988 年

26.(明)雷礼:《列朝国卿纪》,周骏富编:《明代传记丛刊》第 38 册,台北:明文书局,1991 年影印本。

27.(宋)李昉等:《太平广记》,北京:中华书局,1961 年。

28.(明)李清:《三垣笔记》,北京:中华书局,1982 年。

29.（明）李贽：《藏书·续藏书》，北京：中华书局，1975年。

30.（明）李贽：《初潭集》，北京：中华书局，1974年。

31.（明）梁梦龙：《海运新考》，四库全书存目丛书编纂委员会编：《四库全书存目丛书·史部》第274册，济南：齐鲁书社，1997年。

32.（清）刘锦藻：《清朝续文献通考》，杭州：浙江古籍出版社，1988年。

33.（后晋）刘昫等：《旧唐书》，北京：中华书局，1975年。

34.《明实录》，台北："中央研究院"历史语言研究所，1962年校勘本。

35.（明）潘季驯：《河防一览》，台北：文海出版社，1971年。

36.（清）钱谦益：《太祖实录辨证》五卷，《初学集》卷一〇一至一〇五，上海：上海古籍出版社，2009年。

37.（明）丘濬：《大学衍义补》，北京：京华出版社，1999年。

38.（明）丘濬：《重修琼台稿》，《四库全书·集部》第1248册，上海：上海古籍出版社，1987年。

39.（明）邵宝：《容春堂集》，《四库全书·集部》第1258册，上海：上海古籍出版社，1987年。

40.（明）申时行等：《明会典》，北京：中华书局，1989年。

41.（明）申时行等：《明会典》，台北：新文丰出版公司，1976年。

42.（明）沈德符：《万历野获编》，北京：中华书局，1959年。

43.（明）沈国元：《两朝从信录》，《续修四库全书·史部》第356册，上海：上海古籍出版社，2002年。

44.（西汉）司马迁：《史记》，北京：中华书局，1959年。

45.（明）宋濂等：《元史》，北京：中华书局，1976年。

46.（清）孙承泽：《春明梦余录》，北京：北京古籍出版社，1992年。

47.（明）谈迁撰：《国榷》，张宗祥校点，北京：中华书局，1958年。

48.（元）脱脱等：《宋史》，北京：中华书局，1985年。

49.（明）万表：《玩鹿亭稿》，四库全书存目丛书编纂委员会编：《四库全书存目丛书·集部》第76册，济南：齐鲁书社，1997年。

50.（明）万恭撰，朱更翎校注：《治水筌蹄》，北京：水利电力出版社，1985年。

51.（明）王圻：《续文献通考》，《续修四库全书·史部》第763册，上海：上海古籍出版社，2002年。

52.（清）王庆云：《石渠余纪》，北京：北京古籍出版社，1985年。

53.（明）王琼撰，姚汉源、谭徐明校注：《漕河图志》，北京：水利电利出版社，1990年。

54.（明）王世贞：《弇山堂别集》，北京：中华书局，1985年点校本。

55.（清）王锡，高延第：光绪《盱眙县志稿》，光绪十七年（1891）刻本。

56.（明）王以旂：《王襄敏公集》，四库全书存目丛书编纂委员会编：《四库全书存目丛书·集部》第68册，济南：齐鲁书社，1997年。

57.（明）王锜，于慎行撰：《寓圃杂记·谷山笔麈》，张德信、吕景琳点校，北京：中华书局，1984年。

58.（明）王在晋：《通漕类编》，四库全书存目丛书编纂委员会编：《四库全书存目丛书·史部》第275册，济南：齐鲁书社，1997年。

59.（明）王宗沐：《敬所王先生文集》，四库全书存目丛书编纂委员会编：《四库全书存目丛书·集部》第111册，济南：齐鲁书社，1997年。

60.（北齐）魏收：《魏书》，北京：中华书局，1974年。

61.（唐）魏征等：《隋书》，北京：中华书局，1973年。

62.（明）吴瑞登：《两朝宪章录》，《续修四库全书·史部》第352册，上海：上海古籍出版社，2002年。

63.（明）夏燮撰，沈仲九标点：《明通鉴》，北京：中华书局，1959年。

64.（明）夏元吉：《忠靖集》，《四库全书·集部》第1240册，上海：上海古籍出版社，1987年。

65.（南朝·梁）萧子显：《南齐书》，北京：中华书局，1972年。

66.（明）解缙：《文毅集》，《四库全书·集部》第1236册，上海：上海古籍出版社，1987年。

67.（明）徐学聚：《国朝典汇》，《四库全书存目丛书·史部》第266册，济南：齐鲁书社，1997 年。

68.（宋）薛居正等：《旧五代史》，北京：中华书局，1976 年。

69.（明）薛应旂：《宪章录》，《续修四库全书·史部》第 352 册，上海：上海古籍出版社，2002 年。

70.（明）杨宏，谢纯：《漕运通志》，荀德麟点校，北京：方志出版社，2006 年。

71.（明）杨士奇：《东里集》，《四库全书·集部》第 1238—1239 册，上海：上海古籍出版社，1987 年。

72.（唐）姚思廉：《陈书》，北京：中华书局，1972 年。

73.（明）叶子奇：《草木子》，北京：中华书局，1959 年。

74.（清）印鸾章校订：《明鉴》，上海：上海书店，1984 年。

75.（清）永瑢等：《四库全书总目》，北京：中华书局，1965 年。

76.（明）余继登：《典故纪闻》，北京：中华书局，1981 年。

77.（明）张居正：《张文忠公全集》，上海：商务印书馆，1929 年万有文库本。

78.（清）张廷玉等：《明史》，北京：中华书局，1974 年。

79.（清）张廷玉等：《清朝文献通考》，杭州：浙江古籍出版社，1988 年。

80.（清）赵尔巽等：《清史稿》，北京：中华书局，1977 年。

81.（清）赵翼：《陔余丛考》，上海：商务印书馆，1957 年。

82.（明）郑晓：《吾学编》，《续修四库全书·史部》第 424 册，上海：上海古籍出版社，2002 年。

83.（明）朱大韶：《皇明名臣墓铭》，台北：学生书局，1969 年。

84.（明）朱国桢撰：《涌幢小品》，王根林点校，上海：上海古籍出版社，2012 年。

85.（明）朱元璋：《洪武御制全书》，张德信、毛佩琦点校，合肥：黄山书社，1995 年。

二、今人著作

1. 安作璋：《中国运河文化史》，济南：山东教育出版社，2001 年。

2. 鲍彦邦：《明代漕运研究》，广州：暨南大学出版社，1995 年。

3. 蔡泰彬：《明代漕河之政治与管理》，台北：商务印书馆，1992 年。

4. 岑仲勉：《黄河变迁史》，北京：中华书局，2004年。

5. 晁中辰：《明代海禁与海外贸易》，北京：人民出版社，2005年。

6. 陈锋：《漕运与古代社会》，西安：陕西人民教育出版社，2000年。

7. 戴逸主编：《简明清史》，北京：人民出版社，1980年。

8. （美）道格拉斯•C•诺思：《制度、制度变迁与经济绩效》，杭行译，上海：格致出版社，2009年。

9. 杜婉言，方志远：《中国政治制度通史·明代卷》，北京：人民出版社，1996年。

10. 樊铧：《政治决策与明代海运》，北京：社会科学文献出版社，2009年。

11. 范金民：《国计民生——明清社会经济史研究》，福州：福建人民出版社，2008年。

12. 范金民：《江南社会经济史研究入门》，上海：复旦大学出版社，2008年。

13. 范金民：《明清江南商业的发展》，南京：南京大学出版社，1998年。

14. 傅崇兰《中国运河城市发展史》，成都：四川人民出版社，1985年。

15. 关文发，颜广文：《明代政治制度研究》，北京：中国社会科学出版社，1995年。

16. 郭培贵：《明史选举志考论》，北京：中华书局，2006年。

17. 河南省地方史志编纂委员会：《河南省志·黄河志》，郑州：河南人民出版社，1991年。

18. 淮安市淮阴区政协文史资料委员会编：《淮阴金石录》，香港：香港天马出版有限公司，2004年。

19. 黄河水利委员会黄河志编委会：《潘季驯治河理论与实践学术讨论会论文集》，南京：河海大学出版社，1996年。

20. 黄仁宇：《明代的漕运》，张皓、张升译，北京：新星出版社，2005年。

21. 黄云眉：《明史考证》，北京：中华书局，1985年。

22. 冀朝鼎：《中国历史上的基本经济区与水利事业的发展》，朱诗鳌译，北京：中国社会科学出版社，1981年。

23. 贾征：《潘季驯评传》，南京：南京大学出版社，1996年。

24. 靳润成：《明朝总督巡抚辖区研究》，天津：天津古籍出版社，1996年。

25.（英）李约瑟：《中国的科学与文明》，柯林、罗南译，上海：上海人民出版社，2003年。

26. 李治安：《唐宋元明清中央与地方关系研究》，天津：南开大学出版社，1986年。

27. 李治亭：《中国漕运史》，台北：文津出版社，1997年。

28. 梁希哲，孟昭信：《明清政治制度述论》，长春：吉林大学出版社，1991年。

29. 马俊亚：《被牺牲的"局部"——淮北社会生态变迁研究（1680——1949）》，北京：北京大学出版社，2011年。

30. 马雪芹：《大河安澜：潘季驯传》，杭州：浙江人民出版社，2005年。

31. 孟森：《明清史讲义》，北京：中华书局，1981年。

32. 倪玉平：《清代漕粮海运与社会变迁》，上海：上海书店出版社，2005年。

33. 潘荣盛：《明清进士录》，北京：中华书局，2006年。

34. 彭云鹤：《明清漕运史》，北京：首都师范大学出版社，1995年。

35. 钱穆：《中国历代政治得失》，上海：三联书店，2001年。

36. 水利部黄河委员会：《黄河水利史述要》，北京：水利出版社，1982年。

37. 谭其骧：《中国历史地图集》，北京：中国地图出版社，1982年。

38. 唐克军：《不平衡的治理——明代政府运行研究》，武汉出版社，2004年。

39. 王沛编：《王竑文化六百年》，北京：人民出版社，2014年。

40. 王天有：《明代国家机构研究》，北京大学出版社，1992年。

41. 王毓铨：《明代的军屯》，北京：中华书局，1965年。

42. 王振忠：《明清徽商与淮扬社会变迁》，北京：生活·读书·新知三联书店，1996年。

43. 吴晗辑：《朝鲜李朝实录中的中国史料》，北京：中华书局，1980年。

44. 吴缉华：《明朝的海陆兼运及运河的疏浚》，台北："中央研究院"历史语言研究所，1958年。

45. 吴缉华：《明代海运及运河的研究》，台北："中央研究院"历史语言研究所，1961年。

46. 吴缉华：《明代遮洋总与蓟州的关系》，台北："中央研究院"历史语言研究所，

1961 年。

47. 吴缉华：《元朝与明初的海运》，台北："中央研究院"历史语言研究所，1956 年。

48. 吴仁安：《明清江南望族与社会经济文化》，上海：上海人民出版社，2001 年。

49. 吴廷燮：《明督抚年表》，北京：中华书局，1982 年。

50. 谢国桢：《明代社会经济史料选编》，福州：福建人民出版社，1981 年。

51. （日）星斌夫：《明代漕運の研究》，東京：日本學術振興會，1963 年。

52. 许檀：《明清时期山东商品经济的发展》，北京：中国社会科学出版社，1998 年。

53. 姚汉源：《中国水利发展史》，上海：上海人民出版社，2005 年。

54. 姚汉源：《中国水利史纲要》，北京：水利电力出版社，1987 年。

55. 姚汉源：《中国水利史纲要》，北京：水利电力出版社，1987 年。

56. 张含英：《历代治河方略探讨》，北京：水利出版社，1982 年。

57. 张含英：《明清治河概论》，北京：水利电利出版社，1986 年。

58. 张显清，林金树：《明代政治史》，桂林：广西师范大学出版社，2003 年。

59. 郑克晟：《明清史探实》，北京：中国社会科学出版社，2001 年。

60. 郑肇经：《中国水利史》，北京：商务印书馆，1998 年。

61. 中国水利水电科学研究院水利史研究室编校：《再续行水金鉴》，武汉：湖北人民出版社，2004 年。

三、论文类

1. 卞利：《明代中期淮河流域的自然灾害与社会矛盾》，《安徽大学学报》（哲学社会科学版）1998 年第 3 期。

2. 范玉春：《明代督抚的职权及性质》，《广西师范大学学报》（哲学社会科学版）1989 年第 4 期。

3. 冯明：《张居正改革群体研究》，武汉：华中师范大学博士学位论文，2011 年。

4. 苟军：《从督抚制度的演变看明代中央与地方的关系》，贵阳：贵州大学硕士学位论文，2009 年。

5. 关文发：《试论明代督抚》，《武汉大学学报》（社会科学版）1989 年第 6 期。

6. 韩鹏程：《邵宝及其〈容春堂集〉研究》，长沙：湖南大学硕士学位论文，2012年。

7. 行龙：《从治水社会到水利社会》，《读书》2005年第8期。

8. 胡梦飞：《近十年来国内明清运河及漕运史研究综述（2003—2012）》，《聊城大学学报》（社会科学版）2012年第6期。

9. 靳润成：《试论明朝总督巡抚辖区的形成与演变》，《中国方域》1996年第4期。

10. 李顺民：《清代漕运"制度变迁"研究》，台北：台湾师范大学博士学位论文，2000年。

11. 李映发：《元明海运兴废考略》，《四川大学学报》（哲学社会科学版）1987年第2期。

12. 林乾：《近十年来明清督抚制度研究简介》，《中国史研究动态》1991年第2期。

13. 林乾：《论明代的总督巡抚制度》，《社会科学辑刊》1988年第2期。

14. 刘怀玉：《淮河水神与〈西游记〉》，《明清小说研究》1990年第21期。

15. 刘秀生：《论明代的督抚》，《中国社会科学院研究生院学报》1991年第2期。

16. 罗冬阳：《明代的督抚制度》，《东北师范大学学报》（哲学社会科学版）1988年第4期。

17. 马建民：《马文升三记及〈端肃奏议〉研究》，银川：西北第二民族学院硕士学位论文，2007年。

18. 马正林：《中国运河的变迁》，《陕西师大学报》（哲学社会科学版）1978年第1期。

19. 梅兴柱：《明代淮河的水患及治理得失》，《烟台大学学报》（哲学社会科学版）1996年第2期。

20. 牛建强：《明代黄河下游的河道治理与河神信仰》，《史学月刊》2011年第9期。

21. 牛建强：《于谦与明宣德、正统年间的河南地方社会》，朱诚如，王天有编：《明清论丛》第7辑，北京：紫禁城出版社，2006年。

22. 孙彩霞：《〈明武宗实录〉所塑王琼奸佞形象考》，西安：陕西师范大学硕士学位论文，2007年。

23. 覃寿伟：《近二十年来明清督抚研究综述》，《漳州师范学院学报》（哲学社会科学版）2009 年第 2 期。

24. 谭其骧：《黄河与运河的变迁》，《地理知识》1955 年第 9 期。

25. 唐丰娇：《郑晓的史学研究》，北京：中央民族大学硕士学位论文，2007 年。

26. 王德金：《浅析明代的督抚》，《河北大学学报》（哲学社会科学版）2001 年第 4 期。

27. 王柠：《明代总河研究》，湘潭：湘潭大学硕士学位论文，2008 年。

28. 王日根：《明清时期苏北水灾原因初探》，《中国社会经济史研究》1994 年第 2 期。

29. 王跃生：《关于明清督抚体制的几个问题》，《历史教学》1987 年第 9 期。

30. 吴琦：《中国漕运产生的历史动因》，《华中师范大学学报》1995 年第 3 期。

31. 杨竞业：《论形成亚细亚生产方式的三个矛盾关系》，《哈尔滨市委党校学报》2007 年第 5 期。

32. 杨李兵：《江宁区博物馆藏陈瑄家族墓志考》，《东南文化》2010 年第 2 期。

33. 赵中男：《明代巡抚制度的产生及其作用》，《社会科学辑刊》1996 年第 2 期。

34. 邹逸麟：《明代治理黄运思想的变迁及其背景——读明代三部治河书体会》，《陕西师范大学学报》（哲学社会科学版）2004 年第 5 期。

后　　记

小时候，家住在运河之畔。那时天蓝得纯粹、干净，就如同年少的心灵，未曾遭到生活的侵染。几朵斜斜的白云，悠然地飘拂在空中。片片白帆的桅尖，有大群的鸥鹭翔集和鸣叫。河边伫立着一簇簇绿蒲，岸汀正盛开着烂漫的野花。我们嬉戏在河边，抬头就能看到夕照下的远空。时至今日，我常常想，这一幅淡雅的水墨粉彩，究竟是少年的曾经，还是如今梦中的家园？

邻村有一个学究常来我家做客，酒酣之余，就讲述运河往事助兴，甚至还敲着竹筷，咿咿呀呀地唱起"赏心乐事谁家院，良辰美景奈何天"古老的戏文。那时我自然对这样的故事和美文一无所知，但已经隐约感觉到，这缓缓流淌的河水，带走了无数尘封的悲欢离合，并还在上演着一幕幕新的生活情景剧。

工作后去了淮安城，一座饱含着运河荣耀和辛酸的千年古城。看着穿城而过的里运河、废黄河、盐河，淮河和运河交汇所形成庞大的水上立交，年少时的记忆陡然鲜活起来。随着见识的增长，渐渐知道，此处是潘季驯筑缕堤和遥堤来束水攻沙之所，彼处为明清漕运总督、河道总督公署衙门之地，陈瑄建清江浦通南北漕运之在。想起了运河边的故乡，原来它曾吹皱海河的平静，触发淮河的情思，摇落扬州的琼花，甚至长江、黄河这两条母亲河又在运河上喜相逢，南下后又遇到钱塘江捧出的江南美景。运河之风从江南捎

后 记

来农田丰收的消息，带来南方水果的香气，携来丝绸的缠绵，裹来淮扬菜的香味。思至此，心不由得活发起来。

历史的沧海桑田其实是有迹可寻的，那些在发黄的书册中留下和未留下姓名的过客，来过，又走了——我们何尝不是，他们留下的蛛丝马迹，足可以知道他们对运河施加的影响和运河给他们烙下的印记。历史不应该就这样随风而逝。我们记住他们，就如同希望后人不要忘记我们一样，是给历史接上连续的线条，不致中断。所以，我常常站在清江浦大闸口边，想象南来北往的漕船，一条、两条、三条，首尾相连。站在漕船上的小兵，看着灯火闪烁的清江浦和人影摇动的热闹街市，脸上露出淡淡的笑容。这是历史吗？分明就在身边。你看，河下古街上，一簇簇草根顽强地从青石缝中露出，仿佛粗糙的宣纸上长出的兰草；卖蟹黄汤包的大师傅左右张望，寻找不知从何处而起的风笛之声；小户人家的梅干菜和萝卜干晒在铁丝上，旧脸盆里小葱齐刷刷的生长；谁家的高墙内传出银铃一样的笑声？谁又弹起大珠小珠落玉盘的琵琶？

有很长一段时间迷恋于平平仄仄的韵律和"水风空落眼前花，摇曳碧云斜"那种欲说还休的空灵境界，也曾以为，这一生就在午后的吟诵和翻滚的茶韵中度过，直至一日忽见范师而竦醒。范金民师去淮安城参加刘鹗研讨会，不才冒昧叨扰，幸见真颜，亲聆垂音。范师谓，淮安人杰地灵，漕运总督府署至今还在，明清两代漕运总督多有建树，其有意乎？归，想起儿时的梦和对淮安历史的感悟，遂决意以此为题，作一番研究。2010 年，暑热未尽，负笈金陵，请益于范师门下。范师对此课题又多有提点、勉励、督促，受益良多。子夏论孔子，望之俨然，即之也温，用来形容范师再妥切不过。唯其云君子有三变最后一项"听其言也厉"，与范师和煦之语似不相符。尝置一律，形容就学于范师门下，姑录于下：

太息故纸兴衰间，抬首清风扫霾天。
文章三年新雨露，学问万里旧江山。

279

寻常黄卷铺霞蔚，随处青史览斑斓。

年少封侯一场梦，原来读书日高眠。

感谢夏维中师、万朝林师、罗晓翔师、马俊亚师、张学锋师，在写作困惑时的一一指点；感谢师兄胡正宁，同学李壮、刘海威、李朔源、贺辉、周能俊、刘承军，在苦闷的读书中带来的轻松和愉悦；感谢我的妻女、父母，是你们的全力支持免除了我的后顾之忧。

吴士勇

2017 年 9 月 12 日